劍道教士 堀田祐弘著

劍道の極意

東京 東亞堂藏版

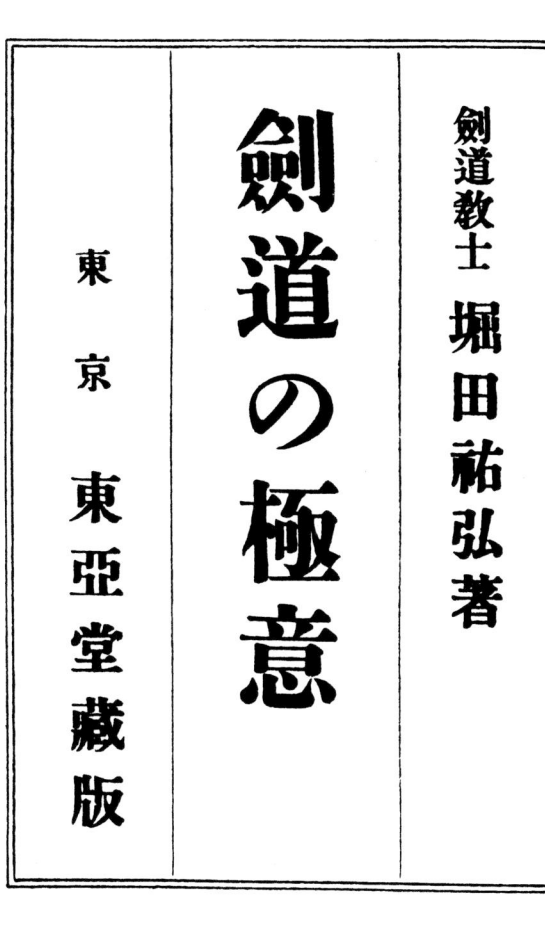

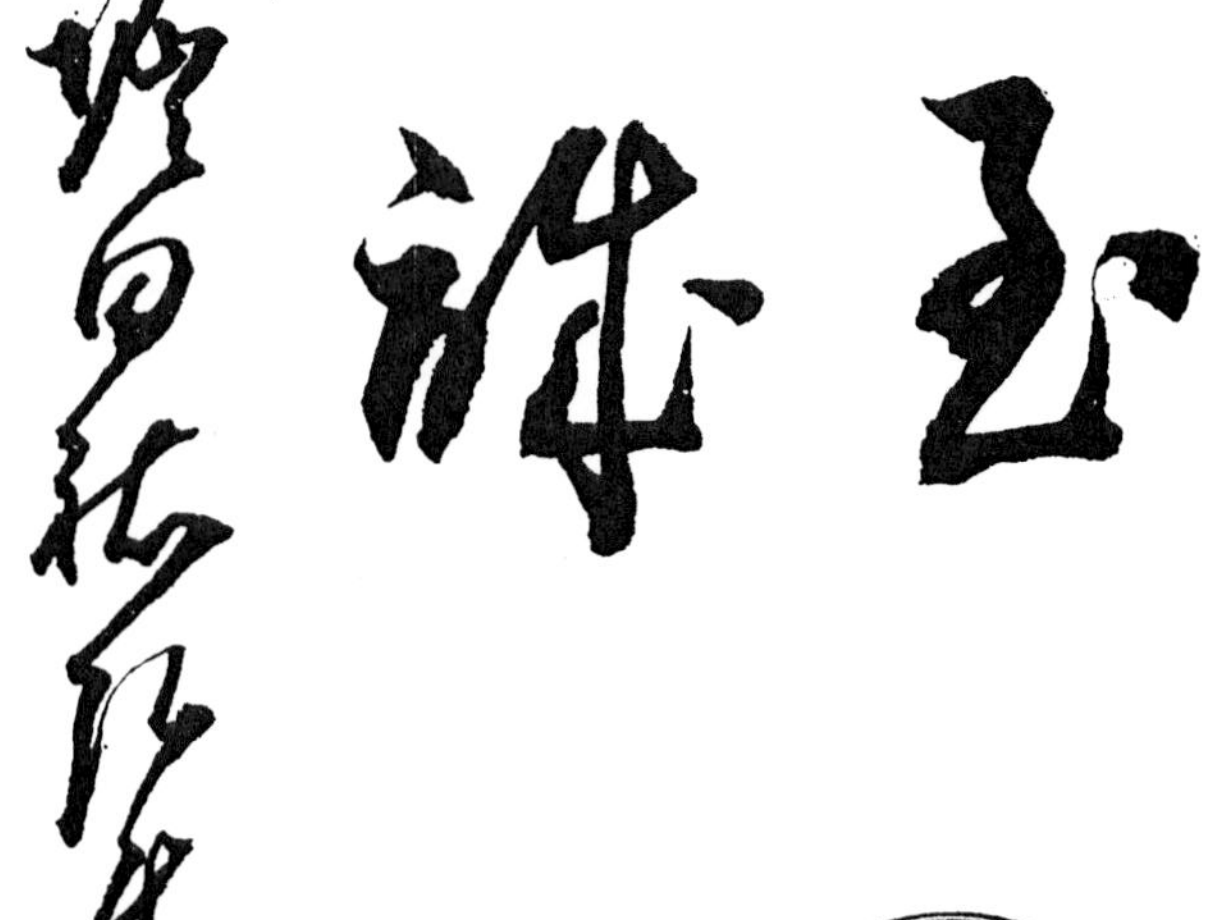

例　言

一、本書は各流劍道の眞髓を基礎とし、劍道の實際或は各流の敎へを、多年刻苦修得せる實地の經驗等に據り、通俗平易に詳述し、初心者をして斯道の了解を容易ならしめ、兼ねて之を處世に活用せしむるを以て本旨とす。

一、本書は劍道根本の觀念、術と心身との關係、修養の指針等を理論的に說明し、疑懼の念を去り、形式の陋習を破り、その實地鍛錬の要旨をして誤りなからしめんことを期せり。

一、本書は主として心身鍛錬の實際研修より、各自膽力の養成、士的道念の涵養を説くに、世間幾多の實地を離れたる難解の祕法に倣はず、專ら理智的に精細なる說明を施せるものなれば、一度本書を讀破して其眞義を獨習實行するものは、恰も教師に就きて直接に指導を受くるが如く、眞に劍道の妙諦を悟得し、心身の鍛錬を完うし得べし。

大正七年猛夏

著者識

劍道の極意目次

第十一章　奮闘努力の十年……一七四

目次 終

剣道の極意

剣道教士　堀田祐弘著

第一章　剣道の眞義

第一節　修養の徳

剣道《けんだう》の徳《とく》と云《い》ふことに就《つ》きましては、剣道《けんだう》とは何《な》んであるかと云《い》ふことを申《まを》さねばなりませぬ。剣《けん》とは武器《ぶき》にして武神《ぶじん》の宿《やど》り、士魂《しこん》籠《こも》る精神《せいしん》の形體《けいたい》であります。道《みち》とは武器《ぶき》を正《たゞ》しく用《もち》ひ、敵《てき》を防《ふせ》ぎ身《み》を守《まも》り、善《ぜん》を助《たす》け惡《あく》を懲《こら》し、忠孝節義《ちうかうせつぎ》を完《まつた》うする心想《しんさう》の表現《へうげん》を剣道《けんだう》と云《い》ふのであります。吾々《われ〳〵》が竹刀《しなひ》と云《い》ふ武器《ぶき》を把《さ》り幾度《いくど》も繰《く》り返《かへ》して鍛錬《たんれん》するのは、卽《すなは》ち心《こゝろ》を聖賢《せいけん》の道《みち》に入《い》れ、忠君《ちうくん》、愛國《あいこく》、武勇《ぶゆう》、信義《しんぎ》、質素《しつそ》と云《い》ふ思想《しさう》を有《いう》する人物《じんぶつ》たるを得《う》る所以《ゆゑん》であると固《かた》く信《しん》じます。

近年劍術《きんねんけんじゆつ》の試合《しあひ》の如《ごと》きは頭《あたま》を叩《たゝ》くから腦《のう》を惡《わる》くすると云《い》ふ非難《ひなん》もないではないが、併《しか》しそれは昔《むかし》から今日《こんにち》までの練習《れんしふ》に於《おい》て觀《み》たならば其善惡《そのぜんあく》を明《あきら》かに了解《れうかい》することが出來《でき》るのであります。昔《むかし》は豪傑偉人《がうけつゐじん》が多《おほ》く、其當時《そのたうじ》は今日《こんにち》の樣《やう》に學術《がくじゆつ》が進歩《しんぽ》して居《を》らなかつたが、而《しか》も絶大《ぜつだい》なる抱負《はうふ》を藏《ざう》し、然《しか》も世界《せかい》の波濤《はたう》を突破《とつぱ》して蓋世《がいせい》の偉《ゐ》業《げふ》を成就《じやうじゆ》し得《え》たのは、一に劍道鍛錬《けんだうたんれん》により其意志《そのいし》を堅固《けんご》にしたからであります。即《すなは》ち練習《れんしふ》の間《あひだ》には活殺自在《くわつさつじざい》の心法《しんはふ》と與奪縱横《よだつじうわう》の體《たい》の働《はたら》きとが一致《ち》してゐます堅實《けんじつ》なる精神《せいしん》を作《つく》る練習《れんしふ》は多般《たはん》でありますが要《えう》は一の刀《たう》にあります。智略《ちりやく》も感情《かんじやう》の力《ちから》も必須《ひつす》缺《か》く可《べ》からざるものではありますが、要《えう》は實行《じつかう》であります、若《も》し薄志弱行《はくしじやくかう》であつたなら如何《いか》に良案妙策《りやうあんめうさく》を提《ひつさ》げても遂《つひ》に何等《なんら》爲《な》す所《ところ》なく終《をは》るのであります。堅固《けんご》なる意《い》思《し》の養成《やうせい》は今日《こんにち》の世態《せたい》から考《かんが》へて誠《まこと》に必要《ひつえう》な事《こと》で、從《したが》つて劍道《けんだう》の練習《れんしふ》は目下《もくか》の急務《きふむ》と云《い》はねばなりません。

劍道《けんだう》が、生理上《せいりじやう》惡《わる》いか善《よ》いかと云《い》ふに、先年《せんねん》醫學《いがく》の大家《たいか》コッホ博士《はかせ》が日本《にほん》漫遊《まんいう》の折《をり》その練習《れんしふ》を參觀《さんくわん》して頭《あたま》を打《う》つて若《も》し惡《わる》いと云《い》へば、頭《あたま》は中《うち》に膨《ふく》れるものでない、外《そと》に膨《ふく》れて行《ゆ》くものであるから、頭腦《づのう》には決《けつ》して害《がい》にならぬことを繰返《くりかへ》して證明《しようめい》せられ、却《かへつ》て之《こ》れに依《よ》つて鍛錬《たんれん》すれば、日本魂《やまとだましひ》を作《つく》るものであると講演《かうえん》されました。これで生理上何等《せいりじやうなんら》害《がい》のないことは明《あきらか》に證明《しようめい》せられたのであります。昔武士《むかしぶし》の教育《けういく》には男子《だんし》七歳《さい》に至《いた》るや母《はゝ》の膝下《しつか》を離《はな》れ、嚴寒《げんかん》に跣足《はだし》にて寒水《かんすい》に沐浴《もくよく》し、極暑《ごくしよ》には炎天《えんてん》にて勇猛《ゆうまう》に叩《たゝ》き合《あ》ひをして、劍術《けんじゆつ》を練《ね》り、困苦缺乏《こんくけつはふ》に打《う》ち勝《か》つ身體《しんたい》を養成《やうせい》したのであります。今日《こんにち》より之《こ》れを觀《み》れば少《すこ》しく暴《ばう》に過《す》ぐる感《かん》はありますけれど、害《がい》にならぬのは之《こ》れに依《よ》りて知《し》ることが出來《でき》ます。蓋《けだ》し吾人《ごじん》の生活《せいくわつ》は智識《ちしき》が進《すゝ》めば進《すゝ》む程《ほど》困難《こんなん》を極《きは》むるに至《いた》るもので、此時《このとき》に當《あた》り如何《いか》に良智《りやうち》と雖《いへど》も、如何《いか》に志氣旺盛《しきわうせい》と雖《いへど》も體力《たいりよく》が先《ま》づ枯渇《こかつ》し、遂《つひ》に其《そ》の所信《しよしん》を實行《じつかう》する能《あた》はずして斃《たふ》れてしまへば何《なん》にもならぬわけであります。故《ゆゑ》に平常體育《へいぜいたいいく》を重《おも》んじ、身體《しんたい》を鍛錬《たんれん》し健康《けんかう》を保持《ほぢ》せんことに力《つと》めねばなりません。身體剛健《しんたいがうけん》なれば氣《き》益々《ますます》壯《さかん》に、勇愈々《ゆういよいよ》加《くは》はり、自信力《じしんりよく》を生《しやう》じ、意志《いし》を鞏固《きやうこ》ならしむるに至《いた》るのであります。殊《こと》に吾々《われわれ》の肉體《にくたい》は陛下《へいか》に捧《さゝ》げたのでありますから徒《いたづ》らに暴飮暴食《ばういんばうしよく》して身體《しんたい》を害《がい》するは不忠《ふちう》であります。而《しか》して此《こ》の身體《しんたい》を强健《きやうけん》にするには最《もつと》も訓練《くんれん》が效《かう》があると思《おも》ひます。其訓練《そのくんれん》とは如何《いか》なる處《ところ》に根柢《こんてい》を有《も》つて居《ゐ》るのであるかと云《い》ふに劍道《けんだう》にあるのであります。此《こ》の道《みち》に於《お》ける心《こゝろ》の働《はたら》きと云《い》ふものは、決《けつ》して一定不《ていふ》動毫《どうがう》も變化《へんくわ》しないと云《い》ふ樣《やう》なものではないので、寧《むし》ろ極《きは》めて隱《いん》微《び》に、極《きは》めて敏活《びんくわつ》に變化活動《へんくわくわつどう》して止《や》まない所《ところ》の性質《せいしつ》のものであります。卽《すなは》ち人《ひと》の心《こゝろ》は片時《かたとき》もぢつとして居《を》らぬもので、絕《た》えず新《あたら》しき血《ち》と新《あたら》しき努力《どりよく》を得《え》て活動《くわつどう》して居《ゐ》るものであります。心《こゝろ》の活動變化《くわつどうへんくわ》と云《い》ふとは理論上當《りろんじやうまさ》に認《みと》めざるを得《え》ない故《ゆゑ》に其活《そのくわつ》動《どう》の際《さい》、變化《へんくわ》の際之《さいこ》れを善《よ》く導《みちび》くときは武道《ぶだう》の靈性《れいせい》なる働《はたら》きをなすのであります。

我國《わがくに》は開闢以來《かいびやくいらい》二千五百七十有餘年《いうよねん》の今日《こんにち》に至《いた》るまで歷世《れきせい》の天子《てんし》臣民《しんみん》を愛撫《あいぶ》し給《たま》ひ、臣民《しんみん》の皇恩《くわうおん》に浴《よく》すること深《ふか》く、君《きみ》の德《とく》を仰《あふ》ぐこと高《たか》く、忠君《ちうくん》の至情《しじやう》は臣民自然《しんみんしぜん》の性情《せいじやう》となつて居《を》ります。而《しか》して尚武《しやうぶ》は建國《けんこく》の國是《こくぜ》であります。昔《むかし》天照大神《あまてらすおほみかみ》が御《こ》子《し》孫《そん》に授《さづ》け給《たま》ひし三種《しゆ》の神器《しんき》の寶劍《はつけん》は是《こ》れ卽《すなは》ち我《わ》が國尚武《くにしやうぶ》を示《しめ》す所以《ゆゑん》であります。故《ゆゑ》に上《かみ》は皇室《くわうしつ》より下《しも》は國民《こくみん》に至《いた》る迄勇武《までゆうぶ》を以《もつ》て一貫《くわん》し、此勇武《このゆふぶ》發《はつ》しては君國《くんこく》のため一身《しん》を犧牲《ぎせい》に供《きよう》するの至情《しじやう》に出《い》づるものであります。吾人其後裔《ごじんそのこうえい》たるもの將《まさ》に奮《ふる》つて其遺志《そのゐし》を繼《つ》ぎ、此餘風《このよふう》を存《そん》して益々《ますます》發揮《はつき》せねばなりません。今《いま》や世運《せうん》漸《やうや》く變遷《へんせん》し現《げん》時《じ》の壯丁《さうてい》にして、身體虛弱精神墮落《しんたいきよじやくせいしんだらく》の傾向《けいかう》あるは慷慨《かうがい》措《お》く能《あた》はざる次第《しだい》ではありませんか。吾人臣民《ごじんしんみん》たるもの深《ふか》く此《こ》の事《こと》を肝《きも》に銘《めい》じ、相携《あひたづさ》へて奉公《ほうこう》の實《じつ》を擧《あ》げ、以《もつ》て無智蒙昧《むちもうまい》の輩《はい》を啓發《けいはつ》せねばなりません。吾人《ごじん》の祖先傳來《そせんでんらい》の大義《たいぎ》は遺傳的《ゐでんてき》理想《りさう》でありまして、之《こ》れを償《つぐな》ふ所《ところ》のものは、卽《すなは》ち躾《しつ》けと謂《い》ふことに在《あ》るのであります。此《こ》の躾《しつ》けの要《えう》は精細《せいさい》なる理法《りはふ》と、巧妙《かうめう》なる技能《ぎのう》と、熱心《ねつしん》なる實行《じつかう》とに依《よ》つて之《こ》れを次第《しだい》次第《だい》に訓練《くんれん》するのであります。この訓練《くんれん》と謂《い》ふことが剛健《がうけん》なる體質健全《たいしつけんぜん》なる精神《せいしん》を發《はつ》達《たつ》せしめ、能《よ》く忠君《ちうくん》の大義《たいぎ》を發揚《はつやう》せしむるのであります。故《ゆゑ》に劍術《けんじゆつ》の鍛錬《たんれん》は順調《じゆんてう》なる身體《しんたい》の運動法《うんどうはふ》により肉體《にくたい》に適切《てきせつ》なる刺戟《しげき》を與《あた》へ、直覺的《ちよくかくてき》に精致《せいち》なる元氣《げんき》を奮起せしめ、或《あるひ》は智《ち》覺的《かくてき》に其德《そのとく》を養《やしな》ふのであります。斯《かく》の如《ごと》き鍛錬《たんれん》を以《もつ》て體力《たいりよく》を充溢《じういつ》せしめ、心《こゝろ》を緊張《きんちやう》せしめて居《を》る場合《ばあひ》は身體《しんたい》にも決《けつ》して害《がい》はないのであります。否却《いなかへつ》て之《こ》れが爲《た》め健全《けんぜん》なる體《からだ》を養《やしな》ふのであります。健全《けんぜん》なる身體《しんたい》には健全《けんぜん》なる精神《せいしん》が宿《やど》ると云《い》ふことは、實《じつ》に千古不易《こふゑき》の格言《かくげん》であります。剛健《がうけん》なる體質《たいしつ》には、堅實《けんじつ》なる心《こゝろ》が益《ます》々增進《ますぞうしん》するに相違《さうゐ》はありません。

此意思《このいし》の鞏固《きやうこ》は、危險《きけん》に瀕《ひん》せし際《さい》、困苦《こんく》に際會《さいくわい》せしときに於《おい》て、能《よ》く其效果《そのかうくわ》を發《はつ》揮《き》し、禍《わざはひ》を轉《てん》じて福《さいはひ》と爲《な》すことが出來《でき》るのであります、吾人《ごじん》をして所信《しよしん》に向《むか》つて勇《ゆう》往邁進常《わうまいしんつね》に機先《きせん》を制《せい》し、勝利《しやうり》の月桂冠《げつけいくわん》を得《う》るに至《いた》らしめるのであります。

而《しか》して其身體鍛錬《そのしんたいたんれん》の結果《けつくわ》は信義《しんぎ》質素《しつそ》の心情《しんじやう》に大《だい》なる關係《くわんけい》を有《いう》し、實《じつ》に其德操《そのとくさう》を練《ね》ることが出來《でき》るのであります。故《ゆゑ》に巧妙《かうめう》なる技能《ぎのう》のみにて徒《いたづ》らに形式《けいしき》に流《なが》れ、信義《しんぎ》朴素《ぼくそ》の伴《ともな》はぬものは、如何《いか》に妙法《めうはふ》と雖《いへど》も、如何《いか》に絕大《ぜつたい》なる技能《ぎのう》と雖《いへど》も、單《たん》に體力養《たいりよくやう》成《せい》に過《す》ぎないのであります。されば如何《いか》なる心掛《こゝろがけ》が必要《ひつえう》かと申《まを》しますと、先《ま》づ禮儀《れいぎ》を重《おも》んずることであります。人《ひと》の人《ひと》たる所以《ゆゑん》は禮《れい》あるを以《もつ》てなりと云《い》ふ如《ごと》く、人《ひと》に禮《れい》なければ禽獸《きんじう》と異《こと》なる所《ところ》はありません。練習《れんしふ》に當《あた》り上下《じやうげ》の別《べつ》なき時《とき》は、上下相犯《じやうげあひをか》し、先輩《せんぱい》を越《こ》え、同僚相爭《どうれうあひあらそ》ひ、功名相奪《こうみやうあひうば》ひ、爭亂底止《さうらんていし》する所《ところ》ないでありませう。此《かく》の如《ごと》く禮《れい》なきものは、劍道《けんだう》を修養《しうやう》し能《あた》はざるの徒《と》であります。故《ゆゑ》に上下《じやうげ》の秩序《ちつじよ》を嚴《げん》正《せい》にし、道念《だうねん》を振張《しんちやう》し先輩《せんぱい》を敬《うやま》ひ、師命《しめい》に服《ふく》し、一に禮義《れいぎ》を重《おも》んじなければなりません。昔劍道《むかしけんだう》の教育《けういく》で師《し》たるものゝ人格崇高《じんかくすうかう》なると、弟子《でし》たるものゝ信義《しんぎ》を重《おも》んじたるとは、世人《せじん》の知《し》る所《ところ》であります。劍道《けんだう》は啻《たゞ》に武技《ぶぎ》を練《ね》り、武勇《ぶゆう》のみを以《もつ》て盡《つく》せりとせず、能《よ》く君父《くんぷ》に事《つか》へ、師《し》に事《つか》へ、忠孝信義《ちうかうしんぎ》を完《まつた》うするを以《もつ》て要《えう》とするのであります。されば吾人《ごじん》は禮《れい》を重《おも》んじて、心《こゝろ》を鍛錬《たんれん》せねばなりません。禮《れい》を尊《たつと》ぶときは技能《ぎのう》に光《ひかり》を放《はな》ち、或《あるひ》は品性人格《ひんせいじんかく》を崇高《すうかう》ならしむるのであります。斯《かく》の如《ごと》く教育者《けういくしや》は被教育者《ひけういくしや》に對《たい》し、能《よ》く之《こ》れを訓化《くんくわ》し得《う》るところの人物《じんぶつ》でなければなりません。然《しか》るに近時《きんじ》我劍道界《わがけんだうかい》の道義《だうぎ》は漸次《ぜんじ》廢《すた》れ、教師《けうし》排斥運動《はいせきうんどう》起《おこ》り、互《たがひ》に權威《けんゐ》を相爭《あひあらそ》ひ、立派《りつぱ》なる大家《たいか》が他人《たにん》を中傷《ちうしやう》し、讒誣《ざんぶ》し、信用失墜《しんようしつつゐ》せるも敢《あへ》て恥《は》ぢず、或《あるひ》は先輩《せんぱい》に逢《あ》ふも知《し》らざる眞似《まね》して過《す》ぐる如《ごと》き、滔々《たう〳〵》相率《あひひき》ゐて奈落《ならく》の底《そこ》に沈《しづ》まんとしつゝあるは、實《じつ》に慨嘆《がいたん》の至《いた》りではありませんか。

劍道《けんだう》を修養《しうやう》する者《もの》は君父《くんぷ》に事《つか》へ師《し》に事《つか》へ又苟《またいやし》くも指導《しだう》の任《にん》にあるものは其位《そのくらゐ》の高《かう》下《げ》にかゝはらず禮《れい》を失《うしな》つてはなりませぬ。禮《れい》なきは、我身《わがみ》を賤《いやし》めるのでありますから、起居《ききよ》宜《よろ》しく禮儀《れいぎ》を盡《つく》すべきであります。教育者《けういくしや》たるものは充分技能《じうぶんぎのう》を修養《しうやう》すると同時《どうじ》に、德操《とくさう》を涵養《かんやう》し、大《だい》なる所信《しよしん》を遺憾《ゐかん》なく發揚《はつやう》せねばなりません。

幕政《ばくせい》の武斷時代《ぶだんじだい》は去《さ》りました。武辨的餘威《ぶべんてきよゐ》を籍《か》りて高壓的《かうあつてき》に服從《ふくじう》せしめんとするのは全《まつた》く時勢《じせい》の教育《けういく》に反《はん》する處《ところ》であります。頑迷固陋武骨《ぐわんめいころうぶこつ》一片《べん》なる時《とき》は之《こ》れが爲《た》め精神上《せいしんじやう》に反抗《はんこう》し、暴戾《ばうれい》なる行動《かうどう》をなし、却《かへつ》て禮《れい》を紊《みだ》すことゝなるので、此《こ》の點《てん》は大《おほい》に注意《ちうい》し反省《はんしやう》を促《うなが》す次第《しだい》であります。

練習《れんしふ》せんとする者《もの》も亦然《またさ》うで、教師《けうし》の位《くらゐ》の高下《かうげ》に拘《かゝは》らず、道《みち》は師《し》にあらざれば明《あきら》かならざるもの故《ゆゑ》、子弟《してい》たるものは師《し》に遵《したが》ひ禮儀作法《れいぎさはふ》に心《こゝろ》を用《もち》ひ劍道《けんだう》を修得《しうとく》することが肝要《かんえう》であります。

第二節　理想的境涯

以上《いじやう》の如《ごと》く心《こゝろ》を養成《やうせい》するものは殊《こと》に信義《しんぎ》を守《まも》らなければなりません。昔日武士道《せきじつぶしだう》の旺盛《わうせい》であつた時代《じだい》には、信義《しんぎ》を重《おも》んずること篤《あつ》く、義《ぎ》を見《み》てはなさゞることなく、如何《いか》にも精神《せいしん》が高潔《かうけつ》であつたのであります。子弟《してい》の教育《けういく》は國家《こくか》の消長《せうちやう》に關《くわん》するのであるから、上下相許《じやうげあひゆる》し、同心《どうしん》一體《たい》赤心《せきしん》を以《もつ》て信《しん》を盡《つく》し、義《ぎ》を重《おも》んずるの精神《せいしん》をゆるがせにしてはなりません。夫《そ》れ人《ひと》に信義《しんぎ》なきときは上下相詐《じやうげあひいつは》り、同僚相欺《どうれうあひあざむ》き、從《したがつ》て崇高《すうかう》なる人道《じんだう》を維持《ゐぢ》することが出來《でき》ません。吾人《ごじん》の劍道《けんだう》を日常《にちじやう》繰《く》り返《かへ》し、斷《た》えず練《れん》習《しふ》するもの一に此《こ》の士的精神《してきせいしん》の傾向《けいかう》を作《つく》り、一定《てい》の習慣《しふくわん》を形《かたち》づくるに腐心《ふしん》して居《ゐ》るのであります。感化訓練《かんくわくんれん》の根柢《こんてい》と云《い》ふは實行《じつかう》を第《だい》一とするので、此實行《このじつかう》を以《もつ》て滿天《まんてん》下《か》に叫《さけ》び、之《こ》れを普及《ふきふ》するの所以《ゆゑん》は何《なん》でありませうか。我國《わがくに》に於《おい》ては、男子《だんし》は十七歳《さい》より國家《こくか》の干城《かんじやう》として、一朝事《てうこと》あるときは、擧國《きよこく》一致《ち》國《くに》を守《まも》り外敵《ぐわいてき》を破《やぶ》らなければならぬのであります。即《すなは》ち國民《こくみん》の精神《せいしん》、體力《たいりよく》の強弱《きやうじやく》は、國家《こくか》の存亡《そんばう》に關《くわん》すること大《だい》なるものがあります。故《ゆゑ》に體力《たいりよく》を鍛《きた》へ、忠君愛國《ちうくんあいこく》の精神《せいしん》を充溢《じういつ》せしめねばなりません。見《み》よ日清日露《にっしんにちろ》の兩役《りやうえき》に於《おい》て、我《われ》は彼《かれ》より武器《ぶき》も粗惡《そあく》に、身體小《しんたいせう》なりと雖《いへど》も、能《よ》く連勝《れんしよう》したる所以《ゆゑん》のものは、我《わ》が國人《こくじん》が個人的利益《こじんてきりえき》を犧牲《ぎせい》に供《きよう》して、一死《し》以《もつ》て君《きみ》に報《むく》いんとする忠義《ちうぎ》の心篤《こころあつ》く、共同一致《きようどういつち》の至情《しじやう》が深《ふか》いからであります。故《ゆゑ》に此《こ》の愛《あい》國《こく》の精神《せいしん》は皇國《くわうこく》の稜威《みいづ》を增《ま》し、繁榮《はんえい》を增進《ぞうしん》するものであります。

斯《かく》の如《ごと》き犧牲的精神《ぎせいてきせいしん》を練《ね》る處《ところ》の劍道《けんだう》であるから、常《つね》に高潔《かうけつ》なる心《こころ》を養《やしな》ひ、質素《しつそ》を旨《むね》とせねばなりません。質素《しつそ》は品性《ひんせい》を高潔《かうけつ》にし士氣《しき》を鼓舞《こぶ》し、勇氣《ゆうき》を增《ま》し、困苦《こんく》に耐《た》ふべき貴重《きちよう》なる素質《そしつ》であります、浮華奢侈《ふくわしやし》に耽《ふけ》るときは心《こころ》を墮落《だらく》せしめ、心性卑《しんせいひ》劣《れつ》と爲《な》り、不義不徳《ふぎふとく》を敢《あへ》てし、體面《たいめん》を傷《きず》け恬《てん》として恥《は》ぢざるに至《いた》らしむるのであります。

斯《かく》の如《ごと》き卑劣《ひれつ》の心性《しんせい》は劍道《けんだう》の許《ゆる》さゞる處《ところ》で飽《あ》く迄實行《までじつかう》を主《しゆ》とし、素朴《そぼく》を守《まも》り、華《くわ》美《び》を好《この》まず、奢侈《しやし》に陷《おちい》らず、身分《みぶん》に應《おう》じたる行《おこなひ》を爲《な》す、是《こ》れ劍道《けんだう》の本領《ほんりやう》であり、武《ぶ》徳《とく》の根源《こんげん》であります。故《ゆゑ》に吾人《ごじん》は及《およ》ばずながら、質實《しつじつ》の氣風《きふう》を養《やしな》ふことを望《のぞ》むのであります。然《しか》し我々《われわれ》の心《こゝろ》は變化的活動的《へんくわてきくわつどうてき》のものでありますから、折《をり》に觸《ふ》れ機《き》に觸《ふ》れて努力實行《どりよくじつかう》せねばならぬのであります。卽《すなは》ち玉《たま》も磨《みが》かざれば光無《ひかりな》しの如《ごと》く、吾人《ごじん》の心《こゝろ》も切磋琢磨《せつさたくま》して習慣《しふくわん》となれば、軈《やが》て忠義質素《ちうぎしつそ》の精神《せいしん》を涵養《かんやう》し得《え》らるゝのであります。此時《このとき》には困難《こんなん》に遭遇致《さうぐういた》しましても、何等《なんら》の苦痛《くつう》も感《かん》せず益々士的精神《ますますしてきせいしん》を顯揚《けんやう》することが出來《でき》ようと思《おも》ふのであります。誰《た》れしも此理想的《このりさうてき》の境涯《きやうがい》に到達《たうたつ》するやうに努《つと》めて居《ゐ》るに相違《さうゐ》はないので、私《わたくし》も亦率《またひき》ゐる處《ところ》の子弟《してい》は、有徳《うとく》の人たらしめんとの念《ねん》を深《ふか》く堅《かた》く抱持《はうぢ》して、指導《しだう》して居《を》るのであります。

第三節　根本原理

以上《いじやう》の德《とく》を完備《くわんび》した境域《きやうゐき》が、所謂《いはゆる》蘊奥極意《うんあうごくい》に到達《たうたつ》したと云《い》ふのであります。所謂《いはゆる》邪心《じやしん》を離《はな》れし、其術《そのじゆつ》に入《い》るときは、尙樂《なほたの》しんで之《こ》れを言ひ、樂《たの》しんで之《こ》れを爲《な》すと云《い》ふことになつて來ます。茲《こゝ》に至《いた》て自己《じこ》の性質《せいしつ》、自己《じこ》の德性《とくせい》から出來《でき》て來《く》る一派《は》一流《りう》を開《ひら》くべきものであります。之《こ》れを一言《げん》にして蔽《おほ》へば自己《じこ》の欲動《よくどう》即《すなは》ち名譽心《めいよしん》の發現《はつけん》であります。若《も》し吾人《ごじん》に本來何等《ほんらいなんら》の本能衝動《ほんのうしやうどう》と云《い》ふやうなものがなかつたならば殆《ほと》んど活動《くわつどう》がなく、又全《またまつた》く欲動《よくどう》がなかつたならば活動《くわつどう》が無《な》いのであります。

されば名譽心《めいよしん》とは啻《たゞ》に功名心《こうみやうしん》に驅《か》られ、德義上《とくぎじやう》の非行《ひかう》を敢《あへ》てして顧《かへり》みざる底《てい》のものではありません。凡《およ》そ眞正《しんせい》の名譽心《めいよしん》は死《し》が眼前《がんぜん》に迫《せま》りつゝあるも顧《かへり》みず、泰然自若《たいぜんじじやく》として命《いのち》を殞《おと》すことを辭《じ》せざるのであります。又誰《また》れも不忠不義《ふちうふぎ》にして後世迄《こうせいまで》も人《ひと》に笑《わら》はれ名譽《めいよ》を汚《けが》すを恐《おそ》れないものはあるまいと思《おも》はれます。即《すなは》ち劍道《けんだう》に於《お》ける打《う》ち合《あ》ひの間《あひだ》、膽力《たんりよく》を養《やしな》ひ、怯懦《きよだ》を去《さ》り。死生《しせい》の地《ち》に從容《しようよう》たらしむる忠義心《ちうぎしん》・壯快《さうくわい》なる事業《じげふ》を遂行《すゐかう》せしむる不動不屈《ふどうふくつ》の義氣《ぎき》も、名譽心《めいよしん》によりて鍛錬《たんれん》し、習慣《しふくわん》となり、それが發顯《はつげん》するのであります。斯《かく》の如《ごと》き崇高《すうかう》なる道《みち》に適《かな》ふときは、精神的《せいしんてき》に各方面《かくはうめん》の趣味《しゆみ》も高尚《かうしやう》となり、名譽心《めいよしん》ともなるのであります。從《したがつ》て又《また》精神《せいしん》を一層《そう》堅《かた》くするのであります。然《しか》し名譽心《めいよしん》の要素《ゑうそ》が感情《かんじやう》に基《もと》づいて居《ゐ》る有意的行動《いういてきかうどう》として現《あら》はるゝのは卽《すなは》ち意志《いし》の決定《けつてい》でありますが、其決定《そのけつてい》となつて現《あら》はるゝ迄《まで》には、智的方面《ちてきはうめん》の要素《ゑうそ》も附帶《ふたい》して居《を》るのであります。卽《すなは》ち德《とく》の實現《じつげん》は名譽心《めいよしん》の實現《じつげん》であると言《い》つても宜《よ》いのであつて、劍道《けんだう》によつて精神《せいしん》を修《をさ》むる方法《はうはふ》としての根本原理《こんぽんげんり》は、卽《すなは》ち此處《こゝ》にあるのであると余《よ》は固《かた》く信《しん》じて疑《うたが》はぬのであります。

第四節　社會的要求

武技《ぶぎ》によつて精《せい》を致《いた》し、鍛錬《たんれん》によりて光《ひかり》を放《はな》ち、精神《せいしん》に依《よ》つて捷《かち》を奏《そう》す、吾人《ごじん》の事業《じげふ》は財源《ざいげん》の多寡《たくわ》を論《ろん》ぜず、世界《せかい》の戰鬪《せんとう》の勝敗《しようはい》は兵力《へいりよく》の多寡《たくわ》に依《よ》らず、精神《せいしん》の勝《まさ》れるもの、寡《くわ》を以《もつ》て衆《しう》を破《やぶ》るので、不動不滅《ふどうふめつ》の心《こゝろ》能《よ》く萬事《ばんじ》を遂行《すゐかう》するは、之《こ》れ世《よ》の通《つう》義《ぎ》であります。吾人《ごじん》は過去《くわこ》に鑑《かんが》み未來《みらい》を計《はか》り、一時《じ》の感情《かんじやう》を制《せい》し、憎怨《ぞうゑん》を斷《た》ち、不《ふ》動不滅《どうふめつ》の心《こゝろ》を養《やしな》はねばなりません。而《しか》して一進《しん》一退《たい》、時《とき》には敵《てき》を殲滅《せんめつ》し、時《とき》には未《み》然《ぜん》に制《せい》し、時《とき》には敵《てき》を治《ぢ》する業《わざ》をなし、其間《そのかん》勇敢《ゆうかん》忍耐《にんたい》自信《じしん》に富《と》むのが劍道《けんだう》の精華《せいくわ》であります、此《こ》の金鐵《きんてつ》より堅《かた》き意志《いし》が和合《わがふ》致《いた》したならば、實業《じつげふ》と謂《い》はず、工業《こうげふ》と云《い》はず、政治《せいぢ》と云《い》はず、戰爭《せんさう》と云《い》はず、必《かなら》ずや大捷《たいせう》を奏《そう》すること論《ろん》を俟《ま》たぬのであります。今《いま》や我國《わがくに》青年《せいねん》には中學校《ちうがくかう》にては之《これ》を正科《せいくわ》とし、青年團員《せいねんだんゐん》には文部《もんぶ》内務《ないむ》の兩省《りやうしやう》より訓令《くんれい》を發《はつ》せられ、心身《しんしん》の修養《しうやう》を奬勵《しやうれい》し、遂《つひ》に今日《こんにち》の如《ごと》き劍道《けんだう》の隆盛《りうせい》を見《み》るに至《いた》りましたことは、啻《たゞ》に各自《かくじ》の精神修養《せいしんしうやう》に止《とゞ》まらず、擧國《きよこく》一致《ち》の共同精神《きようどうせいしん》を堅固《けんご》となし我國《わがくに》の將來《しやうらい》の發展《はつてん》に資《し》すること甚大《じんだい》なるものあるを思《おも》へば、深《ふか》く當局者《たうきよくしや》の擧《きよ》に滿足《まんぞく》の意《い》を表《へう》する次第《しだい》であります。劍道《けんだう》は實《じつ》に聖賢《せいけん》の道《みち》を實現《じつげん》するもので、身體精神《しんたいせいしん》の修《しう》養《やう》を旨《むね》とし、又其練磨《またそのれんま》は正《まさ》に無比《むひ》の國性《こくせい》を發揚《はつやう》する所以《ゆゑん》で、青年《せいねん》の訓令《くんれい》、教育勅語《けういくちよくご》並《ならび》に戊《ぼ》申詔書《しんせうしよ》の御《ご》趣旨《しゆし》は、實《じつ》に劍道《けんだう》の骨髓《こつずゐ》であります。卽《すなは》ち劍道《けんだう》の精神《せいしん》は臣民《しんみん》の本《ほん》體《たい》で、青年《せいねん》は之《こ》れに依《よ》つて武勇《ぶゆう》の精神《せいしん》を發揚《はつやう》せねばなりません。卽《すなは》ち劍道《けんだう》を練習《れんしふ》するに當《あた》りては常《つね》に意《い》を聖慮《せいりよ》に注《そゝ》ぎ、忠君愛國《ちうくんあいこく》の至誠《しせい》と、獻身的殉國《けんしんてきじゆんこく》の大節《たいせつ》を發揚《はつやう》することを第《だい》一の心懸《こゝろがけ》として欲《ほ》しいのであります。

第二章　修養の要義

第一節　要　領

鍛錬《たんれん》は何《なん》の爲《た》めにするかと云《い》ふと、今更喋々《いまさらてふ〳〵》を要《えう》しないが、其要旨《そのえうし》とするものは生死《せいし》の岸頭《がんとう》に立《た》ちて互《たがひ》に勝敗《しようはい》を決《けつ》し、寸毫《すんがう》も誤《あやま》りあれば首身所《しゆしんところ》を異《こと》にすといふ場合《ばあひ》に、劍《けん》の切先《きつさ》きには寸毫《すんがう》も隙《すき》なく且誤《かつあやま》りなきを保《ほ》さねばなりません。故《ゆゑ》に心《こゝろ》と竹刀《しなひ》とは離《はな》る可《べ》からざるもので決《けつ》して二つではない。吾人《ごじん》が道場《だうぢやう》に立《た》ちて竹刀《しなひ》を振《ふる》ふものは卽《すなは》ち此心《このこゝろ》を鍛錬《たんれん》せんが爲《た》めであります。自分《じぶん》の良心《りやうしん》の裏《うち》に純乎《じゆんこ》たる大丈夫《だいぢやうふ》の心《こゝろ》を練《ね》れば、正義《せいぎ》の生涯《しやうがい》の基礎《きそ》を作《つく》り富貴《ふうき》も淫《いん》すると能《あた》はざるものとなるのであります。吾人《ごじん》は世界《せかい》の思想界《しさうかい》の大勢《たいせい》を鑑《かんが》み、此心《このこゝろ》の訓練《くんれん》と其活用《そのくわつよう》は必要事《ひつえうじ》であるとおもひます。現今青年《げんこんせいねん》には鍛錬《たんれん》すると云《い》ふことが誠《まこと》に稀有《けう》で、遺憾《ゐかん》に堪《た》へぬ次第《しだい》であります。我國民《わがこくみん》は維《ゐ》新後《しんご》年々歳々《ねん〳〵さい〳〵》文明《ぶんめい》に醉《よ》ひ、黄金萬能《わうごんばんのう》の風靡然《ふうひぜん》として俗《ぞく》を爲《な》し、此《こ》の神州《しんしう》の士的氣風《きふう》の影《かげ》を沒《ぼつ》し、口《くち》を開《ひら》けば名《めい》を唱《さな》へ利《り》を謳《うた》ひ、功《こう》を收《おさ》むる虚榮《きよえい》之《こ》れ事《こと》とする樣《やう》になつたのであります。青年《せいねん》も此《こ》の時弊《じへい》に慣《な》れて遂《つひ》に道義等《だうぎとう》は顧《かへり》みぬといふ有樣《ありさま》となつたのであります。されば青年《せいねん》は勿論我國民《もちろんわがこくみん》は靜思《せいし》して氣風《きふう》の頽廢《たいはい》を挽回《ばんくわい》し、體《からだ》を鍛《きた》へ膽《きも》を練《ね》り、士道的氣風《しだうてききふう》を喚起《くわんき》することが、今日最大《こんにちさいだい》の急務《きふむ》であると信《しん》ずるものであります。而《しか》して現今學生青年警察官司獄官《げんこんがくせいせいねんけいさつくわんしごくくわん》と云《い》ふ人達《ひとたち》が大《おほい》に奬勵《しやうれい》して居《ゐ》ることは、素《もと》より氣風《きふう》の剛健《がうけん》を計《はか》り、中堅《ちうけん》たる良民《りやうみん》を望《のぞ》むのであるに相違《さうゐ》はないが、尚《なほ》一般《はん》の情態《じやうたい》を特筆《とくひつ》して剣道《けんだう》の要義《えうぎ》那邊《なへん》にあるかの講解《かうかい》を試《こゝろ》み、青年《せいねん》に剣《けん》道修養《だうしうやう》の必要《ひつえう》なることを知《し》らしめようとするのであります。

第二節　學生と鍛錬

學生時代《がくせいじだい》は元氣《げんき》で、元氣《げんき》のあるものは、體力《たいりよく》も強《つよ》いといふのが一般《ぱん》の通則《つうそく》であります。元氣《げんき》がなければ體質《たいしつ》も弱《よわ》く、體質《たいしつ》の弱《よわ》いものは積年《せきねん》の修學《しうがく》も其《そ》の用《よう》を爲《な》さぬもので、世間《せけん》に此類《このるゐ》の者《もの》は幾多《いくた》もあります。我國《わがくに》では明治《めいぢ》初年《しよねん》に當《あた》り泰西《たいせい》の學術《がくじゆつ》を輸入《ゆにふ》して以來《いらい》、教育《けういく》は專《もつぱ》ら知識《ちしき》の一面《めん》に偏《へん》して、體育《たいいく》の如《ごと》きは全《まつた》く形式的《けいしきてき》の課業《くわげふ》に加《くは》へられた有樣《ありさま》となりました。其結果《そのけつくわ》學生《がくせい》は體力虛弱《たいりよくきよじやく》となり、德義《とくぎ》を失《うしな》ふ傾向《けいかう》となりました。此時弊《このじへい》を救濟《きうさい》するには、剛健質實《がうけんしつじつ》の氣風《きふう》を以《もつ》てするより外途《ほかみち》がないのであります。そこで我國家《わがこくか》の前途《ぜんと》を思《おも》ひ又學生《またがくせい》を救《すく》ふ人々《ひとびと》が集《あつま》つて、帝國議會《ていこくぎくわい》に武術《ぶじゆつ》正科《せいくわ》の問題《もんだい》を提議《ていぎ》し、其意見《そのいけん》が議會《ぎくわい》を通過《つうくわ》したといふことは實《じつ》に學生諸君《がくせいしよくん》の幸福《かうふく》であると思《おも》ひます。又既《またすで》に正科《せいくわ》として定《さだ》まりたる以上《いじやう》は、大《おほい》に今日迄《こんにちまで》の缺陷《けつかん》を刷新《さつしん》し體《からだ》を強《つよ》くし心《こゝろ》を剛健《がうけん》にするのが本旨《ほんし》であります、實《じつ》に武術《ぶじゆつ》が正科《せいくわ》となつて、之《これ》を鍛《たん》錬《れん》すると云《い》ふことは、松柏《しようはく》の霜《しも》に會《あ》ひて益々《ますます》色彩《しきさい》を鮮《あざ》やかならしむるが如《ごと》く、諸君《しよくん》の天禀《てんりん》の知識《ちしき》も光《ひかり》を發《はつ》する樣《やう》に感《かん》じられ、誠《まこと》に同慶《どうけい》に堪《た》へぬ次第《しだい》であります、諸君《しよくん》は學業《がくげふ》に從事《じうじ》するの餘暇《よか》にも傍《かたは》らには雄々《をゝ》しき勇氣《ゆうき》を養《やしな》ひ、體《からだ》を練《ね》り、熟慮獨愼謙《じゆくりよどくしんけん》遜《そん》の如《ごと》き劍道《けんだう》の本義《ほんぎ》を胸中《きようちう》に築《きづ》き、品性《ひんせい》を立派《りつぱ》に磨《みが》き上《あ》げて、能《よ》く勉《つと》めたならば、假令《たとへ》卒業《そつげふ》して社會《しやくわい》に立《た》つても、千人《にん》萬人《にん》に勝《すぐ》れ功業《こうげふ》の光《ひかり》を放《はな》つことが出來《でき》るのであります。所謂《いはゆる》諸君《しよくん》の百般《はく》の偉業《ゐげふ》を成就《じやうじゆ》する根柢《こんてい》は、學生時代《がくせいじだい》に身心《しんしん》の養成《やうせい》の努力《どりよく》如何《かん》によるのであります。

第三節　青年と鍛錬

國家《こくか》の富強《ふきやう》は青年《せいねん》の身體《しんたい》の強壯《きやうさう》と堅實《けんじつ》なる精神《せいしん》が基礎《きそ》であります。然《しか》るに現今《げんこん》の青年《せいねん》は往々《わうわう》反比例《はんぴれい》の傾向《けいかう》を現出《げんしゆつ》し、體力減退《たいりよくげんたい》、精神墮落《せいしんだらく》を來《きた》す有樣《ありさま》で、其基礎《そのきそ》とは全《まつた》く背馳《はいち》したる状態《じやうたい》であります。今日《こんにち》の商業界《しやうげふかい》を窺《うかゞ》ふに、イ、加減《かげん》にゴマカスのが日本商人《にほんしやうにん》の特長《とくちやう》で、公徳心《こうとくしん》などは更《さら》にないと謂《い》ふ有様《ありさま》ではありませぬか。斯様《かやう》の氣《き》風《ふう》が青年《せいねん》に今後《こんご》益々《ますく》加《くは》はつたならば、國家《こくか》の前途《ぜんと》憂慮《いうりよ》に堪《た》へぬ次第《しだい》であります。先年《せんねん》青年團《せいねんだん》に對《たい》し内務省《ないむしやう》から訓令《くんれい》が發《はつ》せられました。其内《そのうち》に忠孝《ちうかう》の本義《ほんぎ》を體《たい》し、品性《ひんせい》の向上《かうじやう》を圖《はか》り、體力《たいりよく》を增進《ぞうしん》し實際生活《じつさいせいくわつ》に適切《てきせつ》なる知能《ちのう》を研《みが》き、剛健勤勉《がうけんきんべん》克く國家《こくか》の進《しん》運《うん》を扶持《ふぢ》するの精神《せいしん》と質素《しつそ》とを養成《やうせい》せしむるは刻下《こくか》の最《もつと》も緊切《きんせつ》の事《こと》に屬《ぞく》す云々《うんぬん》とあります。古來我國《こらいわがくに》には士魂商才《しこんしやうさい》と云《い》ふものがあつて、昔《むかし》からの實業家《じつげふか》にして立派《りつぱ》に成功《せいこう》した人《ひと》は僥倖《げうかう》ではなく、青年時代《せいねんじだい》に士魂商才《しこんしやうさい》と云《い》ふ立派《りつぱ》な人格《じんかく》を研《みが》いた結果《けつくわ》に外《ほか》ならぬのであります。劍道《けんだう》を鍛錬《たんれん》するのは、即《すなは》ち此人格《このじんかく》を研《みが》く爲《た》めであります。業務《げふむ》の百般《はん》、名實共《めいじつとも》に之《これ》を完《まつた》うするは、即《すなは》ち此人格《このじんかく》の力《ちから》にあるのであります。殊《こと》に今日《こんにち》の青年《せいねん》は業務《げふむ》の如何《いかん》を問《と》はず、而《しか》も自己《じこ》一身《しん》の事《こと》よりも以上《いじやう》に大切《たいせつ》なことがあるので、此《こ》れは何《な》んであるかと云《い》ふに、兵《へい》となることであります。即《すなは》ち國《くに》の爲《た》めには生命《せいめい》も財産《ざいさん》も犧牲《ぎせい》に供《きよう》して盡《つく》すと云《い》ふ心《こゝろ》がなければなりません。諸君《しよくん》が平素《へいそ》業《げふ》に勵《はげ》み勞働《らうどう》に堪《た》へ、能《よ》く親《おや》の命《めい》に從《したが》つて行《ゆ》くは、之《こ》れ孝《かう》であります。而《しか》して此孝心《このかうしん》があれば、また國《くに》の爲《た》めに忠《ちう》を盡《つく》すとが出來《でき》るのであります。青年諸君《せいねんしよくん》が各自《かくじ》忠孝《ちうかう》の觀念《くわんねん》を懷《いだ》き、平素《へいそ》行動《かうどう》の上《うへ》に誤《あやま》りなければ、如何《いか》なる横暴《わうぼう》なる敵國《てきこく》が顯《あら》はれても決《けつ》して我國《わがくに》は屈辱《くつじよく》を受《う》けぬのであります。諸君《しよくん》は現在《げんざい》我國《わがくに》の多難《たなん》を顧《かへり》み、常《つね》に良心《りやうしん》の内《うち》に、行動《かうどう》の上《うへ》に、士的精神《してきせいしん》を練《ね》りて、彌《いや》が上《うへ》にも之《こ》れを剛健《がうけん》にして、動《うご》かぬ樣《やう》に努《つと》めねばなりません。

第四節　帶劍者修養の要

帶劍本分《たいけんほんぶん》の人《ひと》は、軍人《ぐんじん》にせよ、警察官《けいさつくわん》にせよ、司獄官《しごくくわん》にせよ、其帶劍《そのたいけん》は腰間《ようかん》の裝飾物《さうしよくぶつ》でないと云《い》ふことは既《すで》に明瞭《めいれう》なことであります。夫《そ》れは劍《けん》と云《い》ふ主義《しゆぎ》は、國《くに》を守《まも》り、身《み》を守《まも》り、惡《あく》を懲《こら》し、義《ぎ》を助《たす》ける吾人《ごじん》の心想《しんさう》を表現《へうげん》して居《ゐ》るものであります。

去《さ》れば此人々《このひと〴〵》は砲煙彈雨《はうえんだんう》の中《なか》を馳驅《ちく》して恐《おそ》れず、又如何《またいか》なる勞働《らうどう》にも堪《たへ》らるべき身《しん》體《たい》を有《いう》して居《ゐ》る者《もの》であるが、而《しか》も日常盛《にちじやうさか》んに劍道《けんだう》を練習《れんしふ》するは、尙弛《なほゆる》みなき樣《やう》にするのであります。白刄眼前《はくじんがんぜん》に橫《よこたは》り、彈丸頭上《だんぐわんづじやう》に飛《と》ぶ死地《しち》に至《いた》り、彼《か》れに對《たい》するの時《とき》に當《あた》つては、如何《いか》に金言玉辭《きんげんぎよくじ》の理論《りろん》と雖《いへど》も、何《なん》の役《やく》に立つものでなく、彼《かれ》を制《せい》し彼《かれ》を破《やぶ》るは、正《まさ》に帶劍《たいけん》の鞘《さや》を拂《はら》ふより外《ほか》に策《さく》がないのであります。之《こ》れに依《よ》つて思《おも》ふに、劍道《けんだう》の鍛錬《たんれん》は各自《かくじ》の本領本分《ほんりやうほんぶん》を全《まつた》くする爲《た》めであります、故《ゆゑ》に各自《かくじ》が劍道《けんだう》に精《せい》通《つう》すれば精通《せいつう》する程《ほど》、國家《こくか》の權利《けんり》を强大《きやうだい》にすることが出來《でき》ます。

而《しか》して在鄕軍人諸氏《ざいがうぐんじんしよし》は平時《へいじ》は皆軍裝《みなぐんさう》を解《と》き鄕里《きやうり》に歸休《ききう》して居《ゐ》るが、一朝國家《てうこくか》に事《こと》あるときは、直《たゞち》に鍬《くは》を捨《す》て筆《ふで》を捨《すて》て義勇奉公《ぎゆうほうこう》の誠《まこと》を致《いた》すのであるから、かゝる時《とき》に際《さい》しても兵務《へいむ》に堪《た》へ、困難《こんなん》を凌《しの》ぎ得《う》るの身心《しんしん》を、平素各自《へいそかくじ》の仕事《しごと》の暇《ひま》に鍛錬《たんれん》することを心《こゝろ》掛けねばなりません。

先年在鄕軍人會《せんねんざいがうぐんじんくわい》の目的《もくてき》に、「本會《ほんくわい》は軍人《ぐんじん》に賜《たま》はりたる勅諭《ちよくゆ》の精神《せいしん》を奉體《ほうたい》し、在鄕軍《ざいがうぐん》人《じん》の品位《ひんゐ》を進《すゝ》め、親睦《しんぼく》を醇《あつ》ふし相互扶助《さうごふじよ》し、軍人精神《ぐんじんせいしん》を振作《しんさ》し、體軀《たいく》を練《ね》り、軍《ぐん》事知識《じちしき》を増進《ぞうしん》するを以《もつ》て目的《もくてき》とす」と、以上各人《いじやうかくじん》の必要《ひつえう》に應《おう》じ、劍道《けんだう》を鍛錬《たんれん》するは職務上《しよくむじやう》に或《あるひ》は修業上《しうげふじやう》に裨補《ひほ》少《すく》なからざるは勿論《もちろん》、天與《てんよ》の知識天賦《ちしきてんぷ》の身體《しんたい》を活用《くわつよう》して行《ゆ》くことが出來《でき》るのであります。劍道《けんだう》の身心鍛錬《しんくたんれん》は大《だい》にしては國家的《こくかてき》、小《せう》にしては一家《か》を隆盛《りうせい》ならしむる基礎《きそ》であります。國家《こくか》を富强《ふきやう》にするには、體力《たいりよく》の强壯《きやうさう》と心《こゝろ》の剛健《がうけん》にあるは勿論《もちろん》、また國家《こくか》を進歩《しんぽ》せしむるには、同《おな》じく身心《しんく》の剛强《がうきやう》に俟《ま》たねばなりません、されば劍道《けんだう》の眞髓《しんずゐ》を修得《しうとく》する時《とき》には、其基礎《そのきそ》を獲得《くわくとく》し、有爲《いうゐ》の人材《じんざい》となることが出來《でき》るのであります。身心《しんく》の强弱《きやうじやく》に關《くわん》する國家《こくか》の狀態《じやうたい》は、現今世界《げんこんせかい》の戰爭《せんさう》の結果《けつくわ》を見《み》ても明《あきら》かな所《ところ》であります。即《すなは》ち心身《しんく》の强《つよ》いものが勝《か》ち、弱《よわ》いものが敗《ま》けて居《ゐ》るので、社會《しやくわい》の優勝劣敗《いうしようれつぱい》の法則《はふそく》も亦此《またかく》の如《ごと》きものであります。戰爭《せんさう》に負《ま》ければ敵《てき》より迫害《はくがい》を受《う》け、社會《しやくわい》の劣敗者《れつぱいしや》となり、悲歎《ひたん》の涙《なみだ》を呑《の》んで日《ひ》を送《おく》らねばなりません。故《ゆゑ》に此《こ》の修養《しうやう》が肝要《かんえう》のこと丶思《おも》ふのであります。

第三章　劍道の意義

　劍道《けんだう》に就《つい》ては、世人《せじん》は種々《しゆぐ》なる臆説《おくせつ》を唱《とな》へて居《を》りますが、私《わたし》は劍道《けんだう》とは、劍《けん》の道《みち》即《すなは》ち劍《けん》を用《もち》ふるの法則《はふそく》であつて、詳言《しやうげん》すれば、劍《けん》なる武器《ぶき》を最《もつと》も正《たゞ》しく用《もち》ひ、敵《てき》を防《ふせ》ぎ身《み》を護《まも》り、惡《あく》を懲《こら》し、善《ぜん》を助《たす》け、忠孝節義《ちうかうせつぎ》を行《おこな》ふの道《みち》を云《い》ふのであると信《しん》じます、所謂《いはゆる》戰《たゝかひ》天道《てんだう》に合《がつ》するときは、刄《やいは》に血《ち》をぬらずして敵必《てきかなら》ず敗《やぶ》るゝは、劍道《けんだう》の本義《ほんぎ》を示《しめ》したるものであります。即《すなは》ち進《すゝ》むべきに進《すゝ》み、退《しりぞ》くべきときに退《しりぞ》き、死《し》すべきときに死《し》し、生《い》くべきときに生《い》くるのが、劍道《けんだう》の本旨《ほんし》であると確信致《かくしんいた》します。

　今歴史上《いまれきしじやう》より之《これ》を研究《けんきう》するに、劍道《けんだう》は其端《そのたん》を神代《かみよ》に發《はつ》し、建國《けんこく》と倶《とも》に起《おこ》つたものであります。即《すなは》ち天照大神《あまてらすおほみかみ》の寶劍《はうけん》を以《もつ》て三種《しゆ》の神器《しんき》の一に加《くは》へ給《たま》ひ、國《くに》を守護《しゆご》せられてより武甕槌神《たけみかづちのかみ》大己貴神《おほなむちのかみ》は、十握《つか》の劍《つるぎ》を以《もつ》て、民族《みんぞく》を屈服《くつぷく》せしめ、開國《かいこく》の基業《きげふ》を建《た》てられ、其後《そのご》上古中古《じやうこちうこ》近世《きんせい》に至《いた》つて、武門武士《ぶもんぶし》は、忠勇《ちうゆう》を以《もつ》て自《みづか》ら任《にん》し、國家《こくか》の爲《た》めには百難《なん》を冒《をか》して人《ひと》に後《おく》れを取《と》らざる精神《せいしん》を練《ね》り、武士《ぶし》の骨髓《こつずゐ》と致《いた》しました。此精神《このせいしん》が國民道德《こくみんだうとく》の一つと見《み》て差支《さしつか》へはあるまいと思《おも》ひます。

斯《か》くの如《ごと》く劍道《けんだう》の根本《こんぽん》は、深遠《しんゑん》であつて窺《うかが》ひ知《し》る可《べ》からざるものがありますが、之《こ》れを言《い》ひ換《か》へて申《まを》したならば、君《きみ》に忠《ちう》、親《おや》に孝《かう》と云《い》ふ、精神《せいしん》に外《ほか》ならぬものであります。忠孝《ちうかう》と云《い》ふ精神《せいしん》は人《ひと》としての根本問題《こんぽんもんだい》で、彼《か》の政治《せいぢ》、財政《ざいせい》、教育《けういく》、孰《いづ》れも、國家《こくか》の大問題《だいもんだい》に相違《さうゐ》はないが、要《えう》するに皆忠孝《みなちうかう》の枝葉《しよう》たるに過《す》ぎないのであります。忠孝《ちうかう》の精神《せいしん》は、是等《これら》の枝葉末節《しようまつせつ》を透過《とうくわ》して、直《たゞ》ちに人生《じんせい》の根本《こんぽん》に遡《さかのぼ》り、國家國民《こくかこくみん》の根柢《こんてい》に到達《たうたつ》したる問題《もんだい》で、實《じつ》に國民《こくみん》にとつて之《こ》れ以上大切《いじやうたいせつ》なものはないのであります。

抑《そもそ》も我國《わがくに》は有史以來《いうしいらい》二千五百有餘年《いうよねん》、萬世《ばんせい》一系《けい》の皇室《くわうしつ》を戴《いたゞ》く萬國無比《ばんこくむひ》の帝國《ていこく》であります。而《しか》して吾人《ごじん》は此皇統《このくわうとう》の下《もと》に生《せい》を享《う》け、世界列強國《せかいれつきやうこく》の國民《こくみん》として、窮《きは》りなき惠澤《けいたく》に浴《よく》するを得《う》るは、蓋《けだ》し大元帥陛下《だいげんすゐへいか》の御稜威《みいつ》に因《よ》ることは申《まを》すまでもないが、一面古來《めんこらい》よりの忠孝《ちうかう》の心念《しんねん》の大《おほい》に與《あず》かつて力《ちから》ありしことは、我國《わがくに》の歷史《れきし》に徵《ちよう》して明《あき》らかな處《ところ》であります。

さすれば劍道《けんだう》の力《ちから》も亦《また》偉大《だい》と認《みと》めねばなりませぬ。吾國《わがくに》の歷史上《れきしじやう》の發達《はつたつ》の跡《あと》を徵《ちよう》するに、其變遷《そのへんせん》に三大時期《だいじき》があると思《おも》ひます。その一は智《ち》に偏《へん》したる時期《じき》で、即《すなは》ち藤《ふぢ》原時代《はらじだい》のそれであります。武《ぶ》に偏《へん》しましたのは源平時代《げんぺいじだい》から德川《とくがは》の初代《しよだい》に至《いた》る間《あひだ》で、又《また》智に偏《へん》しましたのは德川《とくがは》の中世《ちうせい》から今日《こんにち》に亙《わた》る時期《じき》であると思《おも》ひます。而《しか》して文《ぶん》智《ち》の盛《さか》んな時代《じだい》は、氣風《きふう》一般《はん》に浮華文弱《ふくわぶんじやく》に流《なが》れ、輕薄《けいはく》に走《はし》り、驕奢華美《けうしやくわび》の風《ふう》を好《この》み其道義《そのだうぎ》の甚《はなは》だしく衰《おとろ》へたことは歷史《れきし》の示《しめ》す處《ところ》で、殊《こと》に我國《わがくに》は明治《めいぢ》の初年《しよねん》から、西洋《せいやう》の物質的文明《ぶつしつてきぶんめい》の風潮《ふうてう》に遭《あ》ひ、悉《ことごと》く彼《か》れを模倣《もはう》することに急《いそ》がしくて、遂《つひ》に我國固有《わがくにこいう》の美《び》の存《そん》する處《ところ》を忘《わす》れ、日《ひ》に月《つき》に國民《こくみん》の氣風軟弱《きふうなんじやく》に流《なが》れ、確固《かくこ》たる精神《せいしん》は漸《やうや》く去《さ》り、德義《とくぎ》を忘《わす》るゝと云《い》ふ趨勢《すうせい》となつたのは事實《じじつ》であります。畏《おそ》れ多《おほ》きことながら、天皇《てんわう》陛下《へいか》には、此時弊《このじへい》を看取遊《かんしゆあそ》ばされ、非常《ひじやう》に宸襟《しんきん》を惱《なや》ませられ給《たま》ひ、明治《めいぢ》四十一年《ねん》を以《もつ》て優渥《いうあく》なる御詔書《ごせうしよ》を下《くだ》し給《たま》はりました。即《すなは》ち「華《くわ》ヲ去《さ》リ實《じつ》ニ就《つ》キ荒怠相誡《くわうたいあひいまし》メ自彊息《じきやうや》マサルヘシ」と宣《のたま》はせ給《たま》うたものでありますが、拜《はい》するも涙《なみだ》こぼるゝ次第《しだい》であります。

第四章　劍術の意義

抑《そもそ》も我國《わがくに》は三種神器《しゆのしんき》を以《もつ》て建國《けんこく》の主體《しゆたい》としてをるので、三種《しゆ》の神器《しんき》とは即《すなは》ち御鏡《みかゞみ》、御璽《みたま》、御劍《みつるぎ》の三つで、此《こ》の中《うち》の御劍《みつるぎ》は我々《われ〳〵》臣民《しんみん》が心《こゝろ》を養《やしな》ひ、身《み》を鍛《きた》ふるの要素《ようそ》であります。而《しか》して其端《そのたん》は日本武尊《やまとたけるのみこと》に起《おこ》り、源義家《みなもとよしいへ》に及《およ》び、義家《よしいへ》が劍術《けんじゆつ》の骨髓《こつずゐ》を宇内《うだい》に傳播《でんぱ》し、中興《ちうこう》に至《いた》りて愛洲陰流《あいしういんりう》の開祖《かいそ》たる愛洲移香《あいしういかう》は日向鵜《ひうがう》の戸《こ》の岩屋《いはや》に參籠《さんろう》して劍術《けんじゆつ》の玄妙《げんめう》を極《きは》め、天眞正傳神道流《てんしんせいでんしんたうりう》の開祖《かいそ》飯篠長威齋《いひしのちやうゐさい》は鹿島《かしま》の神《かみ》に祈《いの》りて劍術《けんじゆつ》を自得發明《じとくはつめい》し、天下《てんか》に興《おこ》し傳播《でんぱ》し、之《こ》れを初《はじ》めとして盛《さかん》に頭角《とうかく》を拔《ぬ》きたるもの輩出《はいしゆつ》し、鞍馬流《くらまりう》、京八流《きやうりう》、一羽流《はりう》、神陰流《しんかげりう》、柳生流《やぎふりう》、新陰流《にひかげりう》、中條流《ちうでうりう》、一刀流《たうりう》、拔刀田宮流《はつたうたみやりう》、二天流《てんりう》、神道無念流等《しんとうむねんりうとう》の諸流《しよりう》を初《はじ》めとして七十餘《よ》の流派《りうは》が起《おこ》りました。何《いづ》れも光彩《くわうさい》燦爛《さんらん》として壯重嚴正《さうちようげんせい》なりしは想像《さうざう》も及《およ》ばぬ程《ほど》でありました。而《しか》して此劍術《このけんじゆつ》を練《ね》るに種々《しゆく》な方法《はうはふ》を用《もち》ひました、其試合《そのしあひ》は、以《もつ》て其鍛錬《そのたんれん》の如何《いかん》を想像《さうぐ》し、如何程効果《いかほどかうくわ》のありしものかを、窺《うかゞ》ひ知《し》ることが出來《でき》るのであります。彼《か》の有名《いうめい》なる宮本武藏《みやもとむさし》と吉岡《よしをか》一味齋《みさい》とが、豐太閤《ほうたいかふ》の面前《めんぜん》に御前試合《ごぜんじあひ》を演《えん》じたる時《とき》に、各自對者《かくじたいしや》の虚《きよ》を窺《うかゞ》ひ、呼吸《こきふ》を計《はか》りつゝ不動《ふどう》の姿勢《しせい》を執《と》り、青眼《せいがん》に構《かま》へつゝあること、約《やく》二刻《こく》、(現今《げんこん》の午前《ごぜん》八時《じ》より正午《しやうご》十二時《じ》に至《いた》る四時間《じかん》)に及《およ》び、此間《このかん》一合《がふ》だも交《かは》さず、双方心身《さうはうしん〳〵》疲《つか》れて綿《わた》の如《ごと》く、今《いま》にも卒倒《そつたう》せんとする狀態《じやうたい》に陷《おちい》ると、折柄合圖《をりからあひづ》の太鼓《たいこ》が鳴《な》りました。此時《このとき》一味齋《みさい》は白《しろ》の頭卷《はちまき》をして居《ゐ》たのに、血液流汗《けつえきりうかん》と共《とも》に黄色《くわうしよく》を帶《な》び、浸潤《しんじゆん》しつゝあつたので、審判役《しんはんやく》は輕卒《けいそつ》にも、武藏《むさし》の勝《かち》を呼《よ》び上《あ》げました、而《しか》して武藏《むさし》は茶褐色《ちやかつしよく》の頭卷《はちまき》をして居《ゐ》た爲《ため》に血液《けつえき》の浸出《しんしゆつ》しなかつたことに審判役《しんはんやく》は心附《こゝろづ》かなかつたのであります。

斯《か》く一合《がふ》だに交《か》はさゞるに双方共額部《さうはうともがくぶ》に出血《しゆつけつ》したる如《ごと》きは、卽《すなは》ち、心《こゝろ》の結晶《けつしやう》を以《もつ》て戰《たゝか》ひ、身心相關《しんしんさうくわん》の原則《げんそく》を發揮《はつき》したのであります。武藏《むさし》と一味齋《みさい》とは其劍術《そのけんじゆつ》の眞髓《しんずゐ》を悟《さと》り、武士道《ぶしだう》の一大光明《だいくわうみやう》を發揮《はつき》したのであります。

今日《こんにち》我國民《わがこくみん》が大國民《だいこくみん》の典型《てんけい》を形成《けいせい》するに至《いた》つたのは、武士道《ぶしだう》が我國民《わがこくみん》の眞髓《しんずゐ》となつて居《ゐ》たからであります。而《しか》して武士道《ぶしだう》を再起《さいき》し、此《こ》れを堅固《けうご》にするには、劍術《けんじゆつ》の鍛錬《たんれん》を基《もとゐ》としなければならないのであります。

第五章　實地と眞理

第一節　鍛錬の眞法

人類《じんるゐ》は雙手雙脚《さうしゆさうきやく》を具有《ぐいう》し、且《か》つ直立《ちよくりつ》して歩行《はかう》するを得《う》る靈妙不思議《れいめうふしぎ》な體《たい》の組織《そしき》と總《すべ》てを知覺《ちかく》する心《こゝろ》は生《うま》れながらにして享有《きやういう》して居《ゐ》ます。此《こ》の天與《てんよ》の知覺《ちかく》と身體《しんたい》とを以《もつ》て、劍道《けんだう》を鍛錬實行《たんれんじつかう》したならば、膽力《たんりよく》を養成《やうせい》し、且忠君愛國《かつちうくんあいこく》、義《ぎ》は泰山《たいざん》より重《おも》く死《し》は鴻毛《こうまう》より輕《かる》し、と云《い》ふ、犧牲的心性《ぎせいてきしんせい》を修得《しうとく》し、堅固《けんご》にすることが出來《でき》るのであります。畢竟《ひつきやう》するに、劍道《けんだう》は、吾等《われら》が心性《しんせい》の利劍《りけん》、所謂活人劍《いはゆるくわつじんけん》にして、能《よ》く身《み》を修《をさ》め國《くに》を愛《あい》するの性《せい》、暴惡《ばうあく》なるに對《たい》しては、忽《たちま》ち殺人劍《さつじんけん》となり、一死《し》之《こ》れに當《あた》るを主《しゅ》とすることを自《みづか》ら嘗《な》め作《つく》るのであります。故《ゆゑ》に私《わたくし》は其實行《そのじつかう》に添《そ》ふ可《べ》き方法《はうはふ》、即《すなは》ち、此心想《このしんさう》を斷行《だんかう》すべき方略《はうりやく》を詳解《しやうかい》し、鍛錬《たんれん》の一助《じよ》としたいのであります。

さて我々《われわれ》の心想《しんさう》は、丁度《ちやうど》器《うつは》に盛《も》つた水《みづ》の如《ごと》くであります。器《うつは》が動轉《どうてん》すれば水《みづ》は振《しん》動《どう》する。然《しか》し器《うつは》が靜止《せいし》すれば、水《みづ》は靜閑《せいかん》に歸《き》して動《うご》きません。故《ゆゑ》に身構《みがまへ》或《あるひ》は各種《かくしゅ》の術《じゅつ》を施《ほどこ》すには、先《ま》づ心想《しんさう》を靜止《せいし》し安靜《あんせい》に置《お》かねばなりません。斯《こ》の心靜《こゝろせい》にして始《はじ》めて無念無想《むねんむさう》と云《い》ふことになるのです。これは劍道鍛錬上重要《けんだうたんれんじやうぢうえう》のことであります。

而《しか》し心《こゝろ》の靜《せい》とは、身構《みがま》へたばかりで、たとへ敵《てき》が襲撃《しふげき》して來《き》ても、其身構《そのみがま》へを固守《こしゅ》して打《う》たれる迄《まで》、身體《しんたい》を動《うご》かさぬと云《い》ふことでない。活動《くわつどう》しつゝ、其中正《そのちうせい》を失《うしな》はず而《し》かも尚猛烈《なほまうれつ》なる活動《くわつどう》をすることであります。譬《たと》へば石臼《いしうす》の石《いし》は廻《まは》り廻《まは》つて働《はたら》いてもその心棒《しんぼう》は、依然《いぜん》として靜止《せいし》して動《うご》かぬと同《おな》じやうなものであります。

斯《かく》の如《ごと》くにして竹刀《しなひ》を執《と》り、敵《てき》に向《むか》つて、心緒亂《しんちよみだ》れず、寛雅豁達《くわんがくわつたつ》の氣象《きしやう》を失《うしな》はず其心體《そのしんたい》を以《もつ》てすればよく劍道《けんだう》を練《ね》ることが出來《でき》ます。最初《さいしよ》は敵《てき》に對《たい》して迷想妄情《めいさうまうじやう》が起《おこ》り、此時《このとき》は精神惱亂《せいしんなうらん》し、恐怖《きようふ》を爲《な》し、己《おの》れの爲《な》す處《ところ》悉《ことごと》く錯亂《さくらん》するのであるが、能《よ》く觀念《くわんねん》して心情《しんじやう》の妄動《まうどう》を防《ふせ》ぎ、大度鴻量《たいどこうりやう》の心《こゝろ》を養《やしな》はねばなりません。

彼《か》の伊藤仁齋先生《いとうじんさいせんせい》の教《をし》へに、「己《おの》れを忘《わす》るゝは即《すなは》ち劍道《けんだう》に達《たつ》する要路《えうろ》、己《おの》れを有《いう》とするは其道《そのみち》を踏《ふ》み違《たが》ふの深坑《しんかう》なり」と謂《い》はれました。竹刀《しなひ》を執《と》つて事物《じぶつ》を考《かんが》ふる時《とき》、妄情《まうじやう》を發《はつ》し、遂《つひ》には徒《いたづ》らに粗心浮氣勝心《そしんふきしようしん》を挾《はさ》みて敵《てき》に當《あた》れば、之《こ》れ自《みづか》ら敗《やぶ》るの基《もとゐ》であります。吾人《ごじん》の試合《しあひ》に不覺《ふかく》をとることは、以上《いじやう》の心情《しんじやう》が胸裏《きようり》に往來《わうらい》してをるからであります。而《しか》して身體《しんたい》の安定《あんてい》を修養《しうやう》したならば、次《つぎ》に眼《め》の修養《しうやう》に力《つと》めるので、眼《め》は敵眼《てきがん》を凝視《ぎようし》すると心《こゝろ》と共《とも》に定住《ぢやうぢう》する。心《こゝろ》が定住《ぢやうぢう》すれば、精神《せいしん》の散亂《さんらん》を防《ふせ》ぐもので吾人《ごじん》が劍《けん》を執《さ》りて朋友《ほういう》と遊《あそ》ぶことを思《おも》ひ、事務《じむ》を追想《つゐさう》し晴雨《せいう》を考《かんが》へる等《とう》の雜念《ざつねん》が起《おこ》らず、靜《しづ》かに敵《てき》に應《おう》ずることが出來《でき》ます。即《すなは》ち眼《め》の凝視《ぎようし》は一心《しん》の亂《みだ》れざる要訣《えうけつ》であります。渡邊子爵《わたなべしゝやく》が、維新《ゐしん》の時周圍《ときしうゐ》に敵《てき》を控《ひか》へ、平然《へいぜん》として鼾聲雷《かんせいらい》の如《ごと》く眠《ねむ》つて居《を》つたと云《い》ふは、此《こ》の一心亂《しんみだ》れざる鍛錬《たんれん》の德《とく》で、斯《かく》の如《ごと》く心定《こゝろさだ》まるときは、氣定《きさだ》まり丹田《たんでん》に力《ちから》あれば、敵形《てきけい》に心止《こゝろとゞ》まらず、敵《てき》の術《じゆつ》に移《うつ》らず、眞《しん》に實想《じつさう》を悟《さと》りて實想《じつさう》を忘《わす》れ、恰《あだか》も鳥《とり》の空《くう》を忘《わす》れて自在《じざい》に飛《と》び行《ゆ》くが如《ごと》く、敵《てき》の打《う》つ竹刀《しなひ》の音《おと》の未《いま》だ絶《た》えざるに之《こ》れに應《おう》ずることが出來《でき》るのであります。之《こ》れが劍道《けんだう》の玄妙《げんめう》で、卽《すなは》ち心靈的作用《しんれいてきさよう》であります。恰《あだか》も宇宙《うちう》の萬物發生《ばんぶつはつせい》して、土芥《どかい》に歸《き》するが如《ごと》く、法形《はふけい》ありて法形《はふけい》なきが如《ごと》くであります。劍術《けんじゆつ》を學《まな》ぶものは、心《こゝろ》を靜《しづ》め氣《き》を潔《いさぎよ》くし、神《しん》を凝《こら》し念《ねん》を完《まつた》うし清《きよ》きを守《まも》らなければなりません。之《これ》は消極的修養《せうきよくてきしうやう》、敵《てき》に臨《のぞ》んで總《すべ》ての精神的作用《せいしんてきさよう》を障礙《しやうがい》なく働《はたら》かせるのが積極的《せききよくてき》の方面《はうめん》であります。消極的《せうきよくてき》は妄情《まうじやう》を制壓《せいあつ》し、又積極《またせききよく》的《てき》は一切《さい》の善惡《ぜんあく》の境界《きやうかい》に於《おい》て、雜念起《ざつねんおこ》らず、而《し》かも清《きよ》き實質《じつしつ》を我活動《わがくわつどう》の心體《しんたい》に歸《き》せしめるのであります。所謂形式《いはゆるけいしき》が知識的方面《ちしきてきはうめん》に偏《へん》し精神《せいしん》を埋沒《まいぼつ》するのでない、二方《はう》面《めん》より同時《どうじ》に修養《しうやう》して、之《こ》れを心體《しんたい》に實顯《じつげん》せしむるのであつて決《けつ》して分離《ぶんり》することはできません。されば精神《せいしん》の澄淸《ちようせい》することを研磨《けんま》し、術理《じゆつり》を明《あきら》かならしめ得《う》るのであります。此《こゝ》に發《はつ》する眞理《しんり》は、私《わたくし》なく無念無想《むねんむさう》の心想《しんさう》で、頭腦空虛《づなうくうきよ》なれば、神聖《しんせい》なる自性《じせい》に歸《かへ》りて自心《じしん》に信義廉恥《しんぎれんち》の劍道《けんだう》の本義《ほんぎ》を明《あきらか》にし、能《よ》く道《みち》に從《したが》ひ忠孝《ちうかう》の心念《しんねん》を擧揚《きよやう》し、又《また》一個《こ》の人格品性《じんかくひんせい》を高尙《かうしやう》ならしめるものであります。此故《このゆゑ》を以《もつ》て吾人《ごじん》が劍《けん》道《だう》の眞髓《しんずゐ》を得《ね》たなれば、人《ひと》を中傷讒誣《ちうしやうざんぶ》し、或《あるひ》は他人《たにん》を排斥《はいせき》し、衝突紛爭《しようとつふんさう》あることはない。夫《そ》れ天下《てんか》の人紛糾錯亂《ひとふんきうさくらん》するときは、其身《そのみ》の破綻《はたん》を生《しやう》じ、其事業《そのじげふ》を完《まつた》うすることが出來《でき》ません。故《ゆゑ》に吾人《ごじん》は日々《ひゞ》劍道《けんだう》を練《ね》り其心底《そのしんてい》を修《をさ》め、其眞髓《そのしんずゐ》を自得《じさく》せねばならぬのであります。

凡《およ》そ禪哲學《ぜんてつがく》など、其方法《そのはうはふ》は異《ことな》つてゐるが、歸《き》する意義《いぎ》は同《どう》一であります。古人《こじん》の善《ぜん》道《だう》の心念《しんねん》を擧揚《きよやう》したのは、禪哲《ぜんてつ》の眞理《しんり》によりて、心想《しんさう》を明《あきらか》にし或《あるひ》は現化《げんくわ》せしめたのであります、即《すなは》ち禪《ぜん》は心《こゝろ》の活動《くわつどう》の工夫《くふう》で、劍《けん》は情波識浪《じやうはしきらう》を一掃《さう》して死生《しせい》の問題《もんだい》を解決《かいけつ》するのであります。劍道研磨《けんだうけんま》の士《し》は、常《つね》に眞理《しんり》と其意《そのい》を徹底《てつてい》し、劍道《けんだう》の眞髓《しんずゐ》を實顯《じつけん》することに努《つと》めねばならぬわけであります。

(一)劍道心迷《けんだうこゝろまよ》ひなき一途《と》、哲學《てつがく》にては大極《たいきよく》と云《い》ひ、無我無心《むがむしん》の狀態《じやうたい》、禪《ぜん》にては無《む》念無想《ねんむさう》と云《い》ふ、生理學《せいりがく》にては、幼年期《ようねんき》にて之《こ》れを天眞爛漫《てんしんらんまん》の時《とき》といふ。之《こ》れ皆劍術《みなけんじゆつ》鍛錬《たんれん》の元素《げんそ》であります。

(二)劍道構正氣《けんだうかまへせいき》を發《はつ》する處《ところ》、哲學《てつがく》にては大極《たいきよく》より陰陽《いんやう》を生《しやう》じ、恰《あだか》も劍術《けんじゆつ》の相對的《さうたいてき》の場合《ばあひ》の如《ごと》く、生理學《せいりがく》にては少年期《せうねんき》の如《ごと》く、頭腦發達《ずなうはつたつ》して、少《すこ》しく事物《じぶつ》を覺知《かくち》した時《とき》の如《ごと》きものであります。

(三)業《げふ》、陽陰《やういん》より四象《しやう》を生《しやう》じ、大陽小陽大陰小陰《たいやうせうやうたいいんせういん》となる、劍道《けんだう》の大業小業刺擊攻《たいげふせうげふしげきこう》防《ばう》の如《ごと》く、生理學《せいりがく》にては、靑年期《せいねんき》となり、精神變化《せいしんへんくわ》の時《とき》を示《しめ》すが如《ごと》きであります。

(四)變化《へんくわ》、變轉出沒種々《へんてんしゆつぼつしゆく》なる法《はふ》を生《しやう》ず。之《こ》れを哲學《てつがく》より觀察《くわんさつ》するときは、四象《しやう》より八卦《け》を生《しやう》じたる時《とき》の如《ごと》く、生理學上《せいりがくじやう》にては靑年期《せいねんき》より壯年期《さうねんき》に移《うつ》り、物事《ものごと》を積極《せききよく》的《てき》に爲《な》す時《とき》の如《ごと》きであります。

劍道《けんだう》は一より順次《じゆん》修養法《しうやうはふ》が變《へん》じ、此時《このとき》に於《おい》て趣味《しゆみ》を感《かん》じ反復的《はんぷくてき》に業《げふ》を練習《れんしふ》し、遂《つひ》に細密《さいみつ》なる働《はたら》きをなすものであります。

(五)極意《ごくい》、種々《しゆぐ》なる法形《はふけい》は千變萬化無《べんはんくわむ》限《げん》に妙處《めうしよ》に達《たつ》す。之《こ》れを哲理《てつり》にては、八卦《け》より六十四卦《け》を生《しやう》ずる處《ところ》にして、六十四卦《け》の元素《げんそ》は宇宙《うちう》の萬物發生《ばんぶつはつせい》し靈妙《れいめう》なるを示《しめ》す、生理學《せいりがく》にては成熟期《せいじゆくき》の如《ごと》く、意識《いしき》の明瞭《めいれう》にて、人生《じんせい》の花《はな》の咲《さ》く時期《じき》を示《しめ》す。所謂《いはゆる》宇宙《うちう》の眞相《しんさう》と合致《がつち》し、劍道《けんだう》の玄妙《げんめう》、哲學《てつがく》の悟入《ごにふ》、生理學上《せいりがくじやう》の明識《めいしき》にして、人格《じんかく》を有《いう》する處《ところ》であります。

斯《かく》の如《ごと》く各種《かくしゆ》の理《り》を考究《かうきう》するときは、その方法《はうはふ》を明《あきらか》にし鍛錬《たんれん》を秩序的《ちつじよてき》にし或《あるひ》は體《からだ》の發達時期《はつたつじき》に、又《また》は智的《ちてき》に精神的《せいしんてき》に、心身《しんしん》を基礎《きそ》として、綿密《めんみつ》なる修養《しうやう》を要《えう》するのであります。豫《か》ねて友人《いうじん》が常《つね》に修養法《しうやうはふ》を區別《くべつ》して、左《さ》の如《ごと》き年齡《ねんれい》を標準《へうじゆん》として敎育《けういく》することを主張《しゆちやう》して居《を》つたことがありますが、此《こゝ》に參考迄《さんかうまで》に記錄致《きろくいた》します。

一、幼年時《ねうねんじ》代《だい》(十歳《さい》以下《か》)

動物的發達時代《どうぶつてきはったつじだい》、此時代《このじだい》は感覺《かんかく》が鈍《にぶ》い時《とき》で、最《もっと》も亂暴《らんぼう》に育《そだ》つ時《とき》である。此時《このとき》は直覺的《ちょくかくてき》に修養《しうやう》せしめることが肝要《かんえう》である。

二、少年時代《せうねんじだい》（十一歳以上《さいいじやう》）
智識精神《ちしきせいしん》の繼續《けいぞく》、審美的發達期《しんびてきはったつき》、此《こ》の意味《いみ》を以《もっ》て指導《しだう》すればよい。

三、青年時代《せいねんじだい》（十八九歳以上《さいいじやう》）
欲望及肉體《よくぼうおよびにくたい》の發達《はったつ》の時《とき》。

四、壯年時代《さうねんじだい》（三十歳以上《さいいじやう》）
精神發達《せいしんはったつ》の時《とき》。

此《こ》の理論《りろん》を事實敎育上《じじつけういくじやう》に應用《おうよう》して研究《けんきう》をしたところが、悉《ことごと》く事實《じじつ》と符合《ふがふ》する樣《やう》でありました。幼年時代《えうねんじだい》には總《すべ》て正直《しやうぢき》に直覺的《ちょくかくてき》に指導《しだう》する。卽《すなは》ち惡《わる》ければ絶對《ぜったい》に止《や》めさせる。善《よ》ければ必《かな》らずさせると云《い》ふ風《ふう》で、恰《あたか》も命令《めいれい》の如《ごと》く指導《しだう》するのであります。

少年時代《せうねんじだい》には、感想《かんさう》と靈智《れいち》によりて眞理《しんり》を指導《しだう》し、時々《ときぐ》精神方面《せいしんはうめん》も加味《かみ》しなければなりません。而《しか》して青年時代《せいねんじだい》であるが、此時代《このじだい》が最《もつと》も人生《じんせい》の難局《なんきよく》で、智識的方面《ちしきてきはうめん》も精《せい》神的方面《しんてきはうめん》も同時《どうじ》に嚴正《げんせい》に指導《しだう》し、且《か》つ肉體教授《にくたいけうじゆ》も盛《さか》んに行《おこな》ひ、學生《がくせい》なれば學業《がくげふ》を終《をは》れば、充分運動《じうぶんうんどう》さして、歸宅《きたく》して復習《ふくしふ》が終《をは》れば、直《たゞち》に寢《しん》に就《つ》くと云《い》ふまでに體《からだ》を働《はたら》かせるのであります。壯年時代《さうねんじだい》は精神《せいしん》が出來《でき》て、總《すべ》て考《かんが》へるやうになり、無法《むはふ》の事《こと》はやらなくなる。併《しか》し此時《このとき》に初《はじ》めて修養《しうやう》するものは、理《り》のみに走《はし》りて、苦辛《くしん》の實行《じつかう》を避《さ》ける嫌《きら》ひがある。能《よ》く謂《い》ふことでありますが、自分《じぶん》は年《とし》を取《と》つて居《ゐ》るから、稽《けい》古《こ》をしても上達《じやうたつ》せぬと。之《こ》れはつまらぬ迷執《めいしふ》であります。色々《いろ／＼》の考《かんが》へを捨《す》てゝ、眞《しん》理《り》を觀察《くわんさつ》すれば必《かな》らず上達《じやうたつ》するもので、此時代《このじだい》の人《ひと》は家事《かじ》も多《おほ》く、事務《じむ》も多《おほ》い。實《じつ》に活動《くわつどう》の眞最中《まつさいちう》である。爲《た》めに特《とく》に劍道《けんだう》の爲《た》め時間《じかん》を費《つひや》すと云《い》ふことを嫌《きら》ふのは、是非《ぜひ》もないことではあります。併《しか》しながら、吾人人類《ごじんじんるゐ》の苦辛經營《くしんけいえい》は、皆《みな》悉《こと／＼》く心《こゝろ》を度外《どぐわい》にした場合《ばあひ》には、其遂行《そのすゐかう》を無意味《むいみ》にするものであるから、家事《かじ》と云《い》ふも、事務《じむ》と云《い》ふも、或《あ》る一つの心《こゝろ》を離《はな》れたものはないのであります。然《さ》れば生活《せいくわつ》は吾人《ごじん》の緊《きん》切《せつ》なるものであると同時《どうじ》に、心《こゝろ》の修養《しうやう》は亦《また》忽諸《こつしよ》に附《ふ》すべからざる大事《だいじ》であります。此理《このり》に達《たつ》し一心《しん》に實行《じつかう》を繼續《けいぞく》すれば、幾多《いくた》の迷執《めいしふ》を破《やぶ》り、善道《ぜんだう》の心想《しんさう》を現化《げんくわ》せしむることが出來《でき》るのであります。

斯《かく》の如《ごと》く各《おの〳〵》人々《ひと〴〵》の時期《じき》に從《したが》ひ、道《みち》を學《まな》ぶときは、堪能《たんのう》の妙術道念《めうじゆつだうねん》に造詣《ざうけい》することと宛《さなが》ら水《みづ》を呑《の》んで冷暖自知《れいだんじち》するが如《ごと》く、進達《しんたつ》すること疑《うたがひ》ないものであります。

第二節　心理の組織

剛健《がうけん》の心發《こゝろはつ》して敵《てき》の心《こゝろ》を牽制《けんせい》す、苟《いや》しくも苦痛《くつう》を忍《しの》び恐怖《きようふ》の心《こゝろ》なく敵《てき》を制《せい》するは心《こゝろ》より敵心《てきしん》を牽《ひ》き敵《てき》を殺活自在《さつくわつじざい》にするのであります。是劍術《これけんじゆつ》の眞髓《しんずゐ》であつて、恰《あだか》も怒《いか》れば虎《とら》を恐《おそ》れしめ、笑《わら》へば兒女《じぢよ》も懷《なつ》くといふ如《ごと》く、我心《わがこゝろ》によりて敵心《てきしん》を動《うご》かすのであります。敵《てき》に對《たい》して我心《わがこゝろ》に敵心《てきしん》の感應《かんおう》することは、恰《あだか》も電氣《でんき》の如《ごと》くであります彼《か》の幾萬《いくまん》の兵《へい》が戰《たゝか》ひに臨《のぞ》み戰機《せんき》熟《じゆく》して小部隊《せうぶたい》の働《はたら》く處《ところ》、幾《いく》千の兵《へい》一心《しん》に活動《くわつどう》する如《ごと》く一人《にん》の心萬人《こゝろまんにん》を動《うご》かすは事實《じじつ》に於《おい》て明《あきら》かであります。又所謂我《またいはゆるわれ》の心《こゝろ》の向《むか》ふ處《ところ》、敵《てき》心之《しんこ》れに集注《しふちう》して活動《くわつどう》し、彼我《ひが》の心《こゝろ》二にあらずして一《ひと》つであります。斯《かく》の如《ごと》くにして絶大《ぜつだい》なる技《ぎ》を發顯《はつげん》し、敵《てき》をして殺活自在《さつくわつじざい》たらしむることが出來《でき》るのであります。されば此敵心《このてきしん》を集注《しふちう》せしむる心《こゝろ》の根柢《こんてい》は如何《いか》なる處《ところ》にあるかと申《まを》せば、夫《そ》れは我心《わがこゝろ》の修養次第《しうやうしだい》で、之《こ》れが確固《かくこ》不屈《ふくつ》となるのであります、能《よ》く其心《そのこゝろ》を以《もつ》て修養《しうやう》すれば、自《おのづ》から彼《かれ》を制《せい》し從容《しようよう》として動《うご》かざる心《こゝろ》となるのであります。之《こ》れ技術《ぎじゆつ》の絶大無限《ぜつだいむげん》を實顯《じつけん》するの根本《こんぽん》であります。而《しか》して心的方向《しんてきはうかう》は如何《いか》なるものであるかと申《まを》すと、左《さ》の如《ごと》き各項《かくかう》であります。

第一　氣合に就て

氣《き》合《あひ》とは自他《じた》の精神《せいしん》が合《がつ》することを云《い》ひ、而《しか》して其氣合《そのきあひ》とは自己《じこ》の精神氣力《せいしんきりよく》が敵《てき》の精神氣力《せいしんきりよく》を牽制《けんせい》して、殺活自在《さつくわつじざい》にするの謂《いひ》であります。而《しか》して心理上《しんりじやう》の方面《はうめん》から云《い》へば、精神《せいしん》を或《あ》る一事《じ》の上《うへ》に集注《しふちう》することで、即《すなは》ち總《すべ》ての能力《のうりよく》を光線《くわうせん》の一焦點《せうてん》に集《あつ》めるの謂《いひ》であります。されば技《わざ》に心《こゝろ》の全力《ぜんりよく》を傾倒《けいたう》すれば、自然《しぜん》氣合《きあひ》を養成《やうせい》することが出來《でき》るのであります。彼《か》の機先《きせん》を制《せい》すると云《い》ふも、敵《てき》の未發《みはつ》に打《う》つと云《い》ふも、又敵《またてき》に向《むか》ひ雙方《さうはう》の氣《き》一圖《づ》にかち合《あ》ふの際《さい》、我《われ》一歩《ほ》先《さき》んじて先《さき》の先《さき》に打《う》ち、或《あるひ》は敵《てき》より懸《かけ》る氣《き》を外《はつ》して後《あと》の先《さき》を取《と》り、或《あるひ》は我《わ》れ敵《てき》より先《さき》んじて敵《てき》を制《せい》するも、皆《みな》この氣《き》合《あひ》に外《ほか》ならぬのであります。此氣《このき》合《あひ》に二樣《やう》あつて、彼《かれ》の隙《すき》を窺《うかゞ》ふ時《とき》は心《こゝろ》に何等《なんら》の碍《がい》滯《たい》なく、何等《なんら》の邪念《じやねん》なく、油《あぶら》なく、隙《す》きもなく、弛《ゆる》みもなく、恐怖《きようふ》もなく、靜的狀《せいてきじやう》態《たい》であります。一つは敵《てき》に相和《あひわ》し、遲疑逡巡《ちぎしゆんじゆん》せずして、一刹那《せつな》に勇往邁進《ゆうわうまんしん》することの動的狀態《ごうてきじやうたい》であります。而《しか》し此氣合《このきあひ》は無形《むけい》でありますから、形《かた》を以《もつ》て說明《せつめい》する譯《わけ》にゆきません。只《た》だ心《こゝろ》の働《はたら》く事實上《じゞつじやう》から、其働《そのはたら》きを便宜上靜的動的《べんぎじやうせいてきごうてき》と二方面《はうめん》に別《わ》けて說明《せつめい》したに過《す》ぎないのであります。心《こゝろ》の働《はたら》きは構《かま》へても進擊《しんげき》しても、弛《ゆる》まず充溢《じういつ》して居《を》つて、只《た》だ一方《ぱう》は靜的《せいてき》の充溢《じういつ》、一方《はう》は動的《ごうてき》の充溢《じういつ》であります。茲《こゝ》に於《おい》て活躍自在《くわつやくじざい》敵心《てきしん》を牽制《けんせい》することが出來《でき》るので、若《も》し氣合《きあひ》が缺《か》けて居《ゐ》るときは生命《せいめい》なく、暗黑同《あんこくどう》様のものとなるのであります。

第二　自分に對する注意

氣《き》合《あひ》をかければ敵《てき》は命《めい》ずる處《ところ》に働《はたら》き、或《あるひ》は眠《ねむ》り或《あるひ》は笑《わら》ひ或《あるひ》は活動《くわつどう》を止《や》め、恰《あたか》も催《さい》眠術者《みんじゆつしや》の被術者《ひじゆつしや》に於《お》けるが如《ごと》くであります。此無《このむ》限《げん》の働《はたら》きは實《じつ》に自分《じぶん》の頭《あたま》の先《さ》きから足《あし》の先《さ》きまで、擧止《きよし》動靜《どうせい》に目《め》を離《はな》さず注意《ちうい》するところにあります。此注意《このちうい》は軈《やが》て心《こゝろ》を一焦點《せうてん》に集《あつ》め、狼狽《らうはい》せず不意《ふい》に打《う》たれず、一刹那《せつな》敵《てき》に對《たい》して處理《しより》する處《ところ》の確固《かくこ》たる心《こゝろ》となるのであります。

第三　彼に對する注意と利用

自分自身《じぶんじしん》の一擧《きよ》一動《どう》に注意《ちうい》したなれば、同時《どうじ》に敵《てき》の動靜《どうせい》に注意《ちうい》することが肝心《かんじん》であります。敵《てき》を注意《ちうい》して居《ゐ》る間《あひだ》には、自然彼《しぜんかれ》の擧止《きよし》動靜《どうせい》は我心《わがこゝろ》の一燒點《せうてん》に集注《しふちう》して遂《つひ》に彼《か》れの注意《ちうい》を奪《うば》ふことが出來《でき》るので、所謂敵《いはゆるてき》の注意《ちうい》を利用《りよう》して制《せい》することが出《で》來《き》るのであります。

第四　氣概の猛烈

縱橫無盡《じゆうわうむじん》に奮鬪《ふんとう》する元氣《げんき》は一途《づ》に働《はたら》く氣《き》であつて本心《ほんしん》の働《はたら》きであります。一髮不《はつふ》輕々《けいけい》一命《めい》と君《きみ》の爲《た》め身《み》を犧牲《ぎせい》に供《きよう》する忠烈《ちうれつ》は此氣《このき》の渾身《こんしん》に充《み》ちて居《ゐ》る所謂浩然《いはゆるこうぜん》の氣《き》が心《こゝろ》と少《すこ》しも隔《へだ》たりたる所《ところ》がないからであります。卽《すなは》ち心《こゝろ》は內《うち》にして、氣《き》は外《そと》に働《はたら》くものであります。故《ゆゑ》に心《こゝろ》を養《やしな》ふて氣《き》の亂《みだ》れざることに力《つと》めるのであります。試合《しあひ》に於《お》て氣《き》のあせる時《とき》は必《かな》らず敗《やぶ》れる。之《こ》れ心定《こゝろさだま》らず氣《き》の亂《みだ》れたる時《とき》であります。心《こゝろ》によりて渾身《こんしん》に氣《き》が充《み》ちれば、頭《あたま》の毛《け》から足《あし》の先迄《さきまで》も力《ちから》が這入《はひ》つて弛《ゆる》みもない、實《じつ》に一點《てん》の隙《すき》がなく、竹刀《しなひ》を執《と》つて活動《くわつどう》するも、恰《あたか》も千手觀音《じゆくわんおん》の樣《やう》で、心《こゝろ》一つで能《よ》く竹刀《しなひ》が千本《ぼん》となつて行《ゆ》き渡《わた》つて働《はたら》くのであります。

劍術《けんじゆつ》の要《よう》は心《こゝろ》一にして分《わか》れず、氣《き》は一身《しん》に流《なが》れ暫《しばら》くも止《とゞま》らざるときは能《よ》く萬變《ばんぺん》に應《おう》ずるの體《たい》となるのであります。若《も》し心手《こゝろて》に偏《かたよ》り、形相《けいさう》に偏《かたよ》り、氣滯《きとゞこほ》る時《とき》は、繩《なは》なきに自《おのづか》ら縛《はく》されるが如《ごと》く、敵《てき》に壓倒《あつたう》せられ、每戰必《まいせんかな》らず敗《やぶ》るゝのであります。

第五　心氣力

劍《けん》の妙諦《めうてい》に入《はひ》るは如何《いか》なる原則《げんそく》があるかと申《まを》しますに、先《ま》づ心氣力《しんきりよく》一致《ち》の意味《いみ》を以《もつ》て鍛錬致《たんれんいた》したなれば、必《かな》らず其妙諦《そのめうてい》に入《はひ》ることが出來《でき》るのであります。例《たと》へば心《こゝろ》起《おこ》りて手《て》に竹刀《しなひ》を持《も》ち、氣《き》の手《て》に通《かよ》ひて働《はたら》きをなし、氣《き》の通《かよ》つて打《う》つ業《わざ》は手《て》に力《ちから》が集《あつま》るので、故《ゆゑ》に奮勵突撃《ふんれいとつげき》して力集《ちからあつま》り氣充溢《きじういつ》する處《ところ》は、心《こゝろ》の確固《かくこ》にして、命《めい》ずる處《ところ》と一致《ち》するであります。斯《かく》の如《ごと》き心《こゝろ》と氣《き》と力《ちから》とが一致《ち》して活動《くわつどう》し、鍛錬《たんれん》すれば、實《じつ》に敵《てき》を制《せい》し、如何《いか》に難攻不落《なんこうふらく》の强敵《きやうてき》と雖《いへど》も、打《う》ち破《やぶ》ることが難《かた》くない、實《じつ》に周圍《しうゐ》より敵《てき》が攻撃《こうげき》しても、又《また》は背後《はいご》に迂廻《うくわい》しても決《けつ》して敗《ま》けざる堅城《けんじやう》となり、能《よ》く其强敵《そのきやうてき》を破《やぶ》る妙諦術略《めうていじゆつりやく》を施《ほどこ》すに至《いた》るのであります。所謂極意《いはゆるごくい》と云《い》ふも、此心氣力《このしんきりよく》一致《ち》の活《くわつ》動《どう》に外《ほか》ならぬのであります。

第六　本心と血氣

思《おも》ひ切《き》つて敵《てき》に飛《と》び込《こ》むは本心《ほんしん》であります。飛込《とびこ》まうか、如何《どう》しようかと二途《と》に別《わか》るゝは血氣《けつき》であります、刀《かたな》を採《と》りて間髪《かんはつ》を入《い》れざるとき二途《と》にわたつて分別極《ふんべつきは》まらざるときは必《かなら》ず敗《やぶ》れるもので、所謂氣《いはゆるき》に惑《まど》はされて居《ゐ》るから敵《てき》に打《う》たれるのであります。敵《てき》を打《う》たんと思《おも》へば、工夫《くふう》もなく敵《てき》の太刀《たち》や身《み》に心《こゝろ》を止《とゞ》めず一途《づ》に打《う》ち込《こ》むの本心《ほんしん》で練習《れんしふ》をせねばなりませぬ。最初《さいしよ》は此氣《このき》に惑《まど》はされ易《やす》いものでありますから、一合《がふ》一離《り》の間《あひだ》、本心《ほんしん》を修養《しうやう》することが肝要《かんえう》であります。

以上《いじやう》の精神的方面《せいしんてきはうめん》は身體活動《しんたいくわつどう》の原動《げんどう》でありまして、實《じつ》に靈妙《れいめう》なる働《はたら》きを見《み》ることは此精神《このせいしん》の一焦點《せうてん》の集注《しふちう》によるのであります。而《しか》して以上《いじやう》の如《ごと》き精神《せいしん》はこれを鍛錬《たんれん》する間《あひだ》に、益堅固不動《ますゝけんごふどう》の心《こゝろ》となり、勇邁猛進《ゆうまいまうしん》の氣力《きりよく》となり、人《ひと》に打《う》ち勝《か》つは勿論《もちろん》、向《むか》ふ處敵《ところてき》の肺肝《はいかん》に徹《てつ》する威力《ゐりよく》となるのであります。彼《かれ》の死《し》して護國《ごこく》の神《かみ》となると云《い》ふ如《ごと》きは、實《じつ》に此强烈《このきやうれつ》なる精神《せいしん》の權化《ごんげ》であると確信致《かくしんいた》します。斯《かく》の如《ごと》き精神《せいしん》は是非《ぜひ》如何《か》なる青年《せいねん》にも有《あ》りたいものであります。

第三節　身體の組織

剛健《がうけん》なる心《こゝろ》と氣《き》を確執《かくしふ》せんとするには、身體活動《しんたいくわつどう》の基礎《きそ》を作《つく》らねばなりません。順次《じゆんじ》所謂全體全身《いはゆるぜんたいぜんしん》が自由《じいう》に活動《くわつどう》して心《こゝろ》の向《なか》ふ處《ところ》働《はたら》くことが出來《でき》るのであります。組織《そしき》に就《つ》いて説明致《せつめいいた》しませう。

第一《だい》、呼吸《こきふ》　呼吸《こきふ》を息《いき》と云《い》ふ。息《いき》を吐《は》き出《だ》したときは氣力《きりよく》が弛《ゆる》み、體《たい》が弱《よわ》くなる、息《いき》を吸《す》ひ込《こ》むときは體《たい》に力《ちから》が入《はひ》る。故《ゆゑ》に、呼吸《こきふ》は常《つね》に下腹《かふく》に充溢《じういつ》せしめて置《ね》くことに留意《りうい》して、鍛錬《たんれん》するのであります。體《たい》に呼吸《こきふ》が充《み》つる時《とき》は、自然情《しぜんじやう》の發生《はつせい》を制止《せいし》して、肺臟《はいざう》の穢《よご》れを拂《はら》ひ、疑心《ぎしん》もなく堅固《けんご》なる力《ちから》を身體《からだ》に作《つく》るのであります。敵《てき》を打《う》ち込《こ》むと云《い》ふも、此《こ》の息《いき》を吸《す》ひ込《こ》んだ體《たい》の力《ちから》によるのであります。敵《てき》を打《う》つことは敵《てき》の吐《は》く時《とき》、間一髮《かんはつ》、打《う》ち込《こ》めば容易《ようい》に制《せい》することが出來《でき》るのであります。

第二《だい》、四肢《し》　手足《しゆそく》の調和《てうわ》は全身《ぜんしん》を伴《とも》にし、堅《かた》くならず柔《やはらか》で、而《し》かも彈力《だんりよく》のあること護謨鞠《ごむまり》の如《ごと》く、又全體《またぜんたい》の中正《ちうせい》を失《うしな》はざること彼《か》の不倒翁《ふたうをう》の如《ごと》く、倒《たふ》れかけても決《けつ》して轉《ころ》ばざるが如《ごと》くであります。而《しか》して手足《しゆそく》の調和《てうわ》は腹《はら》を前《まへ》に出《だ》し、脊骨《せぼね》を伸《のば》し、口《くち》を塞《ふさ》いで腭《あご》を引《ひ》き寄《よ》せると、上體《じやうたい》と手足《しゆそく》の働《はたら》きの調和《てうわ》が取《と》れて、敏捷果敢《びんしやうくわかん》の働《はたら》きが出來《でき》るのであります。

第《だい》三、兩眼《りやうがん》　眼《め》は觀察力《くわんさつりよく》で、敵《てき》の動靜《どうせい》を知《し》る聰慧《そうけい》なるものであるから、敵眼《てきがん》を凝視《ぎようし》し眼光烱々《がんくわうけい〜》人《ひと》を射《い》る底《てい》の威力《ゐりよく》を養《やしな》ふのであります。

第《だい》四、腰《こし》　兵法《へいはふ》に切《き》る手《て》なし、と眞《しん》に然《しか》り、千變萬化《べんばんくわ》の働《はたら》きは腰《こし》にあるのであります。全體《ぜんたい》の中心《ちうしん》は腰《こし》にある。此中心《このちうしん》を失《うしな》はねば中正《ちうせい》を失《うしな》はず、進《すゝ》むも退《しりぞ》くも轉倒《てんたふ》する患《うれひ》がなく活動《くわつどう》する處《ところ》の定《き》まるのであります。一刀兩斷《たうりやうだん》にて敵《てき》に打《う》ち込《こ》むことは腰《こし》の力《ちから》で、常《つね》に腰《こし》は前《まへ》に出《だ》し定《き》めることを養成《やうせい》するのであります。

第《だい》五、兩手《りやうて》　手《て》の働《はたら》きは大强速輕《たいきやうそくけい》であります。大《おほ》きく强《つよ》く速《はや》く輕《かる》く働《はたら》かすのが定則《ていそく》であります、故《ゆゑ》に小指《こゆび》と藥指《くすりゆび》の二本《ほん》を締《し》め、他《た》の指《ゆび》は輕《かる》く其指《そのゆび》で從《したが》へて握《にぎ》る、此握《このにぎ》りを強《つよ》く或《あるひ》は弱《よわ》く使《つか》へば運用《うんよう》することが出來《でき》るのであります。

第六《だい》、踵《きびす》　踵《きびす》にて息《いき》をすると云《い》ふことがあります、踵《きびす》は地《ち》に固《かた》く着《つ》けず息《いき》をする如《ごと》くであれば捷輕自在《しやうけいじざい》に足《あし》が働《はたら》くのであります。

第七《だい》、膝《ひざ》　右足《うそく》の膝《ひざ》は正面《しやうめん》に向《む》け、左膝《ひだりひざ》も右膝《みぎひざ》の方向《はつかう》に從《したが》つて向《ひ》けるのであります、故《ゆゑ》に四十度《ど》に開《ひら》き、左足踏《さそくふ》みより右足《うそく》を出《だ》せば、左膝《ひだりひざ》は稍《や》や内方《ないはう》に入《い》れて、右《みぎ》膝《ひざ》の方向《はつかう》と同一《どう》にするのであります。

第八《だい》、手指《しゆし》の股《また》　竹刀《しなひ》を五指《し》で握《にぎ》り締《し》めて、握固緩急宜敷《あくこくわんきふよろしき》を得《う》るは親指《おやゆび》の股《また》の處《ところ》と掌《てのひら》にて前《まへ》に押《お》すのであります、斯《か》く固《かた》く締《し》めるときは、自然《しぜん》の弛《ゆる》みとなり、竹刀《しなひ》を強《つよ》く握《にぎ》ることが出來《でき》るのであります。

第一　關節

第一《だい》、關節《くわんせつ》の働《はたら》きは凡《およ》そ左《さ》の如《ごと》くであります。

右手《みぎて》關節《くわんせつ》の形狀《けいじやう》と實地《じつち》の狀況《じやうきやう》

（構への振り）

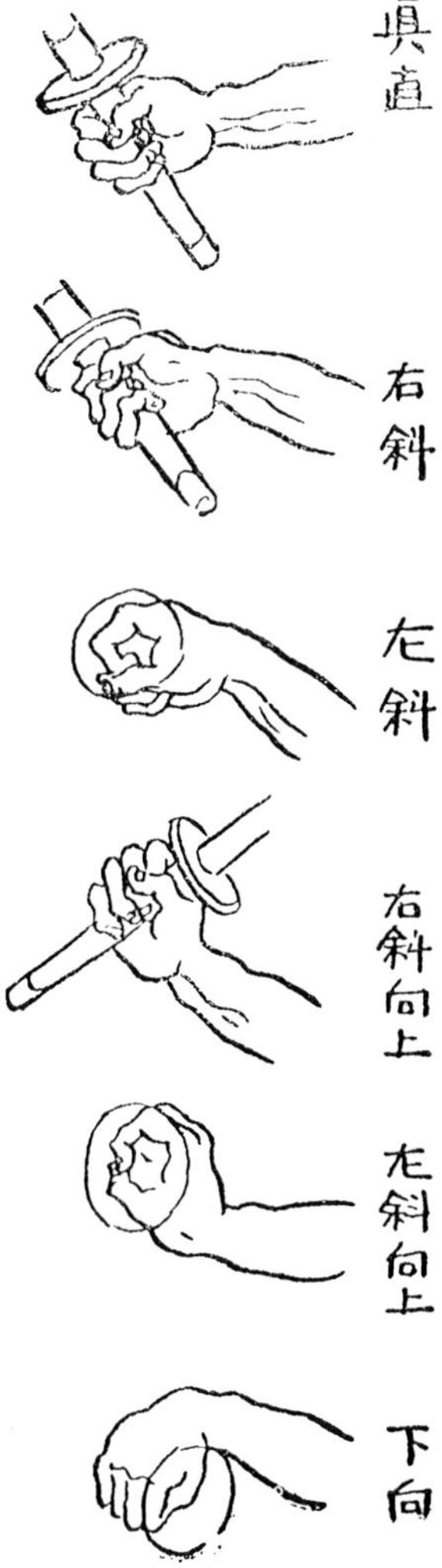

右手《みぎて》の關節《くわんせつ》の働《はたら》きのときは、左手《ひだりて》も此要領《このゑうりやう》にて働《はたら》くのであります。所謂《いはゆる》働《はたら》きの一致《ち》とは此關節《このくわんせつ》の同《どう》一に働《はたら》く場合《ばあひ》で、竹刀《しなひ》運用上偉大《うんようじやうゐだい》の力《ちから》の要素《ゑうそ》となるのであります。

第二　肘

肘《ひぢ》は弓張形状《ゆみはりけいじやう》にて肘關節《ひぢくわんせつ》の屈伸《くつしん》して自由《じいう》な働《はたら》きをするのであります。左《さ》に示《しめ》して要領《ゑうりやう》を明瞭《めいれう》に致《いた》します。

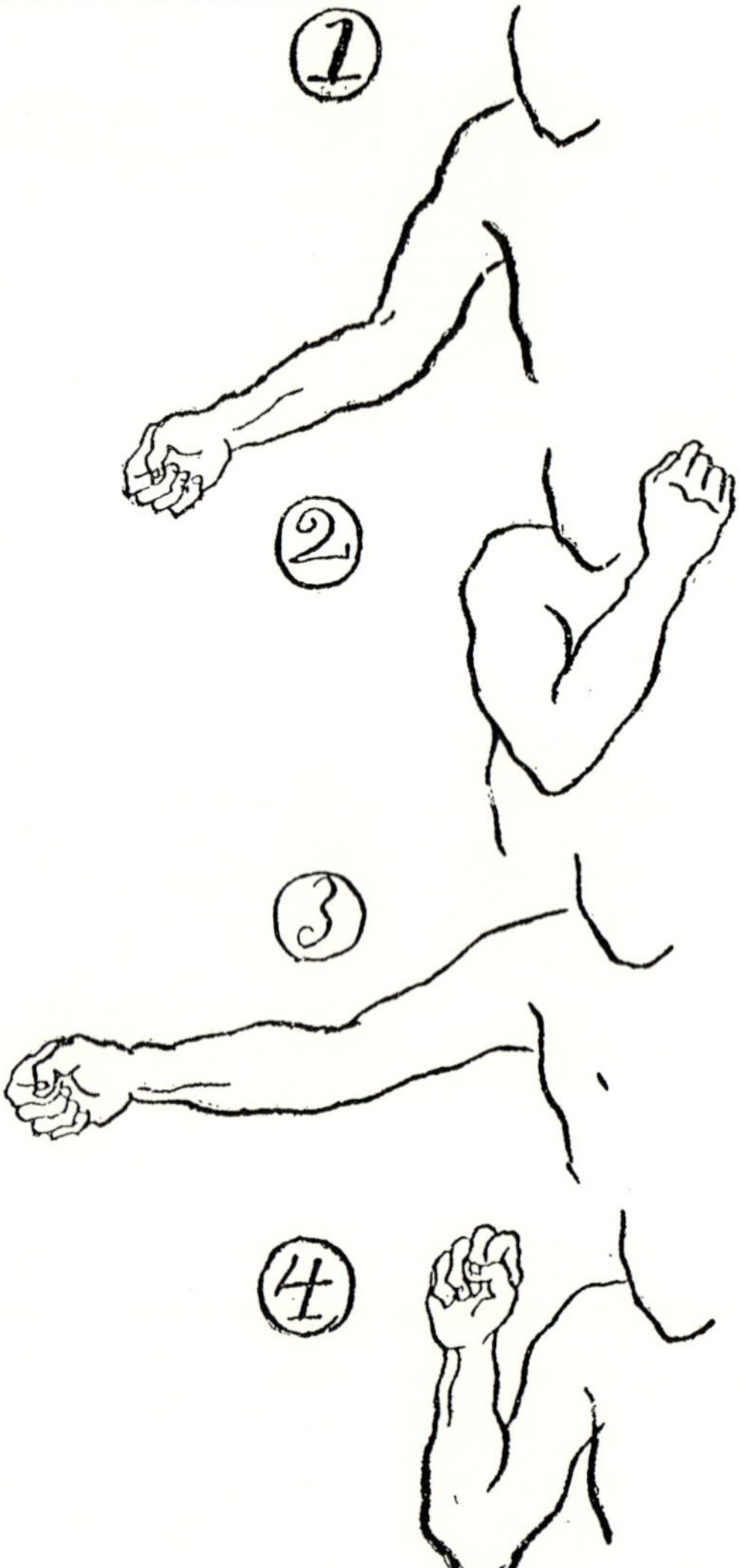

第《だい》一の場合《はあひ》は正《たゞ》しい時《とき》、第《だい》二の時《とき》は面《めん》の受《う》けの時《とき》、第《だい》三は甲手突《こてつ》き、胴《どう》の打《う》ち突《つ》き、受《う》け、又《また》は攻勢《こうせい》の時《とき》、第《だい》四は肉薄《にくはく》したる時《とき》でありますが、而《しか》し此《こ》の形狀《けいじやう》で構《かま》へ或《あるひ》

は受《う》けると肘《ひぢ》を打《う》たれます。

第三　趾先

足《あし》の趾先《ゆびさき》は之《こ》れに上體《じやうたい》を載《の》せて働《はたら》くのであります。故《ゆゑ》に踏《ふ》む五指《し》には稍《や》や力《ちから》を與《あた》へ、足《あし》の裏《うら》を輕《かる》く板《いた》の間《ま》に着《つ》けて置《お》くのであります。

第四節　精神的使命

技術修養《ぎじゆつしうやう》の要《えう》は實行《じつかう》を主《しゆ》とし、事《こと》に熱《ねつ》して氣和《きわ》し、氣和《きわ》して形《かたち》に從《したが》ひ、形心《けいしん》一つになつて自在《じざい》の働《はたら》きをなす、之《こ》れを心技《しんぎ》一致《ち》と云《い》ふ。單《たん》に心《こゝろ》に偏《へん》して技《ぎ》を忘《わす》れ、技《ぎ》に偏《へん》して心《こゝろ》を忘《わす》るゝは不可《ふか》なるものであります。事理《じり》一致《ち》して、圓融無碍《ゑんゆうむげ》なるものを技術《ぎじゆつ》の眞法《しんぽふ》と云《い》ひ、或《あるひ》は事理《じり》一致《ち》の働《はたら》きを悟《さと》りと云《い》ふのであります。故《ゆゑ》に精神《せいしん》に形《かたち》を加《くは》へ、心《こゝろ》を形《かたち》とし、形《かたち》を心《こゝろ》とする、之《こ》れ普通《ふつう》の修養法《しうやうはふ》であります。

劍道《けんだう》の訓練《くんれん》は我國《わがくに》に於《お》きましては、遠《とほ》き昔《むかし》日本武尊《やまとたけるのみこと》が十握《つか》の劍《つるぎ》を執《と》つて國土《こくど》を平定《へいてい》し、忠勇《ちゆう》なる心象《しんしやう》を發揮《はつき》せられたことより、中古《ちうこ》近世《きんせい》には武門武士《ぶもんぶし》が起《おこ》り、幾《いく》度《たび》か戰場《せんぢやう》を往來《わうらい》して幾多《いくた》の危難《きなん》に遭遇《さうぐう》し、其間《そのかん》得《ゑ》たる所《ところ》の眞劍《しんけん》の經驗《けいけん》を積《つ》み、優秀《いうしう》なる動作《どうさ》を選《えら》び以《もつ》て形太刀組《かたゝちくみ》を案出《あんしゆつ》し、構《かま》へ氣合《きあひ》間合《まあひ》等《とう》の業《わざ》を練習《れんしふ》したのであります。思《おも》ふに劍道《けんだう》の勃興《ぼつこう》と云《い》へば、恰度《ちやうど》戰國時代《せんごくじだい》の事《こと》で、醒風日夜《せいふうにちや》絶《た》ゆる間《ま》のない折《をり》柄《から》であつたから、修練《しうれん》するにも都合《つがふ》の好《よ》い時代《じだい》であつたに相違《さうゐ》ない。而《しか》して其當時《そのたうじ》の修練《しうれん》は堅木《かたぎ》を以《もつ》て作《つく》つた木刀《ぼくたう》を執《と》つて、殆《ほと》んど眞劍《しんけん》を用《もち》ふると等《ひと》しいのでありました。故《ゆゑ》に若《も》し打《う》たれた時《とき》は非常《ひじやう》な苦痛《くつう》を感《かん》ずるのみならず、多大《ただい》の危險《きけん》がこれに伴《ともな》つたので、互《たがひ》に寸分《すんぶん》の隙《すき》なく、油斷《ゆだん》もなく、氣合《きあひ》が充實《じうじつ》して居《を》つたに相違《さうゐ》ありません。斯《かく》の如《ごと》く生命《せいめい》を賭《と》して試合《しあひ》を行《おこな》ひ、漸次《ぜんじ》業《わざ》の上達《じやうたつ》を計《はか》つたから、其術《そのじゆつ》の上手《じやうず》精神《せいしん》の旺盛《わうせい》であつたことは、今日《こんにち》の劍術《けんじゆつ》に比《ひ》すれば、優《すぐ》れて居《を》つたには違《ちが》ひはありません。斯《かく》て徳川時代《とくがはじだい》に長沼《ながぬま》四郎《らう》なる人《ひと》が、多大《ただい》の犧牲《ぎせい》を拂《はら》ひ、貴重《きちよう》なる生命《せいめい》を賭《と》し、慘憺《さんたん》たる苦心《くしん》を經《へ》て、用具《ようぐ》を制定《せいてい》し、直接身體《ちよくせつしんたい》に受《う》くる苦痛《くつう》と危險《きけん》を減少《げんせう》せしむる防具《はうぐ》とし、木刀《ぼくたう》を竹刀《しなひ》に改良《かいりやう》したので、劍道用具《けんだうようぐ》の形式《けいしき》は完備《くわんび》されたが、併《しか》し今日《こんにち》の様《やう》な亂打《らんだ》の稽古《けいこ》はなかつたのであります。即《すなは》ち形《かた》の練習《れんしふ》に依《よ》つて打《う》ち、或《あるひ》は凌《しの》ぐの練習《れんしふ》を氣合的《きあひてき》に繰返《くりかへ》し行《おこ》なつたのであると思《おも》はれます。

治《ぢ》に居《を》れば亂《らん》を忘《わす》るゝが人情《にんじやう》の弱點《じやくてん》であります。武骨《ぶこつ》一片《ぺん》の徳川武士《とくがはぶし》も、中葉《ちうねふ》に至《いた》りて太平積日榮華《たいへいせきじつゑいぐわ》をむさぼり、華奢《くわしや》に流《なが》れ、遂《つひ》に精神《せいしん》を失《うしな》ひ墮落《だらく》に陷《おちい》つて、最《もつと》も質朴剛健《しつぼくがうけん》であるべき武士《ぶし》が劍術《けんじゆつ》を疎《うと》んずるに至《いた》つたのであります。其結果《そのけつくわ》は長竹刀《ながしなひ》流行《りうかう》し、見事《みごと》に勝《か》つべき事《こと》のみを求《もと》むるに至《いた》り、業《わざ》もたゞ巧《たくみ》に劍《つるぎ》を舞《ま》はし、巧緻《かうち》のみを競《きそ》ふ様《やう》になつたのであります。斯《か》く形式《けいしき》を重《おも》んじ、精神《せいしん》を沒却《ぼつきやく》しつゝあるを慨《がい》して、幕府《ばくふ》は講武所《かうぶじよ》を創設《さうせつ》し、三尺《じやく》八寸《すん》以上《いじやう》の長竹刀《ながしなひ》を用《もち》ふる事《こと》を禁《きん》じたのですがこれは然《しか》る可《べ》き處置《しよち》だと云《い》はねばなりませぬ。以上《いじやう》に依《よ》つて諸子《しよし》は業《わざ》の大略《たいりやく》を知《し》ることが出來《でき》たのであるが、然《しか》らば今日《こんにち》の劍術《けんじゆつ》は何《なん》であるかと云《い》ふに、明治初年《めいぢしよねん》より外國《ぐわいこく》の文物輸入《ぶんぶつゆにふ》の結果《けつくわ》、著《いちじる》しく社會《しやくわい》は華美《くわび》に流《なが》れ、劍術《けんじゆつ》も、見事勝《みごとか》つべきことばかりに腐心《ふしん》して、遊戯的劍術《いうぎてきけんじゆつ》となつたのであります。眞劍《しんけん》を以《もつ》て生死《せいし》を爭《あらそ》ふと云《い》ふやうな危險《きけん》なことは絶對《ぜつたい》に許《ゆる》されないのでありますから、一擊《げき》一防《はう》飽迄《あくまで》氣合《きあひ》の充溢《じういつ》による鍊磨《れんま》が必要《ひつえう》であります。諸子《しよし》は社會的《しやくわいてき》にも重大《ぢうだい》な使命《しめい》を持《も》つて居《ゐ》るのでありますから、偉大《ゐだい》な精神《せいしん》を鍊磨《れんま》する事《こと》に力《つと》めねばなりません。余《よ》は自己《じこ》の所説《しよせつ》を主張《しゆちやう》するのではなく、劍道《けんだう》の舊弊陋習《きうへいろうしふ》を矯正《きやうせい》し、眞《しん》の精神修養法《せいしんしうやうはふ》たることを絶叫《ぜつけう》するのであります。

第五節　死生の明岐

體《たい》に顯《あら》はるゝものは無形的心情《むけいてきしんじやう》の表現《へうげん》であります。而《しか》して修業《しゆげふ》を積《つ》むに從《したが》つて、深遠《しんゑん》な趣味實益《しゆみじつえき》を習得《しふとく》し、無形《むけい》の心《こゝろ》は外物《ぐわいぶつ》の爲《た》めに迷《まよ》はず、肉體《にくたい》は水火《すゐくわ》も感《かん》せぬほどの强體《きやうたい》となるのであります。肉體《にくたい》の動《うご》かざる處《ところ》、心從容《こゝろしようよう》として不動《ふどう》となるのであります。之《こ》れを形心《けいしん》一致《ち》と申《まを》します。劍道鍛鍊《けんだうたんれん》による實質《じつしつ》であります。卽《すなは》ち心《こゝろ》の儘《まゝ》に形《かたち》に顯《あら》はれるのであります。此理《このり》を知《し》らずして單《たん》に形許《かたはか》りに拘泥《かうでい》して本體《ほんたい》の心《こゝろ》のないものは、眞《しん》の業《わざ》ではありません、突《つ》いたり打《うつ》たりする業《わざ》は、一毛《まう》の隙《すき》なく誤《あやま》りなき心《こゝろ》で施《ほどこ》せば、誠《まこと》に神妙《しんめう》の働《はたら》きをするのであります。劍術《けんじゆつ》の要《えう》は、死《し》生明岐《せいめいぎ》の理《り》に力量《りきりやう》が合致《がつち》すれば、上達《じやうたつ》すると云《い》ふ譯《わけ》は、人《ひと》は死《し》物《ぶつ》にして活物《くわつぶつ》である、常《つね》に此《こ》れに留意《りうい》して修養《しうやう》すれば、劍術《けんじゆつ》の微妙《びめう》なることを悟《さと》れるのでありませう。

第六節　方略鍛錬の順序

技術《ぎじゆつ》は死生明岐《しせいめいぎ》の方法《はうはふ》であります。故《ゆゑ》に一進《しん》一退《たい》するには彼我《ひが》の關係利害得失《くわんけいりがいとくしつ》を工夫《くふう》し、常《つね》に誤《あやま》りがなければ、心氣《しんき》之《こ》れに和《わ》し、自在《じざい》の働《はたら》きをするものであります。夫《そ》れ術《じゆつ》は彼《かれ》を制《せい》し、或《あるひ》は敏活《びんくわつ》に彼《かれ》に應《おう》ずるの策《さく》であります、略《りやく》とは、自分《じぶん》が思《おも》はず知《し》らず、働《はたら》く時《とき》であります。所謂《いはゆる》機《き》に臨《のぞ》み變《へん》に應《おう》じて千變萬化《せんぺんばんくわ》の動作《どうさ》を云《い》ふのであります。故《ゆゑ》に、不動心《ふどうしん》を有《いう》するときは略自《りやくおのづか》ら其内《そのうち》にあつて縱横不思議《じうわうふしぎ》な動作《どうさ》をさせて、敵《てき》を制《せい》します。靈妙《れいめう》な動作《ごうさ》と云《い》ふは、この略《りやく》が技《ぎ》に傾注《けいちう》して活動《くわつごう》した時《とき》であります。兎角人《とかくひと》の心《こゝろ》は邪曲《じつきよく》でありますが故《ゆゑ》に、常《つね》に術略《じゆつりやく》一體《たい》を缺《か》くことが多《おほ》いのです。故《ゆゑ》に專心修業《せんしんしゆげふ》に、術略《じゆつりやく》一致《ち》に傾倒《けいたう》したなれば、電光石火《でんくわうせきくわ》の運用《うんよう》をする技術《ぎじゆつ》となるのであります。之《こ》れを業《わざ》の活用《くわつよう》と云《い》ふので、茲《こゝ》に於《おい》て機先《きせん》を制《せい》すると云《い》ふ劍《けん》道《だう》の本領《ほんりやう》を發揮《はつき》するのであります。此心得《このこゝろね》を以《もつ》て修養《しうやう》するときは、一定《てい》の順序《じゆんじよ》の下《もと》に練習《れんしふ》も出來《でき》、能《よ》く原理《げんり》が徹底《てつてい》して壯快《さうくわい》に練習《れんしふ》することが出來《でき》るのであります。人《ひと》の壯快《さうくわい》を感《かん》ずる時《とき》は、勇氣《ゆうき》は全身《ぜんしん》に充溢《じういつ》し、鮮血淋漓《せんけつりんり》として肘《ひぢ》から流《なが》れても、平然《へいぜん》として試合《しあひ》をする氣概《きがい》を養成《やうせい》せらるゝのであります。

此《こ》の修養《しうやう》の方法《はうはふ》を習慣《しふくわん》とするときは、我慢《がまん》、自信《じしん》、氣力等《きりようさう》も養成《やうせい》せられるのであります。尙《なほ》、左《さ》に修養《しうやう》に就《つい》て二三申《まを》したいと存《ぞん》じます。

各自《かくじ》は肉體《にくたい》と力量性質《りきりやうせいしつ》が異《ことな》つて居《ゐ》るのでありますから、方法《はつはふ》もこれに準《じゆん》じて異《ことな》つて來《く》るのは理《り》の當然《たうぜん》であります。只亂擊《たゞらんげき》をしても何等《なんら》の效《かう》がない、技《ぎ》の方法《はうはふ》を變《か》へ又《また》は體力性質《たいりよくせいしつ》に適《てき》する様工夫考案《やうくふうかうあん》することが肝要《かんえう》であります。斯《かく》の如《ごと》くして四肢《し》の圓滿《ゑんまん》を以《もつ》て技《ぎ》を使用《しよう》することが出來《でき》るのであります。又《また》、決《けつ》して心氣《しんき》を奪《うは》はれてはなりません。試合中互《しあひちうたがひ》に竹刀《しなひ》を合《あは》せて居《ゐ》る處《ところ》には必《かなら》ず竹刀《しなひ》の變動《へんどう》或《あるひ》は擧動言語《きよどうげんご》によつて心《こゝろ》を動《うご》かします。心《こゝろ》が變動《へんどう》するときは技《ぎ》を迷《まよ》はしむるものであります。技《ぎ》の迷《まよ》ふ時《とき》は自然膽《しぜんたん》を失《うしな》ひ、危地《きち》に陥《おちい》るの恐《おそ》れがあります、此《こ》れを隙《すき》と云《い》ひます。

故《ゆゑ》に打《う》つ形體《けいたい》となつた場合《ばあひ》も受《う》けとなる場合《ばあひ》も、不動《ふどう》の心《こゝろ》を以《もつ》て敵《てき》に應《おう》じ、技《ぎ》を正確《せいかく》にし而《し》かも思《おも》ふ儘《まゝ》に施《ほどこ》し得《う》るのであります。之《こ》れを名《なづ》けて挺身的《ていしんてき》の動作《どうさ》と申《まを》します。工夫《くふう》ずる心《こゝろ》の内《うら》には技術《ぎじゆつ》の正法《せいはふ》と心性《しんせい》と徹底《てつてい》しまして、活動《くわつどう》する處置的作用《しよちてきさよう》となります。靈的《れいてき》の作用《さよう》なる處實《ところじつ》に我《われ》を忘《わす》れ、所謂無我《いはゆるむが》の境涯《きやうがい》であります。此《こ》の心《こゝろ》の表現《へうげん》に至《いた》りまゝては口《くち》や筆《ふで》によつて説明《せつめい》は出來《でき》ませぬが、表現《へうげん》するを得《う》るに至《いた》るべき修養法《しうやうはふ》は或《あ》る程度《ていど》まで話《はな》しを致《いた》すことが出來《でき》ます。茲《こゝ》に其《そ》の具體的《ぐたいてき》の方法《はうはふ》を申《まを》したいと存《ぞん》じます。

身體《からだ》を正確《せいかく》にするといふことは劍術《けんじゆつ》の基礎《きそ》であります。身體《からだ》の正確《せいかく》とは圓滿《ゑんまん》に働《はたら》き得《う》べき自然《しぜん》の體勢《たいせい》であります。其體勢《そのたいせい》を構《かま》へ方《かた》と云《い》ふのであります。構《かま》へには、上段《じやうだん》、中段《ちうだん》、下段《げだん》、斜霞《しやか》、靑眼《せいがん》と云《い》ふ構《かまへ》があります。此構《このかま》へを覺知《かくち》して刺撃攻防《しげきこうはう》の方法《はうはふ》を知《し》るのであります。諸子《しよし》が試合練習《しあひれんしふ》に際《さい》して敵《てき》と對向《たいかう》した時《とき》の形體《けいたい》は、靑眼《せいがん》と申《まを》します。此形體姿勢《このけいたいしせい》によつて各技變化自在《かくぎへんくわじざい》であります。殊《こと》に此姿勢《このしせい》で自《おのづか》ら身《み》を守《まも》ることが出來《でき》るのであります。身《み》を守《まも》つて進《すゝ》む處《ところ》に、隙《すき》なく、油斷《ゆだん》がなく、活動《くわつどう》自由《じいう》であります。此《こ》の姿勢《しせい》は吾人《ごじん》の身體組織《しんたいそしき》より來《く》る自然《しぜん》の勢體《せいたい》で、何人《なんぴと》も竹刀《しなひ》を以《も》つて活動《くわつどう》し得《う》ることに入《い》り易《やす》いのであります。故《ゆゑ》にこれを活動的劍術《くわつどうてきけんじゆつ》の基礎《きそ》と申《まを》します。

姿勢の要求

屹然《きつぜん》とした姿勢《しせい》は腹《はら》に呼吸《こきふ》が調《とゝの》ひ、氣力《きりよく》が充溢《じういつ》して、實《じつ》に技術《ぎじゆつ》の正《せい》を失《うしな》はぬのであります。夫《そ》れは身體《からだ》の重心《ぢうしん》を失《うな》はず即《すなは》ち中正《ちうせい》であるから、力《ちから》が一局《きよく》に偏《へん》しないので、體《たい》の力《ちから》が圓滿《ゑんまん》にして氣力《きりよく》は動轉《どうてん》することがないのであります、丹田《たんでん》の力《ちから》と云《い》ふも、此姿勢《このしせい》が備《そな》つた處《ところ》にあるので、下腹《かふく》に力《ちから》を備《そな》へるのみに固着《こちやく》して、形體《けいたい》はどうでもよいと云《い》ふ譯《わけ》ではありませぬ。四肢《し》五體《たい》が整《とゝの》ひ容易《たやす》く働《はたら》ける全體《ぜんたい》を云《い》ふたのであります。

此姿勢《このしせい》を作《つく》るに色々《いろ／＼》の方法《はうはふ》がありますが、最初《さいしよ》は切《き》り返《かへ》しと云《い》ふことを練習致《れんしふいた》します。四肢《し》五體《たい》の働《はたら》きによりまして自然《しぜん》と腹《はら》に力《ちから》を集注《しふちう》せしむるのであります。丹田《たんでん》に力《ちから》が出來《でき》れば、氣《き》の發《はつ》する處《ところ》心《こゝろ》表現《へうげん》し、心技《しんぎ》一途《と》となつて、敵《てき》を打《う》つと云《い》ふことになるのであります。斯《かく》の如《ごと》く日々《ひゞ》習慣的《しふくわんてき》に其《その》働《はたら》きの内《うち》姿勢《しせい》を體得致《たいとくいた》しましたなれば、巧妙《かうめう》なる術法《じゆつはふ》を自得《じとく》することが出來《でき》るのであります。

以上《いじやう》の要領《ゑうりやう》にて練習《れんしふ》すると同時《どうじ》に絶《た》えず姿勢《しせい》は嚴密《げんみつ》に注意《ちうい》を拂《はら》はねばなりませぬそれには靑眼《せいがん》の構《かまへ》をとつて、胸部《きようぶ》を指《ゆび》で押《お》すのであります。此時《このとき》上體《じやうたい》が崩《くづ》れ、又《また》は足踏《あしぶみ》が崩《くづ》れますときは、丹田《たんでん》の力《ちから》が確實《かくじつ》でない、所謂《いはゆる》完全《くわんぜん》なる働《はたら》きの出來得《できね》ない不《ふ》確《たしか》の身體《からだ》であります。其確實《そのかくじつ》なる身體《からだ》に添《そ》ふべき竹刀《しなひ》は、何《いづ》れも體《たい》と一致《ち》せねばならぬのでありますから、竹刀《しなひ》は規《き》則《そく》正《たゞ》しく持《も》つことが肝要《かんえう》であります。故《ゆゑ》に正《たゞ》しくするの注意《ちうい》は直立體《ちよくりつたい》の兩手《りやうて》を頭上《づじやう》に伸《のば》し、臍部《さいぶ》中心《ちうしん》に下《おろ》し、左手《さしゆ》の拳《こぶし》を下腹《かふく》の集注《しふちう》力《りよく》に整《とゝの》へ、右手《みぎて》は敵《てき》の左眼《さがん》に刀尖《たうせん》を附《つ》けたる處《ところ》にて左手《ひだりて》の力《ちから》と一致《ち》せしむるのであります。斯《かく》の如《ごと》く考究《かうきう》して練習《れんしふ》を重《かさ》ねれば、全體《ぜんたい》一致《ち》の働《はたら》きが出來《でき》るのであります。

第七節　智　情　意

凡《およ》そ技術《ぎじゆつ》は何《いづ》れによりて上達《じやうたつ》するのであるかと云《い》ふと、心《こゝろ》に偏曲《へんきよく》なく、變《へん》に應《おう》ずること自在《じざい》、此理《このり》を究《きは》むると同時《どうじ》に數《すう》によりて上達《じやうたつ》するのであります。而《しか》して人《ひと》は智情意《ちじやうい》によりて支配《しはい》せられて居《ゐ》るので、熱心《ねつしん》の鍛錬《たんれん》は智《ち》によりて趣味要素《しゆみえうそ》を了解《れうかい》し、此《こ》れを好《この》むは感情《かんじやう》により、これを斷行《だんかう》するは意《い》によるのであります。所謂技術《いはゆるぎじゆつ》の根柢《こんてい》は智情意《ちじやうい》の三つにあります。此《こ》の三つが合致《がつち》して進《すゝ》むことが出來《でき》ます。茲《こゝ》に又《また》其根柢《そのこんてい》に添《そ》ふべき理《り》と其實行法《そのじつかうはふ》を平易《へいい》に漸次《ぜんじ》話《はなし》をしたいと存《ぞん》じます。先《ま》づ吾々《われ〳〵》の働《はたら》くものは刺撃攻防《しげきこうばう》である、此働《このはたら》きの力《ちから》は直線《ちよくせん》と曲線《きよくせん》とがあると斷言《だんげん》します、直線《ちよくせん》の力《ちから》は働《はたら》きが強《つよ》く捷《はや》く、實《じつ》に間《かん》一髮《ぱつ》の働《はたら》きであります。曲線《きよくせん》は直線《ちよくせん》の力《ちから》より少《すく》ない力《ちから》で直線《ちよくせん》の力《ちから》を彈《はじ》き避《さ》けることが出來《でき》るのであり、此力《このちから》を利用《りよう》すれば、防拂攻勢《ばうふつこうせい》が容易《ようい》に施し得られ、直線《ちよくせん》曲線《きよくせん》の力《ちから》を共《とも》に使《つか》ふときは、變化《へんくわ》の技《ぎ》を確實《かくじつ》に致《いた》します。力《ちから》は働《はたら》きの根本《こんぽん》であつて、此力《このちから》により敵《てき》の業《わざ》を殺《ころ》し、機先《きせん》を制《せい》し、隙《すき》に乘《じよう》じて彼《か》れを制《せい》することが出來《でき》るのであります。竹刀《しなひ》の力《ちから》を避《さ》けるは、曲線《きよくせん》の働《はたら》きによりまして自在《じざい》に出來《でき》ますが、體《たい》を避《さ》けるは、實力《じつりよく》が充溢《じういつ》して居《ゐ》る體《たい》の中心《ちうしん》を避《さ》けるのであります。例《たと》へば敵《てき》が我體《いかたい》の正面中心《しやうめんちうしん》に當《あた》つて來《き》ましたなれば、何《いづ》れか側面《そくめん》に體《たい》を交《かは》し敵《てき》の充溢《じういつ》し居《ゐ》る實力《じつりよく》を避《さ》けるのであります。此體《このたい》の實力《じつりよく》は自然《しぜん》竹刀《しなひ》の尖迄《さきまで》に力《ちから》を與《あた》へるものであります。故《ゆゑ》に攻勢防拂《こうせいばうふつ》刺撃《しげき》の業《わざ》は敵《てき》の刀尖《たうせん》を避《さ》け、我《われ》は其力《そのちから》を利用《りよう》しますれば、技《ぎ》の正確《せいかく》を得て一層《そう》働《はたら》きをよくし、機先《きせん》を制《せい》することが出來《でき》ます。

斯《かく》の如《ごと》く趣味《しゆみ》によつて練習《れんしふ》に心懸《こゝろが》けて居《ゐ》ると、心《こゝろ》が締《し》まり、一生懸命《しやうけんめい》になるのであります。一生懸命《しやうけんめい》になれば氣《き》も張《は》り、心《こゝろ》も堅實《けんじつ》となりますから、上達《じやうたつ》も早《はや》い譯《わけ》であります。最初受《さいしよう》けると云《い》ふことに腐心《ふしん》して居《を》りますと、働《はたら》きを鈍《にぶ》くし、又刺撃法《またしげきはふ》のみに拘泥《かうでい》して居《を》りますと、働《はたら》きは捷《はや》いが敵《てき》より先《さき》んぜられた場合《ばあひ》は弱《よわ》いのであります。故《ゆゑ》に守《しゆ》の内《うち》には攻《こう》あり、攻《こう》ある内《うち》には刺撃《しげき》あり、刺撃《しげき》の内《うち》には防拂《ばうふつ》あり、防拂《ばうふつ》ある内《うち》には攻撃《こうげき》ありといふ譯《わけ》であります。

第六章　業の理解

第一節　刺撃攻防の眞髓

技《ぎ》に攻守刺撃防拂《こうしゆしげきばうふつ》あり、防拂《ばうふつ》は敵《てき》を封鎖《ふうさ》し、要害堅固《ゑうがいけんご》にして背後《はいご》に敵《てき》の迂廻《うくわい》し來《きた》る能《あた》はざらしむるもので、敵《てき》の隙《すき》に乘《じよう》じ、彼《か》れを斃《たふ》すは刺撃《しげき》にあるのであります。

彼高《かれたか》くされば我低《われひく》く、彼《か》れ廣《ひろ》く間《ま》を取《と》れば我《われ》は狹《せま》く取《と》ることは、宇宙《うちう》の原理《げんり》であつ

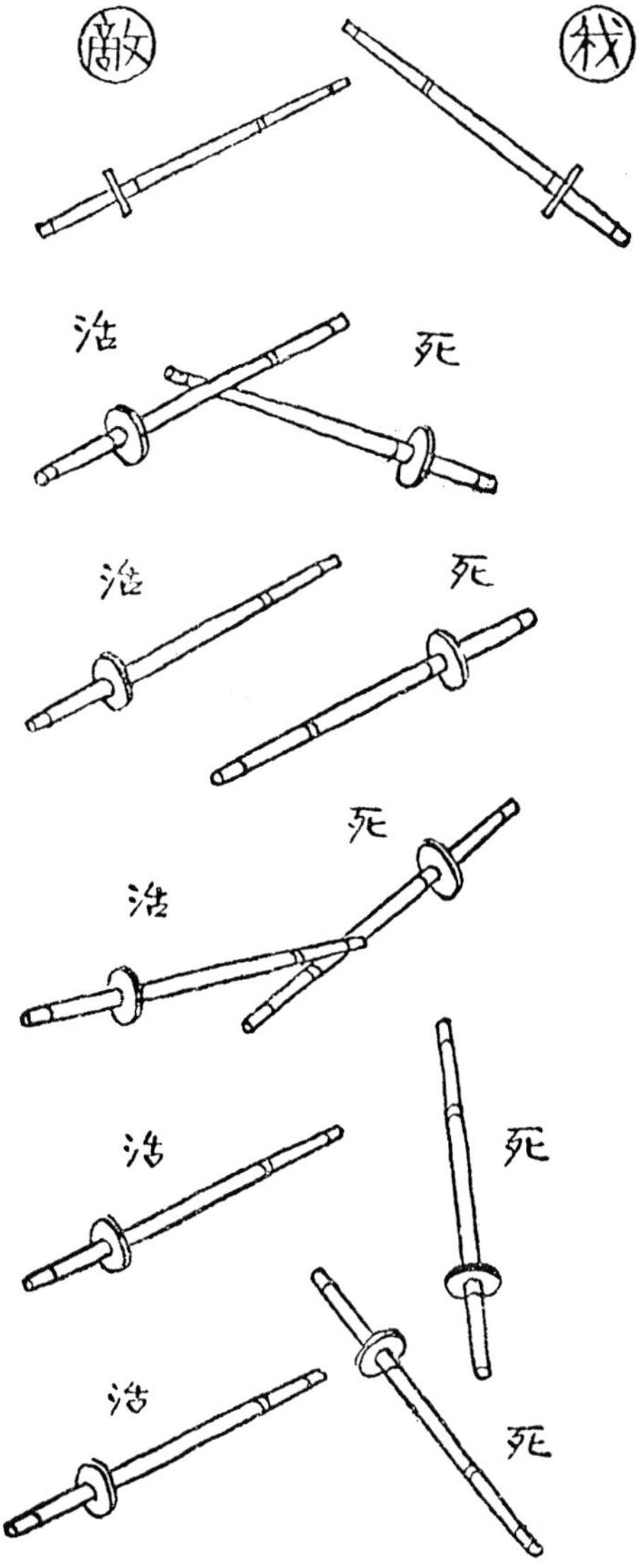

て、之《こ》れが天地《てんち》陰陽《いんやう》の彼我《ひが》の釣合《つりあひ》であります。釣合《つりあ》はぬ時《とき》は必《かなら》ず缺陥《けつかん》がある、譬《たと》へば圖《づ》の如《ごと》き彼我《ひが》の形狀《けいじやう》を示《しめ》せば、自分《じぶん》が常《つね》に缺陥《けつかん》を生《しやう》ずるのでありまして、即《すなは》ち我《われ》

の死《し》する形状《けいじやう》であります。所謂《いはゆる》缺陥《けつかん》があるからで、釣合《つりあひ》を失《うしな》ふて居《ゐ》る時《とき》であります。故《ゆゑ》に左《さ》の如《ごと》く青眼《せいがん》に構《かま》へ、下圖《かづ》の如《ごと》く變化《へんくわ》し、其變化《そのへんくわ》に上圖《じやうづ》の攻守《こうしゆ》の心得《こゝろえ》を失《うしな》はぬときは、要害堅固《えうがいけんご》の陣形《ぢんけい》を爲《な》すのであります。

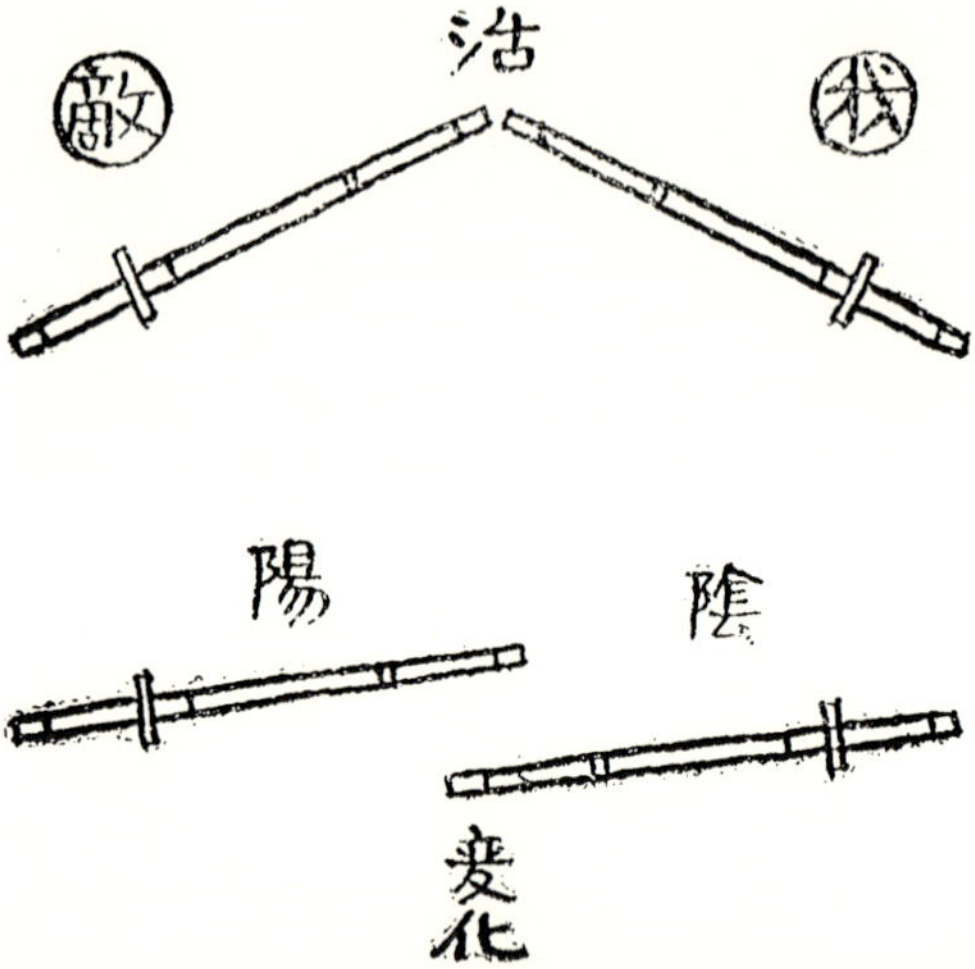

陰陽變化《いんやうへんくわ》の陣形《ぢんけい》には、其刀尖《そのたうせん》は斥候《せきこう》の働《はたら》きをなし、敵《てき》の動靜《どうせい》を探《さぐ》り、或《あるひ》は戈干《かんくわ》を交《まじ》へて勝敗《しやうはい》を決《けつ》すべき陣形《ぢんけい》であります。

青眼《せいがん》は圖《づ》の如《ごと》き形體《けいたい》で An《アン》 natulal《ナチユラル》 attitude《アツチチユード》 自然體《しぜんたい》と申《まを》します。此體《このたい》は氣《き》の豁達《くわつたつ》なる時《とき》で、此時敵《このときてき》の業《わざ》に應《おう》ずること窮《きはま》りなく、能《よ》く未然《みぜん》に制《せい》することが出來《でき》るのであります。若《も》し此自由《このじいう》な體形以外《たいけいいぐわい》に形状《けいじやう》を求《もと》めますれば、皆作意《みなさくい》となりまして自然體《しぜんたい》を失《うしな》ひます。故《ゆゑ》に敵《てき》は心服《しんぷく》せず、我《われ》に敵《てき》するの心《こゝろ》あり、我《われ》は何《なん》の術《じゆつ》をも用《もち》ひることが出來《でき》ぬのであります。

敵《てき》に肉薄《にくはく》し夾撃《けうげき》を爲《な》し或《あるひ》は防拂《はうふつ》して、敵《てき》をして死地《しち》に陥らしめ、又《また》は敵《てき》の辛《から》うじて逃《にぐ》るを追撃《つゐげき》して之《これ》を破《やぶ》るには、左《さ》の陣《ぢん》形法《けいはふ》があります。上段《じやうだん》、中段《ちうだん》、下段《げだん》、斜構《しやこう》、霞構《かこう》であります。

上段《じやうだん》　頭上《づじやう》に竹刀《しなひ》を上《あ》げて斬撃《ざんげき》を示《しめ》す状態《じやうたい》。

中段《ちうだん》　青眼《せいがん》の刀尖《たうせん》を下《さ》げ、敵《てき》の中腹《ちうふく》を壓《あつ》する状態《じやうたい》。

下段《げだん》　中段《ちうだん》の刀尖《たうせん》を下《さ》げたる狀態《じやうたい》。
斜構《しやこう》　竹刀《しなひ》を斜《なゝめ》にしたる狀態《じやうたい》。
霞構《かこう》　竹刀《しなひ》を霞《かすみ》にしたる狀態《じやうたい》。

第二節　坐體及立體

以上《いじやう》の陣形《ぢんけい》を作《つく》るには、先《ま》づ體《たい》の正確《せいかく》を基《もと》とするのであります。玆《こゝ》に體《たい》を作《つく》る方法《はふはふ》を說《と》いて、これを詳解致《しやうかいいた》します。

一、坐體《ざたい》　卽《すなは》ち正坐《せいざ》を云《い》ふのであります。正坐《せいざ》は靜坐《せいざ》でありまして、心《こゝろ》を澄《す》ます工夫《くふう》であります。心澄《こゝろす》み渡《わた》るときは煩惱自《ぼんなうおのづか》ら去り、邪曲《じやきよく》を拂《はら》ふのであつて、之《こ》れが形狀《けいじやう》を整《とゝの》ふる第《だい》一の修養法《しうやうはふ》であります。

二、立體《りつたい》　直立不動《ちよくりつふどう》の姿勢《しせい》より青眼《せいがん》を作《つく》り、敵《てき》に對《たい》する姿勢卽《しせいすなは》ち陣形《ぢんけい》であります。此體《このたい》にして心《こゝろ》に碍滯《がいたい》なきときは、不偏《ふへん》の戰略《せんりやく》を行《おこな》ふことが出來《でき》る體形《たいけい》であります。

第三節　禮體

苟《いや》しくも攻《せ》むる處《ところ》、守《まも》る處《ところ》、破《やぶ》る處《ところ》に、眞面目《まじめ》を缺《か》き粗暴《そぼう》に流《なが》れ、野獸的行動《やじうてきかうどう》があつては、眞《しん》の戰法術略《せんぱふじゆつりやく》でない。一進《しん》一退俯仰天地《たいふぎやうてんち》に愧《は》ぢざる眞面目《まじめ》でなければなりません。禮《れい》を守《まも》りて進《すゝ》む時《とき》は、公明正大犯《こうめいせいだいをか》さる能《あた》はざるものがあるのであります、禮體《れいたい》の形式《けいしき》の要件《えうけん》は左《さ》の如《ごと》くで、平素心掛《へいそこゝろが》けて實行《じつかう》するときは、自然心《しぜんこゝろ》を養成《やうせい》することが出來《でき》るのであります。

一、道具《だうぐ》を體《たい》に附着《ふちやく》するときは、正座《せいざ》にて行《おこな》ふこと。

二、試合上《しあひじやう》には、直立不動《ちよくりつふどう》の姿勢《しせい》にて左手《さしゆ》に竹刀《しなひ》の鍔元《つばもと》を握《にぎ》り、腰部《えうぶ》に其握《そのにぎ》り拳《こぶし》を當《あ》て、左手《さしゆ》は自然《しぜん》の垂直《すゐちよく》となし、上體《じやうたい》は正《たゞ》しく頭《あたま》を稍《や》や前《まへ》に垂《た》れる。之《こ》れを默禮《もくれい》と云《い》ふのであります。神殿《しんでん》に對《たい》しても敵《てき》に對《たい》しても、此要領《このえうりやう》の體形《たいけい》を作《つく》るのであります。

以上《いじやう》の形式《けいしき》に精神《せいしん》が籠《こも》れば、正肅《せいしゆく》なる動作《どうさ》を取《と》ることが出來《でき》るので、之《こ》れを眞《しん》の禮《れい》と云《い》ふのであります。斯《かく》の如《ごと》く壯嚴《さうごん》なる態度《たいど》や精神《せいしん》であつて、眞技《しんぎ》を失《うしな》はぬ時《ときは》は嚴正《げんせい》なる陣形《ぢんけい》を爲《な》し、敵《てき》を制《せい》することが出來《でき》るのであります。禮《れい》は武士《ぶし》の本領《ほんりやう》なりと云《い》ふが如《ごと》く。苟《いやし》くも禮《れい》を忘却《ばうきやく》したる眞技《しんぎ》はない、此形式《このけいしき》と精神《せいしん》を練《ね》るのが肝要《かんねう》であります。

斯《か》くの如《ごと》く劍道《けんだう》にては禮《れい》を尊重《そんちよう》するのでありますから、粗暴《そばう》な行動《かうどう》や、或《あるひ》は他人《たにん》をねたみ、他《た》を中傷《ちうしやう》し、野卑《やひ》の行動《かうどう》を敢《あへ》てするものは、劍道《けんだう》の本義《ほんぎ》を悟《さと》つた人《ひと》でなく、只《た》だ單《たん》に棒《ぼう》を振《ふ》ることが上手《じやうず》になつたに過《す》ぎない。殺《ころ》すことのみ知《し》つて、活《いか》すことを知《し》らざる劍術《けんじゆつ》であります。武術者《ぶじゆつしや》に往々《わう〳〵》以上《いじやう》の如《ごと》き背徳漢《はいとくかん》があるから余《よ》は青年少年《せいねんせうねん》の爲《た》め、左《さ》の如《ごと》く其心得《そのこゝろえ》を摘錄《てきろく》して劍道《けんだう》の眞價《しんか》を誤《あやま》らざる樣《やう》に、且修養《かつしうやう》の効果《かうくわ》を失《うしな》はざる樣《やう》に、勸《すゝ》めたことがあります。今《いま》こゝに之《これ》を再錄《さいろく》しますから、劍道《けんだう》を修養《しうやう》する者《もの》は、練習《れんしふ》するに當《あた》りよく之《こ》れを一讀《どく》し遵守《じゆんしゆ》すべきことを、切《せつ》に望《のぞ》む次第《しだい》であります。

第七章　基本心得

第一節　道　具

一、道具《だうぐ》の名稱《めいしよう》左《さ》の如《ごと》し。

一、頭《あたま》に冠《かぶ》る防具《ばうぐ》を（面《めん》と云《い》ふ）

一、腹《はら》に當《あ》つる防具《ばうぐ》を（胴《どう》と云《い》ふ）

一、兩手《りやうて》を覆《おほ》ふ防具《ばうぐ》を（甲手《こて》と云《い》ふ）

一、腰《こし》に當《あ》て股《もゝ》を防《ふせ》ぐ具《ぐ》を（垂《たれ》と云《い》ふ）

一、右《みぎ》の外稽古着《ほかけいこぎ》。袴《はかま》、竹刀《しなひ》あり、稽古着《けいこぎ》、袴《はかま》は身體《からだ》を自由《じいう》にする爲《た》め着《ちやく》するものなりと雖《いへど》も、袴《はかま》は禮《れい》を重《おも》んずる上《うへ》に必《かなら》ず使用《しよう》すべきものとす。

一、竹刀《しなひ》は竹《たけ》を割《わ》り組合《くみあは》せたるものに、左《さ》の附屬品《ふぞくひん》を結合《けつがふ》し、之《これ》を竹刀《しなひ》と稱《しよう》す。

附屬品

一、先革《さきかは》　一、柄革《つかゝは》　一、中結《なかいはひ》　一、弦《つる》　一、鍔《つば》

竹刀《しなひ》は弦《つる》なき方《はう》を刀刄《こうじん》とし、弦《つる》ある方《はう》を刀背《たうはい》とす。故《ゆゑ》に練習《れんしふ》に於《おい》ては刀背《たうはい》を必《かなら》ず上《うへ》とし、刀刄《さうじん》を下《した》に向《む》け保持《ほぢ》すべし。

第二節　刺擊の名稱

劍術《けんじゆつ》に於《おい》て擊《う》ち刺突《しつき》をなすべき部分《ぶぶん》及《およ》び名稱《めいしよう》は左《さ》の如《ごと》し。

一、頭《あたま》を(面《めん》)　一、腹《はら》を(胴《どう》)　一、咽喉《いゝこう》を(突《つ》き)　一、手《て》を(甲手《こて》)

一、甲手《こて》は普通《ふつう》に右手《みぎて》を斬擊《うつ》に定《さだ》む、左手《さしゆ》は相手方《あひてかた》の上段構《じやうだんかま》への場合《ばあひ》に施《ほどこ》すものとす。

第三節　着裝

着装《ちやくさう》とは總《すべ》ての道具《だうぐ》の着《つ》け方《かた》を云《い》ふ、道具《だうぐ》を着《つ》くるには稽古《けいこ》着袴《ちやくこ》の外《ほか》は必《かなら》ず正坐《せいざ》して之《これ》を行《おこな》ふべし、其順序《そのじゆんじよ》

一、垂《たれ》　垂《たれ》に表裏《へうり》あり必《かなら》ず表《おもて》を向《む》けて腰《こし》に着《つ》くべし。

二、胴《どう》　胴《どう》の紐《ひも》不完全《ふくわんぜん》なるは危險《きけん》なるを以《もつ》て確實《かくじつ》に結《むす》ぶべし。

三、面《めん》　面紐《めんひも》不完全《ふくわんぜん》なる時《とき》は危險《きけん》なるを以《もつ》て紐《ひも》は面金《めんがね》（圖の如し）と上部《じやうぶ》の蒲團《ふとん》との間《あひだ》に正確《せいかく》に交叉《かうさ》して結《むす》ぶべし。

四、甲手《こて》　左手《ひだりて》を先《さき》に右手《みぎて》を後《あと》に正確《せいかく》に着《つ》くべし。

五、道具《だうぐ》を體《たい》に着《つ》けたる後《のち》は直《たゞち》に竹刀《しなひ》を取《と》り、練習《れんしふ》の準備《じゆんび》を爲《な》すべし。

第四節　發聲

發聲《はつせい》は自己《じこ》の元氣《げんき》を奮起《ふんき》し、且《か》つ技量《ぎりやう》を確實《かくじつ》に表現《へうげん》すべきものなるを以《もつ》て、常《つね》に滿腔《まんくう》の大聲《たいせい》を發《はつ》するを要《えう》す。最初《さいしよ》は刺擊《しげき》する場合《ばあひ》に其部分名《そのぶぶんめい》を左《さ》の如《ごと》く發聲《はつせい》すべし。

一、面《めん》　一、胴《どう》　一、甲手《こて》　一、突《つき》　の如《ごと》し。

右《みぎ》の發聲《はつせい》自然《しぜん》に慣《な》るゝに至《いた》らば、刺擊《しげき》の場合《ばあひ》のみに限《かぎ》らず、絶《た》えず動作《どうさ》に伴《ともな》ひ發聲《はつせい》をなすべし。而《しか》して發聲《はつせい》は勇猛果敢《ゆうまうくわかん》の元氣《げんき》を養《やしな》ひ、且《か》つ技術《ぎじゆつ》の進達早速《しんたつさうそく》なるものと心得《こゝろう》べし。

第五節　構備

構備《かまへそなへ》姿勢《しせい》とは攻擊防拂《こうげきばうふつ》の動作《どうさ》、姿勢《しせい》を云《い》ふ。技術《ぎじゆつ》の諸法《しよはふ》は皆此《みなこの》姿勢《しせい》より生《しやう》ずるものにして、劍術《けんじゆつ》に於《お》ける骨幹《こつかん》なり、而《しか》して該姿勢《がいしせい》は左《さ》の關係《くわんけい》によりて構成《こうせい》す。

直立不動《ちよくりつふどう》の姿勢《しせい》より右足《うそく》を前方《ぜんぱう》に踏《ふ》み出《だ》し、凡《およ》そ半歩《はんぽ》、左足《さそく》は其儘《そのまゝ》の位置《ゐち》にて其《その》趾部《しぶ》のみ踏《ふ》み着《つ》け、踵《きびす》を浮《うか》べ膝頭《ひざがしら》は稍《や》や内方《ないはう》に入《い》れ右足《うそく》の方向《はうかう》に倣《なら》ひ、兩足平均《りやうそくへいきん》の力《ちから》にて踏《ふ》む、體備《たいそな》はるときは右手《うしゆ》は鍔際《つばぎは》を握《にぎ》り、左手《さしゆ》は劍《つるぎ》の柄元《ねもと》を握《にぎ》り締《し》むるなり。

而《しか》して兩手共《りやうてとも》に小指《こゆび》環指《おやゆび》を締《し》め中指《なかゆび》は輕《かる》くし藥指《くすりゆび》は尚輕《なほかる》く添《そ》ふのみと爲《な》さず、握《にぎ》りたる兩卒《りやうて》は前方《ぜんはう》に差出《さしだ》し左手《さしゆ》は後部《こうぶ》臍《へそ》の處《ところ》二三寸《すん》離《はな》し、刀尖《たうせん》を敵《てき》の左眼《さがん》に著《つ》け、敵《てき》の刀尖《たうせん》と交叉《かうさ》して構《かま》へるなり。

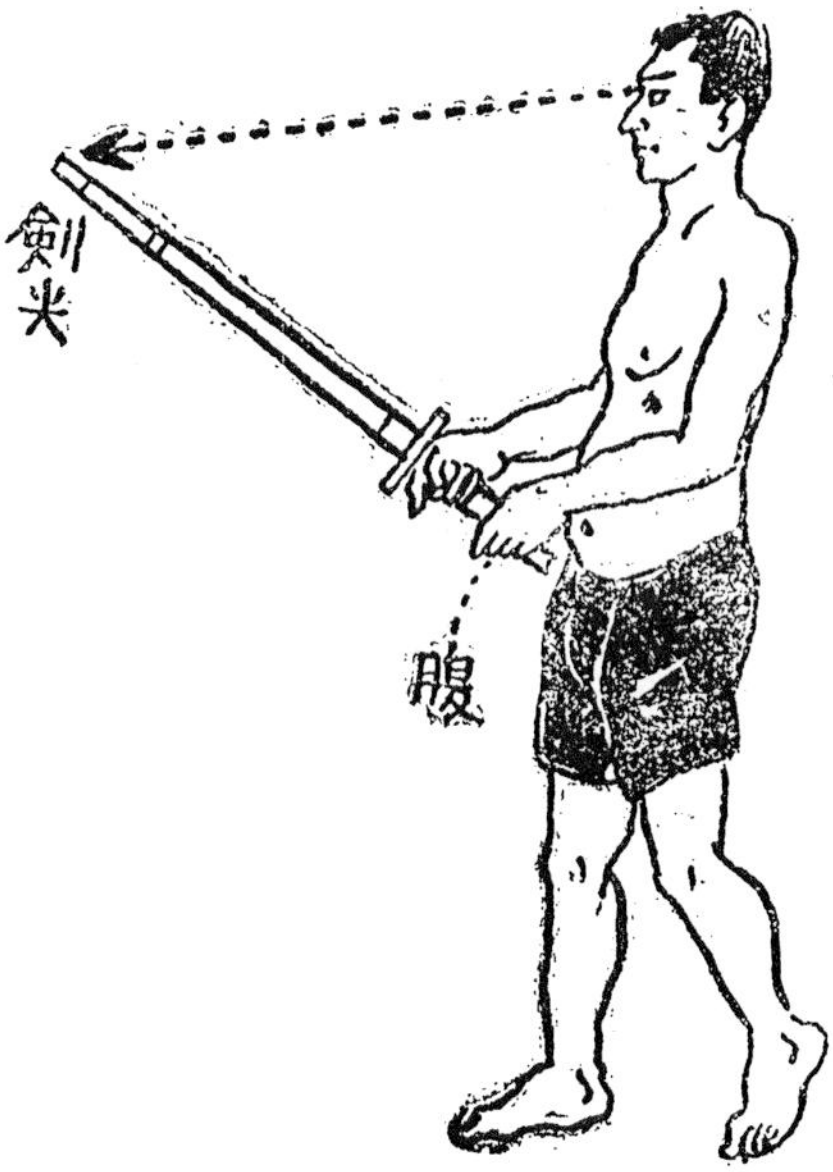

第六節　敬禮

道場《だうぢやう》に於《お》ける敬禮《けいれい》の正否《せいひ》は人格《じんかく》の高潔《かうけつ》と賤劣《せんれつ》とを直《たゞち》に外《ほか》に表現《へうげん》するに至《いた》り、規律《きりつ》に關《くわん》係《けい》すること至大《しだい》なりとす。故《ゆゑ》に道場《だうぢやう》の出入《でいり》に際《さい》しては、常《つね》に袴《はかま》を着《つ》けて形裝《けいさう》を正《たゞ》しくし敬禮《けいれい》の基本《きほん》となすべし。又道《またどう》場《ぢやう》に在《あ》りては、上下《じやうげ》の分《ぶん》を格《かけ》守《しゆ》し、一擧《きよ》一動《どう》と雖《いへど》も嚴肅《げんしゆく》にし、而《し》かも寛裕《くわんゆう》なるべく、自《おのづか》ら尊重《そんちよう》の念《ねん》を起《おこ》し、決《けつ》して輕卒《けいそつ》の擧動《きよどう》に渉《わた》ることあるべからず。而《しか》して試合及練習《しあひおよびれんしふ》に於《おい》ては、左《さ》の如《ごと》く禮《れい》を行《おこな》ふべし。着席《ちやくせき》を離《はな》れ道場《だうぢやう》に出《い》でたる時《とき》は、左手《さしゆ》に竹刀《しなひ》の鍔元《つばもと》を握《にぎ》り、刀刃《たうじん》を上方《じやうはう》にし後方《こうはう》に約《やく》四十五度《ど》に提《さ》げ、右手《うしゆ》は自然《しぜん》に垂下《すゐか》し、直立不動《ちよくりつふどう》の儘《まゝ》神殿《しんでん》に向《むか》ひて敬《けい》禮《れい》し、後互《のちたがひ》に六尺程《しやくほど》の距離《きより》を進《すゝ》み直立體《ちよくりつたい》にて敬禮《けいれい》を交《かは》し後兩脚《のちりやうきやく》の膝《ひざ》を各前方斜《かくぜんはうなゝめ》の方向《はうかう》右膝《しつ》は右斜方《うしやはう》、左膝《さしつ》は左斜方《さしやはう》へ屈折《くつせつ》し、兩足先《りやうあしさき》の部分《ぶぶん》、特《とく》に趾《あしゆび》に力《ちから》を入《い》れて踏《ふ》み、踵《かゝと》の上《うへ》に上體《じやうたい》を垂《の》せ、兩膝頭《りやうひざがしら》を充分《じうぶん》左右《いう》に開《ひら》き丹田《たんでん》「臍下《さいか》即《すなは》ち下腹《かふく》」に力《ちから》を入《い》れ上體《じやうたい》を前後《ぜんご》に屈《くつ》することなく正確《せいかく》に保持《ほぢ》し、兩手《りやうて》を膝上《ひざうへ》に置《お》き互《たがひ》に默禮《もくれい》し竹刀《しなひ》を頭《づ》上《じやう》より眞直《まつすぐ》に前方《ぜんはう》に拔《ぬ》き構《かまへ》備《ぞなへし》姿勢《しせい》を取《と》り更《さら》に直立《ちよくりつ》となりて試合《しあひ》を始《はじ》む。

試合終了《しあひしうれう》せば蹲踞《そんきよ》して刀《かたな》を納《をさ》め、直《たゞち》に直立《ちよくりつ》して互《たがひ》に默禮《もくれい》し、後數步《のちすうほ》下《さが》つて神殿《しんでん》に禮《れい》を行《おこな》ひ、自己《じこ》の席《せき》に戻《もど》るなり。

(竹刀《しなひ》は必《かな》らず左手《さしゆ》に保持《ほぢ》すべし)

或時《あるとき》は左《さ》の如《ごと》く、少年部《せうねんぶ》へ作法《さはふ》として其心得《そのこゝろえ》を書《か》いて、少年《せうねん》に守《まも》らしめたこともあります。將來《しやうらい》に於《おい》て諸子《しよし》に資《し》する處《ところ》となつたならば、誠《まこと》に幸甚《かうじん》とする所《ところ》であります。

第七節　作法　（少年部諸君へ）

一、所持品《しよぢひん》たる傘《かさ》、外套《ぐわいたう》、帽子《ばうし》、下駄《げた》等《とう》は他人《たにん》の所有物《しよいうぶつ》と間違《まちが》はざる樣《やう》必《かなら》ず一定《てい》の場所《ばしよ》に置《お》くこと。

二、帽子外套《ばうしぐわいたう》は入口《いりぐち》にて脱《だつ》し、形裝《けいさう》を正《たゞ》し、決《けつ》して帽子《ばうし》を被《かぶ》り外套《ぐわいたう》を着《つ》けたる儘《まゝ》、場内《ぢやうない》に出入《しゆつにふ》すべからざること。

三、場外《ぢやうぐわい》にても教師《けうし》には勿論相互間《もちろんさうごかん》に禮《れい》を篤《あつ》くすること。

四、着物《きもの》の着方《きかた》や袴《はかま》の附《つ》け方《かた》は正《たゞ》しく、胸《むね》を擴《ひろ》げ股《また》を顯《あらは》し、卑《いや》しき扮裝《いでたち》をなさぬこと。

五、人《ひと》を中傷讒誣《ちうしやうざんぶ》し、或《あるひ》は輕蔑《けいべつ》し、私事《しじ》私情《しじやう》の爲《た》め喧嘩口論《けんくわこうろん》をなさぬこと。

六、先生《せんせい》は勿論《もちろん》先輩同僚間《せんぱいどうれうかん》に言葉《ことば》を丁寧《ていねい》にし、動作《どうさ》を靜肅《せいしゆく》にすること。

七、正坐《せいざ》して禮《れい》をするときは、兩手《りやうて》は膝《ひざ》の前《まへ》にて左右《さいう》に開《ひら》き、頭《あたま》は疊《たゝみ》より三寸許《ずんばか》り離《はな》れたる處《ところ》まで下《さ》げ、頭《あたま》を上《あ》ぐる時《とき》は心靜《こゝろしづか》に上《あ》げること。

八、竹刀《しなひ》は大切《たいせつ》に取扱《とりあつか》ふこと。

九、稽古時間《けいこじかん》を守《まも》ること。

十、手足《てあし》の爪《つめ》は切《き》り取《と》り清潔《せいけつ》にすること。

十一、稽古着《けいこぎ》襦袢《じゆばん》は洗滌《せんでき》して清潔《せいけつ》にすること。

十二、竹刀《しなひ》道具《だうぐ》は稽古《けいこ》前《まへ》破損《はそん》あるや否《いな》や取調《とりしら》べ整頓《せいとん》し置《お》くこと。

十三、見學《けんがく》及《および》休息《きうそく》のとき喧噪《けんさう》拍手《はくしゆ》等《とう》をなし、或《あるひ》は規律《きりつ》を亂《みだ》し安坐《あんざ》をなす等《とう》のことなきは勿論《もちろん》、靜肅《せいしゆく》にして威儀《ゐぎ》を正《たゞ》しくすること。

十四、道具《だうぐ》は始業時間《しげふじかん》十分前《よんまへ》に身體《からだ》に着《つ》け、竹刀《しなひ》を整頓《せいとん》せしむること。

十五、脱衣《だつい》は一定《てい》の場所《ばしよ》にて之《こ》れを脱《ぬ》ぎ、正《ただ》しく始末《しまつ》し置《お》くこと。

十六、道具《だうぐ》は天日《てんぴ》に乾燥《かんさう》すること。

十七、見學者《けんがくしや》は袴《はかま》を着用《ちやくよう》し禮《れい》を守《まも》ること。

十八、道場内《だうぢやうない》にて疾走《しつそう》し、喧嘩《けんくわ》に渉《わた》るが如《ごと》きことあるまじきこと。

現今《げんこん》の青年少年《せいねんせうねん》には禮儀作法《れいぎさはふ》がないといつてもいゝ程《ほど》で、禮儀《れいぎ》のないものは、從《したが》つて德義《とくぎ》がなく、眞《しん》の人物《じんぶつ》が少《すく》ないのであります。劍道《けんだう》を修養《しうやう》せしむるは、此德義《このとくぎ》を練《ね》らす一法《はふ》として最《もつと》も良策《りやうさく》であります。即《すなは》ち劍道《けんだう》を練習《れんしふ》する間《あひだ》には右《みぎ》の如《ごと》き作法《さはふ》を知《し》らず識《し》らず行《おこな》ふことになり、作法《さはふ》が出來《でき》れば、自然德義《しぜんとくぎ》を重《おも》んずるやうになるのであります。

第八節　發　聲　法

ヤーエー面甲手《めんこて》の發聲《はつせい》は當敵《たゞてき》を打《う》ちたるを示《しめ》すのみならず、滿身《まんしん》の勇氣《ゆうき》を發《はつ》し、人心《じんしん》を激動《げきどう》するものであります。而《しか》して此發聲《このはつせい》は、口《くち》や咽喉《のど》の音響《おんきやう》ではなくて、下《か》腹《ふく》の底《そこ》より渾身《こんしん》に心氣《しんき》の充溢《じういつ》したるものであります。故《ゆゑ》に發《はつ》する聲《こゑ》と同時《どうじ》に活動《くわつどう》するは、氣力精神《きりよくせいしん》を奮起《ふんき》せしめ、快活《くわいくわつ》ならしむるもので、試《こゝろ》みに道場《だうぢやう》の試合《しあひ》を見《み》るに發聲《はつせい》によりて元氣《げんき》が充溢《じういつ》し、又猛烈《またまうれつ》なる威嚴《ゐげん》を存《そん》し、敵心《てきしん》をして恐怖《きようふ》を感《かん》ぜしめるものであります。而《しか》して此發聲《このはつせい》には體質《たいしつ》により音響《おんきやう》の大小《だいせう》があるが、之《こ》れは各自《かくじ》の出《で》る丈《だ》けの聲《こゑ》を出《だ》すことを習慣《しふくわん》とせねばならぬ。然《しか》らば小《ちひ》さい音《おん》も自然《しぜん》に大《おほ》きくなるのであります。尚練習法《なほれんしふはふ》とその効果《かうくわ》とを示《しめ》さう。

一、發聲《はつせい》は引上《ひきあ》げを示《しめ》す場合《ばあひ》。
二、大聲《たいせい》は敵《てき》をして恐怖《きようふ》を感《かん》ぜしむることあり。
三、我氣勢《わがきせい》の猛烈《まうれつ》なるを示《しめ》し、敵《てき》の躊躇《ちうちよ》することあり。
四、大聲《たいせい》は敵《てき》の心意《しんい》を制壓《せいあつ》することあり。
五、敵心《てきしん》を迷《まよ》はすことあり。

六、發聲《はつせい》は心氣力《しんきりよく》の一致《ち》を失《うしな》はぬにあり。

以上《いじやう》の如《ごと》く極《きは》めて有利《いうり》のものであります。

第九節　陣容の中心

各陣形《かくぢんけい》は構《かまへ》の姿勢《しせい》で、體の形《かたち》、威儀《ゐぎ》嚴肅《げんしゆく》なる處《ところ》、敵恐怖《てききようふ》を感《かん》じ、容易《ようい》に犯《をか》し能《あた》はざるものであります。而《しか》して姿勢《しせい》は形《かた》の基礎《きそ》又《また》は活動《くわつどう》の根本《こんぽん》ともなる。去《さ》れば姿勢《しせい》の要《えう》は體《たい》の中心《ちうしん》を失《うしな》はぬといふ事《こと》であります。中心《ちうしん》とは身體《からだ》の安定《あんてい》を謂《い》ふのであつて、安定《あんてい》とは如何《いか》なるものを云《い》ふかといへば、前《まへ》に進《すゝ》むとも後《あと》へ退《しりぞ》くとも、一擧《きよ》一動《どう》の時《とき》、恰《あだか》も不倒翁《ふたうをう》の如《ごと》く轉《ころ》びかけても正《たゞ》しくなる體《たい》であります。即《すなは》ち體《たい》が崩《くづ》れずチヤンとしてをる狀態《じやうたい》であります。或人《あるひと》が余《よ》に語《かた》つて、竹刀《しなひ》を拂《はら》はれると、鐵《てつ》の彈《は》條《わ》にてハネ返《かへ》される樣《やう》な心持《こゝろもち》がすると云《い》ふたが、寔《まこと》に尤《もつと》もの話《はなし》であります。竹刀《しなひ》を持《も》つて、初《はじ》めから體《たい》の安定《あんてい》を取《と》り中心《ちうしん》が定《き》まるものではありません。體《たい》の自然《しぜん》に崩《くづ》れることはさながら赤子《あかご》の歩《あゆ》むが如《ごと》く、手《て》が凝《こ》り、足《あし》に力《ちから》が偏《へん》し、不自由《ふじいう》な身體《からだ》でありますから、安定《あんてい》の竹刀《しなひ》の力《ちから》を受《う》けると、鐵《てつ》の様《やう》な感《かん》じがするのであります。而《しか》し體《たい》の安定《あんてい》でないときは渾身《こんしん》の勢力《せいりよく》を以《もつ》て敵《てき》に業《わざ》を施《ほどこ》し得《え》ざるものでありますから、能《よ》く青眼《せいがん》の構《かまへ》を自得《じとく》して、體《たい》の中心《ちうしん》を失《うしな》はぬ様《やう》に修養《しうやう》することゝが肝要《かんえう》であります。此《こ》の體《たい》は形構《かたかまへ》の時《とき》ばかりでなく、更《さら》に活動《くわつどう》の根本理《こんぽんり》であります。

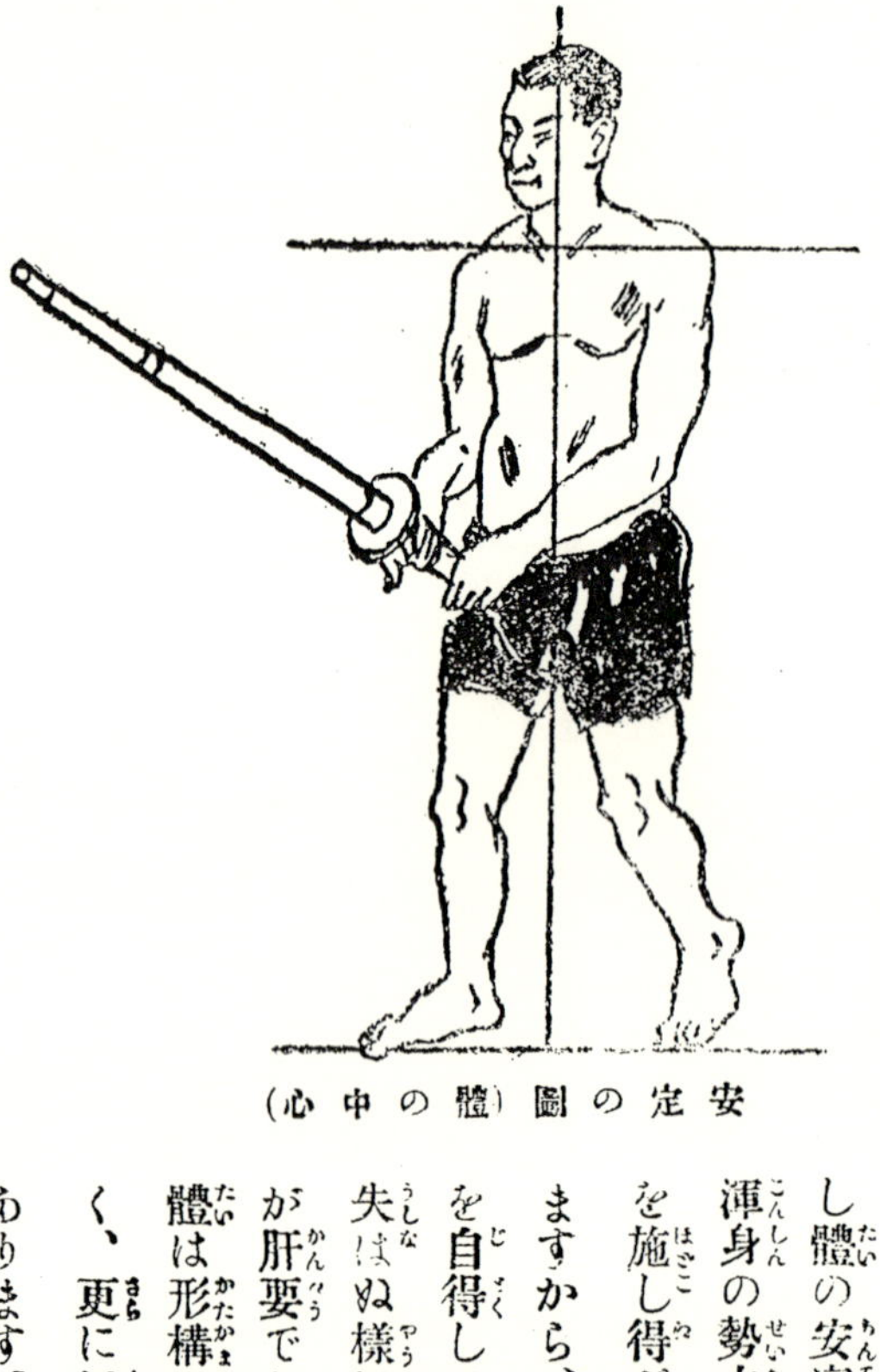

安定の圖（體の中心）

第十節　手の固め

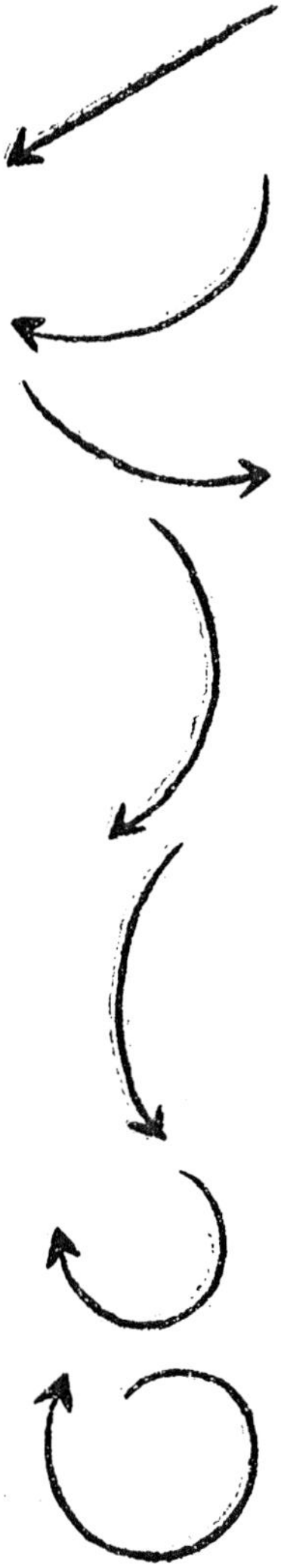

手《て》の定《き》まりは、構《かまへ》を基礎《きそ》として、突《つ》くときは敵體《てきたい》へ直線《ちよくせん》に出《だ》し、撃《う》つときは頭上《づじやう》より胸部《きようぶ》に下《おろ》す。如何《いか》なる業《わざ》を施《ほどこ》すにも、圖《イ》の如《ごと》く腰部《ゐうぶ》の水平線《すゐへいせん》より下部《かぶ》に下《おろ》すときは弱《よわ》く崩《くづ》れ易《やす》いものであります。又兩拳《またりやうけん》は圖《づ》の如《ごと》く斜線《しやせん》の上下《じやうげ》に定《き》め、左《ひだり》を下《した》に右《みぎ》を上《うへ》にする。以上《いじやう》の如《ごと》く我體《わがたい》を離《はな》れず定《き》まり居《な》れば施技《しぎ》も完全《くわんぜん》となり、變化《へんくわ》も自在《じざい》となります。而《しか》して此手《このて》の定《きま》りには、眞直斜曲《しんちよくしやきよく》に手《て》を働《はたら》かしても、手《て》の内《うち》がしまつて崩《くづ》れることがありません。即《すなは》ち施技《しぎ》を誤《あやま》りなからしむるのであります。手《て》の定《き》

まりたる働《はたら》きは、竹刀《しなひ》が右《みぎ》の如《ごと》く働《はたら》く場合《ばあひ》で、此働《このはたら》きを組合せ、其働《そのはたら》きを應用《おうよう》したならば、自在《じざい》に各業《かくわざ》を施《ほどこ》すことが出來《でき》るのであります。

第十一節　竹刀の力

竹刀《しなひ》を働《はたら》かすに、二樣《やう》あり、一つは曲線《きよくせん》で一つは直線《ちよくせん》であります。曲線《きよくせん》とは  圖《づ》の如《ごと》き竹刀《しなひ》の働《はたら》きで、直線《ちよくせん》とは  圖《づ》の如《ごと》き竹刀《しなひ》の働《はたら》きであります。而《しか》して何故此力《なにゆゑこのちから》を二つに分《わ》けるかと申《まを》しますと、左《さ》の圖《づ》の如《ごと》く人《ひと》の心《こゝろ》は無限《むげん》にして、恰《あだか》も宇宙《うちう》の如《ごと》く圓《まる》いものであつて、圓《ゑん》の竹刀《しなひ》の働《はたら》きを以《もつ》てすれば、廣漠絶對《くわうばくぜつたい》にして無限《むげん》の働《はたら》きを爲《な》し、直《ちよく》の働《はたら》きを以《もつ》てすれば、要害堅固《えうがいけんご》にして、一刀兩斷《たうりやうだん》、壯大《さうだい》なる力《ちから》の籠《こも》るものであります。言換《いひか》へれば圓《ゑん》は曲線《きよくせん》の働《はたらき》で、防拂攻擊《ばうふつこうげき》の時《とき》に使《つか》ひ、直《ちよく》は直線《ちよくせん》にして刺《し》擊《げき》の場合《ばあひ》に用《もち》ふるのであります。一動一擊《どうげき》の內《うち》、直曲《ちよくきよく》の力《ちから》を合致《がつち》すれば、恰《あだか》も反《はん》射的《しやてき》に微妙《びめう》なる働《はたら》きをするが、而《しか》し曲直兩線《きよくちよくりやうせん》  圖《づ》の如《ごと》きは不完全《ふくわんぜん》の

働《はたら》きであります。之《こ》れを心理《しんり》から見《み》るときは、心《こゝろ》の迷《まよ》ひ居《ゐ》る時《とき》の狀態《じやうたい》で、斯《か》る働《はたら》きは働《はたら》きを遲鈍《ちどん》とし、絶大《ぜつだい》と云《い》ふことの出來《でき》ぬものであります。此圓直《このゑんちよく》の理《り》を了解《れうかい》し一振《しん》一擊《げき》に注意《ちうい》すれば、早《はや》く上達《じやうたつ》するであらう。

第十二節　進退の力

足《あし》の働《はたら》きは、八方《はう》に具足《ぐそく》すといふことがあります。體《たい》の進退《しんたい》は足《あし》にあるので、足《あし》は方《はう》にして地《ち》に象《かたど》り、體《たい》は圓《ゑん》にして天《てん》に象《かたど》るものであります。圓《ゑん》は丸《まる》いことをいひ、方《はう》は直《ちょく》なることをいふので、直《ちょく》なるものは電光石火《でんくわうせきくわ》の如《ごと》く速《はや》く、至大至剛《しだいしがう》の力《ちから》を顯《あら》はすのであります、直《ちょく》圓《ゑん》は一體《たい》の働《はたら》きの如《ごと》きものであるから、足《あし》の速《はや》きは卽《すなは》ち體《たい》の働《はたら》きの速《はや》きことであります。故《ゆゑ》に足《あし》と體《たい》とは天地《てんち》の如《ごと》く、足《あし》の方《はう》向《かう》に直徑《ちょくけい》あり、横《よこ》あり、斜《ななめ》ありと雖《いへど》も、方《はう》にして其方形《そのはうけい》に從《したが》ひ自得《じとく》するときは卽《すなは》ち圓《ゑん》となるので、此時《このとき》に於《おい》て絶妙《ぜつめう》なる體《たい》の働《はたら》きをなすものであります。

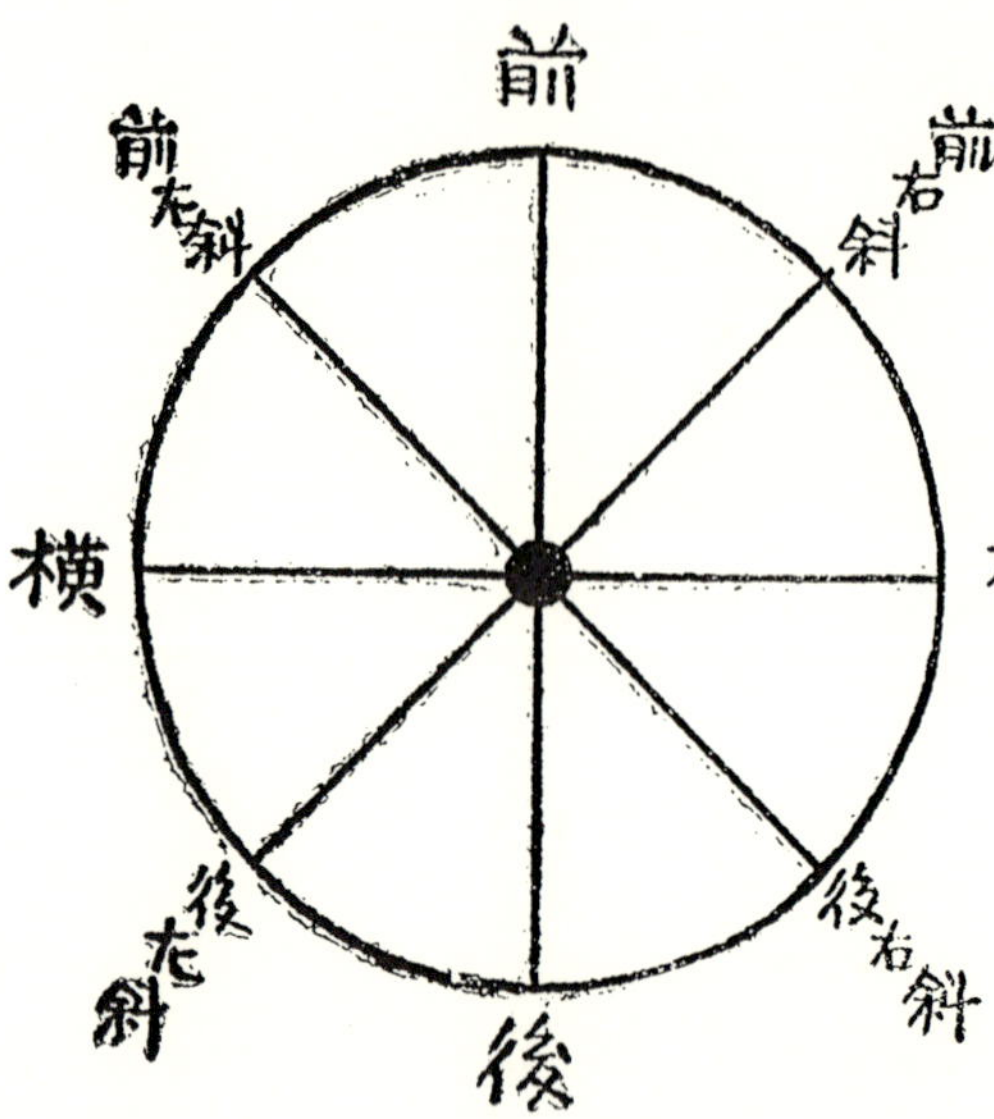

尙左《なほさ》に進退《しんたい》の方向《はうかう》を示《しめ》さう。前圖《ぜんづ》の如《ごと》く動作《どうさ》するときは、自《おのづか》ら其《そ》の理《り》に到達《たうたつ》するでありませう。

足《あし》の進退《しんたい》は、前後左右《ぜんごさいう》の横及斜《よこおよびななめ》の八方向《はうかう》であります。此足《このあし》の働《はたら》きで、手《て》の働《はたら》きの釣合《つりあひ》ひが取れ、尙手脚一致《なほしゆきやくいつち》の理《り》を極《きは》むることが出來《でき》るのであります。

第十三節　防拂の力

敵《てき》が直線《ちよくせん》の働《はたら》きのときは、曲線《きよくせん》の働《はたら》きを以《もつ》て應《おう》しますれば、我《われ》は敵《てき》の打《う》つ力《ちから》より少《すく》ない力《ちから》を以《もつ》て、防拂《はうふつ》することが出來《でき》ます。上《うへ》の圖の如《ごと》く眞直《まつすぐ》な竹刀《しなひ》が我體《わがたい》に來《く》るときは、此時《このとき》點《てん》の如《ごと》く方向《はうかう》に力《ちから》を注《そゝ》げば、容易《ようい》に拂《はら》ふことが出來《でき》るのであります。此《こ》の力《ちから》の應用《おうよう》は面《めん》に來《く》る時許《ときばか》りでなく、如何《いか》なる敵《てき》の業《わざ》にても之《こ》れを施《ほどこ》せば柔《じう》よく剛《がう》

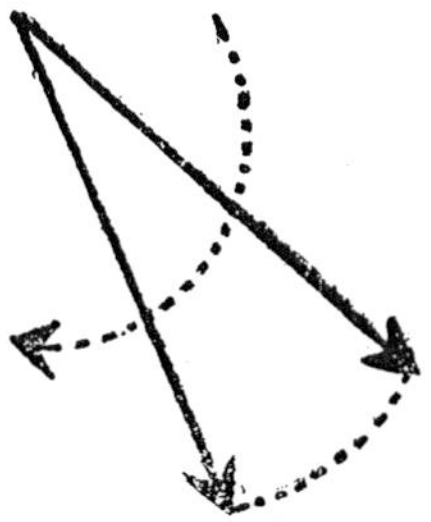

を制《せい》するの理《り》の如《ごと》く、容易《ようい》に敵刀《てきたう》を拂《はら》ふことが出來《でき》るのであります。

第十四節　兩足及腰の力

構備《かまへぞなへ》の根據《こんきよ》、攻防《こうはう》の作戰《さくせん》の基礎《きそ》は、豫《あらかじ》め定《き》めることが出來《でき》たが、敵《てき》との進退方《しんたいはう》寸《すん》に因《よつ》て勝敗《しようはい》を決《けつ》する作戰計畫《さくせんけいくわく》はまだ説明《せつめい》をしません、之《これ》を變化《へんくわ》と云《い》ふので、變化《へんくわ》は恰《あだか》も羅《ら》針盤《しんはん》の如《ごと》く方針《はうしん》を定《さだ》むる力《ちから》であります。若《も》し此力《このちから》がなければ、右《みぎ》を得《ゑ》て左《ひだり》を失《うしな》ふが如《ごと》くであります。去《さ》れば如何《いか》なる關係《くわんけい》によりて其方針《そのはうしん》を定《き》めるかと云《い》ふに先《ま》づ其力《そのちから》を腰《こし》に置《お》き、重點《ぢうてん》を右足《うそく》に、支點《してん》を左足《さそく》に置《お》くのであります、斯《か》ゝる場合《ばあひ》は左圖《さづ》に示《しめ》す所《ところ》の法則《はふそく》が成立致《せいりついた》します。即《すなは》ち左足《さそく》の支點《してん》が狹《せう》き時《とき》は、腰《こし》の力《ちから》は自在《じざい》にして、大《だい》なる力《ちから》を顯《あら》はすことが出來《でき》、力《ちから》の強《つよ》さときは其方針《そのはうしん》を誤《あやま》らず變化自在《へんくわじざい》にして、勝負《しようぶ》を決《けつ》する事《こと》が出來《でき》ます。故《ゆゑ》に腰《こし》は不動體《ふどうたい》の如《ごと》く正面《しやうめん》に出《だ》し、右足《うそく》は膝《ひざ》を内方《ないはう》に入《い》れ、足踏《あしぶ》みは狹《せま》くするのであります。若《も》し左足《さそく》を開《ひら》き過《す》ぎて腰《こし》の位置《ゐち》を變《へん》

する時《とき》は、支點《してん》は圖《づ》の如《ごと》く上《うへ》となり、

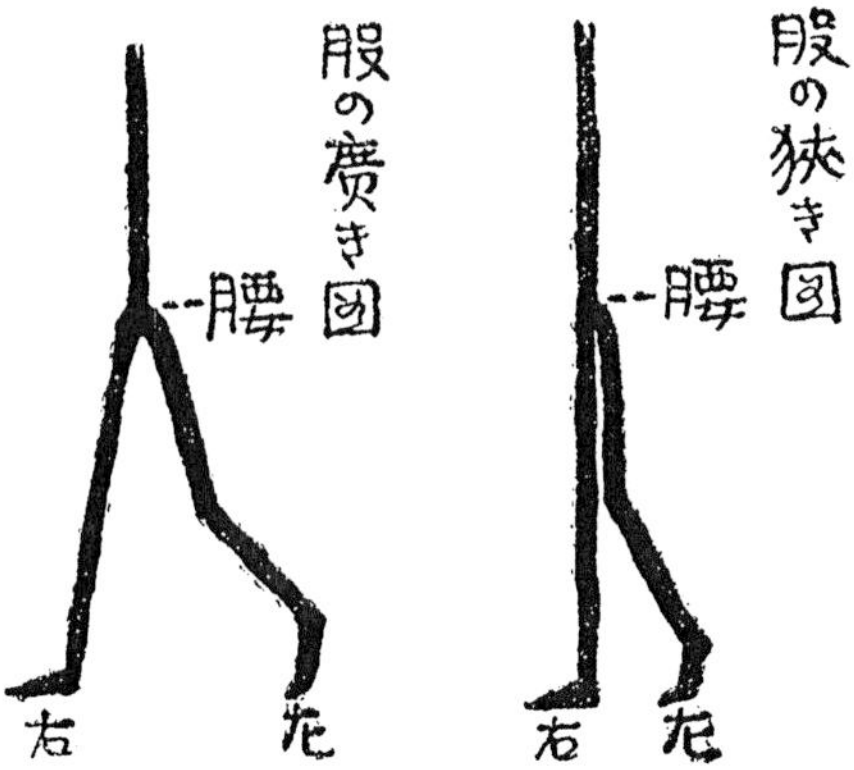

大《だい》なる力《ちから》を以《もつ》てしても小《せう》なる働《はたら》きをなすもので即《すなは》ち力《ちから》が一面《めん》に偏寄《へんき》するのであります。故《ゆゑ》に働《はたら》きは鈍《にぶ》く變化自在《へんくわじざい》を缺《か》くのであります。前樣《ぜんやう》の力《ちから》を致《いた》し活動《くわつどう》の變化《へんくわ》を誤《あやま》らぬことが肝心《かんじん》であります。

變化《へんくわ》の力《ちから》は腰《こし》に身體《からだ》の力《ちから》を集注《しふちう》した時《とき》で、勝敗《しようはい》の岐《わか》れる點《てん》は、此《こ》の力《ちから》の利用如何《りよういかん》によるのであります。此《こ》の力《ちから》の利用上小《りようじやうせう》なるものを以《もつ》て大《だい》なる働《はたら》きをなせば、必《かな》らず勝《か》つことが出來《でき》るので、之《こ》れが劍道《けんだう》の祕訣《ひけつ》であります。

例《たと》へば人《ひと》の財産《ざいさん》の消耗《せうもう》することを假定《かてい》して申《まを》しますれば、不《ふ》經濟《けいざい》なるものは經濟《けいざい》なるものに比《ひ》して、早《はや》く其財《そのざい》を失《うしな》ふことは事實《じじつ》であります。敵《てき》より大《おほ》きな力《ちから》を以《もつ》て當《あた》りますれば早《はや》く疲《つか》れ、小《せう》なる力《ちから》を以《もつ》て敵《てき》より數倍《すうばい》の大《だい》なる働《はたら》きを致《いた》しますれば、敵《てき》が早《はや》く疲《つか》れます。故《ゆゑ》に試合《しあひ》の終局《しうきよく》には、必《かな》らず勝《か》つことは疑《うたが》ひありません。此理《このり》を得《え》て練習《れんしふ》致《いた》しますれば、能《よ》く活法《くわつぱふ》の妙用《めうよう》を自《じ》得《とく》することが出來《でき》るのであります。

第十五節　竹刀の死活

陣容《ぢんよう》を作《つく》るときは、中央黒點《ちうあうこくてん》に左握《ひだりにぎ》りを附《つ》けて、竹刀《しなひ》全部《ぜんぶ》が直立體《ちよくりつたい》の中央《ちうあう》の線《せん》に定《き》まるやうにするのであります。此《こ》の體形《たいけい》は、最《もつと》も堅固《けんご》な體形《たいけい》で、此體《このたい》に向《むか》つて敵《てき》が襲撃《しふげき》してくれば恰《あだか》も鷄卵《けいらん》を以《もつ》て大石《たいせき》を破《やぶ》らんとする如《ごと》くであります。故《ゆゑ》に刺擊攻《しげきこう》防《はう》の業《わざ》を施《ほどこ》しますには、此處《こゝ》を中心《ちうしん》と致《いた》しまして、左《さ》の三線《せん》の範圍內《はんゐない》にて兩手《りやうて》を活《くわつ》動《どう》せしむるのであります。例《たと》へば面《めん》を打《う》つには、頭上《づじやう》に兩拳《りやうけん》を上《あ》げ、兩肘《りやうひぢ》は自然《しぜん》に屈折《くつせつ》して、顏面《がんめん》を中間《ちうかん》として全手《ぜんしゆ》を四角形《かくけい》とするのであります。此《こ》の狀態《じやうたい》を上段《じやうだん》と云《い》

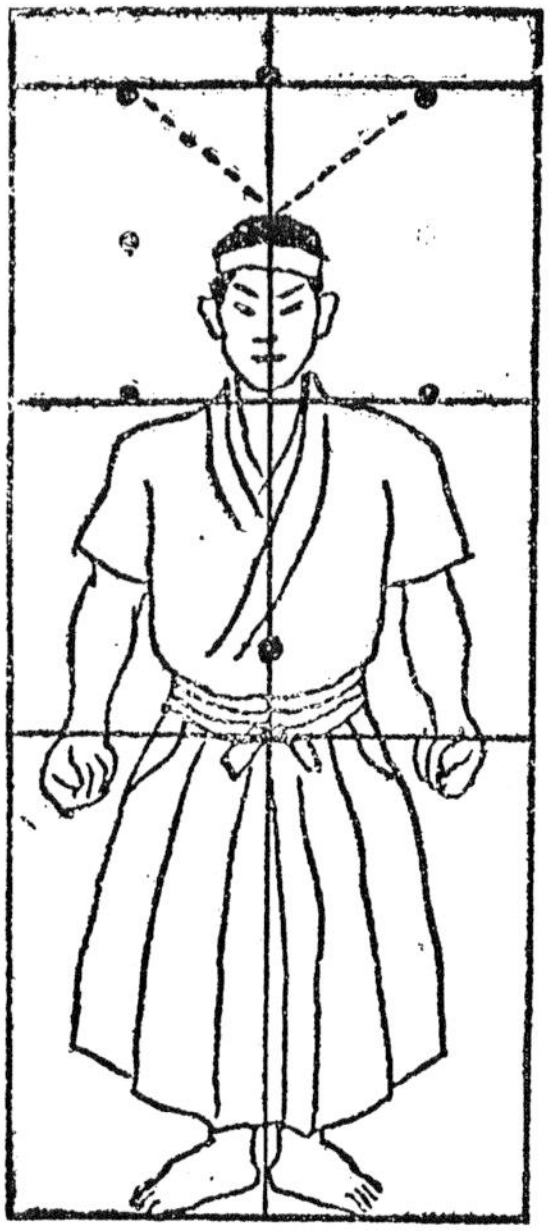

ふのであります。此上段《このじやうだん》より體《たい》の直線《ちよくせん》に打《う》ち下《おろ》せば眞《しん》面《めん》で、斜《なゝめ》に下《おろ》せば横面《よこめん》であります。甲手《こて》を打《う》つ時《とき》も、此狀態《このじやうたい》より直下《ちよくか》すれば、直《すぐ》に打《う》てるのであります。此外防拂攻擊刺突《ほかはうふつこうげきしとつ》の業《わざ》は、腰部《ようぶ》より以上《いじやう》、黑點《こくてん》の處《ところ》にて相手《あひて》を働《はたら》かせば、竹刀《しなひ》の働《はたら》きに正確《せいかく》な目標《もくへう》を與《あた》へ、業《わざ》を活用《くわつよう》せしむることが出來《でき》るのであります。尙活用《なほくわつよう》するに就《つ》いては、手《て》の內《うち》と申《まを》し、握固《にぎりかため》の確實《かくじつ》なるを要《えう》するのであります。握固《にぎりかため》の要領《えうりやう》は恰《あだか》も手拭《てぬぐひ》を絞《しぼ》りたる時《とき》の如《ごと》く、內方《ないはう》へ絞《しぼ》り、兩手《りやうて》とも第《だい》二關節《くわんせつ》に弓張形狀《ゆみはりけいじやう》の如《ごと》く自由《じいう》とするのであります。茲《こゝ》に於《おい》て敵《てき》の剛刀《がうたう》も我刀《わがたう》の柔《じう》を以《もつ》て容易《ようい》に制《せい》し、能《よ》く活用《くわつよう》することが出來《でき》るのであります。彼《かれ》の連續的《れんぞくてき》打《う》ち方《かた》は此力《このちから》を基礎《きそ》とし、能《よ》く竹刀《しなひ》に彈《だん》

動《どう》を與《あた》へ、敵《てき》の拂《はら》ふ力《ちから》より倘《なほ》敏捷《びんしやう》に業《わざ》を施《ほどこ》し、能《よ》く働《はたら》ける處《ところ》であります。此《こ》の體《たい》より兩拳《りやうけん》の離《はな》れざる要領《えうりやう》を失《うしな》ひ、體外《たいぐわい》に兩手《りやうて》を伸《の》ばす時《とき》は、竹刀《しなひ》は全《まつた》く死《し》物《ぶつ》となつて活動《くわつどう》が出來《でき》なくなります。練習者《れんしふしや》は此《こ》の竹刀《しなひ》の死活《しくわつ》を工夫《くふう》して、修養《しうやう》することが肝要《かんえう》であります。

第十六節　施技法

(一) 施技の要旨

以上各節《いじやうかくせつ》に於《おい》て、說明《せつめい》せる主要《しゆえう》の力《ちから》を綜合《そうがふ》し、此《こ》れを活動《くわつどう》の基礎《きそ》として、漸次《ぜんじ》技を施《ほどこ》すことを練習《れんしふ》するのであります。

先《ま》づ技《ぎ》を施《ほどこ》すときは、敵《てき》の陣容《じんよう》の大勢《たいせい》を見《み》て、其隙《そのすき》あると思惟《しゐ》する處《ところ》に、一手每《ひとてごと》に心《こゝろ》して打《う》ち込《こ》み、突《つ》き入《い》るのであります。練習者《れんしふしや》の中《なか》には無頓着《むとんちやく》で無暗矢鱈《むやみやたら》の亂《らん》擊《げき》を遣《や》るものがありますが、斯《かゝ》る練習《れんしふ》は趣味《しゆみ》もなく又幾《またいく》千度《たび》練習《れんしふ》するも、決《けつ》して上《じやう》達《たつ》すべきものでありませぬ。打《う》ち込《こ》む前《まへ》に彼我《ひが》の距離《きより》を取《と》り、敵《てき》の構《かま》への全局《ぜんきよく》の形《けい》勢《せい》を觀《み》て、初《はじ》めて技《わざ》を應用《おうよう》するのであります。而《しか》して距離《きより》とは剣道《けんだう》にては間合《まあひ》と申《まを》しまして、彼我《ひが》戰略上《せんりやくじやう》、敵《てき》が極《きよ》めて痛痒《つうやう》を感《かん》ずる處《ところ》であります。又此間隙《またこのかんげき》あるときは、直《たゞち》に踏《ふ》み込《こ》んで彼《か》れを制《せい》するに便《べん》なる要處《えうしよ》であります。死活《しくわつ》の決《けつ》する地點《ちてん》は此間合《このまあひ》にあるのでありますから、常《つね》に注意《ちうい》することが肝要《かんねう》であります。

故《ゆゑ》に間合《まあひ》を成《な》る可《べ》く離《はな》して、試合《しあひ》を始《はじ》めれば、敵《てき》が容易《ようい》に侵《をか》す能《あた》はざる根據《こんきよ》を作《つく》り、敵《てき》の陣容《ぢんよう》を壓迫《あつぱく》して其自由《そのじいう》を拘束《かうそく》し、或《あるひ》は防《ふせ》ぎ、或《あるひ》は押《おさ》へ、敵全體《てきぜんたい》の歩調《ほてう》を紊《みだ》さしめ、而《しか》して渾身《こんしん》の勇《ゆう》を奮《ふる》つて突撃《とつげき》し、又《また》は追撃《つゐげき》して勝《かち》を制《せい》するのであります。

又《また》は敵《てき》が堅固《けんご》に守《まも》つて居《ゐ》るときは、右《みぎ》へ展開《てんかい》して左《ひだり》を失《うしな》はしめ、我《わ》が打《う》ち込《こ》むに絶《ぜつ》好《かう》の位置《ゐち》とするが宜《よろ》しい。最初《さいしよ》の施技法《しぎはふ》は極《きは》めて簡單《かんたん》を要《えう》し、而《し》かも突撃《とつげき》を主《しゆ》として練習《れんしふ》するを第《だい》一とします。而《しか》して一突《とつ》一撃《げき》を正確《せいかく》に行《おこな》ひ秩序正《ちつじよたゞ》しく練習《れんしふ》して、はじめて種々《しゆ〴〵》の方法手段《はうはふしゆだん》を應用《おうよう》し活用《くわつよう》せしむることが出來《でき》るのであります。

（二）刺撃のこと

(1)上段《じやうだん》より面《めん》を打《う》つこと。(2)上段《じやうだん》より甲手《こて》を打《う》つこと。(3)竹刀《しなひ》を摺《す》り上《あ》げて面及《めんおよび》甲手《こて》を打《う》つこと。(4)構《かま》へより伸《の》びて面《めん》を打《う》つこと。(5)受《う》け返《かへ》して面又《めんまた》は甲手《こて》、胴《どう》を打《う》つこと。(6)差《さ》し面《めん》を打《う》つこと。(7)片手横面《かたてよこめん》を打《う》つこと。(8)片手《かたて》突《つき》を突《つ》くこと。(9)諸手《もろて》横面《よこめん》を打《う》つこと（但《たゞ》し左右《さいう》）。(10)返《かへ》し面《めん》を打《う》つこと。(11)摺込《すりこ》みて突《つ》くこと。(12)甲《こ》手《て》より面《めん》を打《う》つこと。(13)右面《うめん》より左横面《ひだりよこめん》を返《かへ》し打《う》つこと。(14)追込《おひこ》みて面及甲手《めんおよびこて》を打《う》つこと。(15)攻《せ》めて甲手《こて》を打《う》つこと。(16)攻《せ》めて突《つ》くこと。(17)攻《せ》めて面《めん》を打《う》つこと。(18)攻《せ》めて返《かへ》し胴《どう》を打《う》つこと。(19)拔《ぬ》き甲手《こて》を打《う》ち或《あるひ》は胴面《どうめん》を打《う》つこと。(20)巻《ま》きて甲手及《こておよび》面《めん》を打《う》つこと。(21)刀《かたな》を摺《す》り落《おと》し突《つ》くこと。(22)刀《かたな》を拂《はら》ひて面《めん》を打《う》つこと。(23)刀《かたな》を拂《はら》ひ甲手《こて》を打《う》つこと。

（三）刺撃の説明

(1)頭上《づじやう》より眞直《まつすぐ》に面《めん》を打《う》つ、此時《このとき》は充分兩手《じうぶんりやうて》を前方《ぜんぽう》に伸《のば》し、兩足《りやうあし》を踏《ふ》み込《こ》みて業《わざ》を施《ほどこ》すべし。

(2)竹刀《しなひ》の尖《さ》きを敵《てき》の中結《なかいはひ》の處《ところ》へ入《い》れ、敵刀《てきたう》の腹《はら》を摺《す》り込《こ》みて眞直《まつすぐ》に甲手《こて》を打《う》つ。

(3)刀尖《たうせん》を敵手《てきしゆ》に入《い》れ、敵《てき》の刀腹《たうふく》を我刀腹《わがたうふく》にて、下《した》より上《うへ》に摺《す》り上《あ》げ、素早《すはや》く眞直《まつすぐ》に下《おろ》し打《う》つこと。この時《とき》兩手《りやうて》は伸《の》ばすを良《よ》しとす。

(4)間合《まあひ》の刀尖《たうせん》より敵刀《てきたう》に摺《す》り込《こ》んで面《めん》を打《う》つ。

(5)敵《てき》の斬擊《ざんげき》に對《たい》し、我《われ》は竹刀《しなひ》を斜《ななめ》に上《あ》げ、勢刀《いきほひかたな》を上《うへ》に拂《はら》つて力《ちから》を拔《ぬ》き、敵手《てきしゆ》の兩《りやう》手《て》を頭上《づじやう》に上《あ》げるや、刀《かたな》を返《かへ》して胴《どう》を打《う》つ。

(6)敵《てき》の刀腹《たうふく》へ摺《す》り込《こ》みて前伸《まへのび》して打《う》つこと。

(7)竹刀《しなひ》は斜《ななめ》に下《おろ》して打《う》ち、兩手《りやうて》は左手《さしゆ》一手《ひとて》にて柄元《ねもと》を握《にぎ》り、右手《うしゆ》を離《はな》す。進《すゝ》むときは左足《さそく》を出《だ》し、退《しりぞ》くときは右足《うそく》を引《ひ》き、而《しか》して全體《ぜんたい》は左半身《ひだりはんしん》とす。

(8)左拳《さけん》に最《もつと》も力《ちから》を入《い》れ、全手《ぜんしゆ》を前方《ぜんほう》に伸《の》ばして突《つ》くこと。

(9)諸手上段《もろてじやうだん》より右面《うめん》を打《う》ち、敵《てき》の防拂《ばうふつ》するや其力《そのちから》を利用《りよう》して左横面《ひだりよこめん》に打返《うちかへ》すこと。

(10) 敵《てき》の面《めん》を打《う》ち來《く》るとき、竹刀《しなひ》を斜《なゝめ》に上《あ》げ、敵《てき》の斬撃《ざんげき》を受《う》け、直《たゞち》に斜《なゝめ》に刀《かたな》を返《かへ》して左横面《ひだりよこめん》を打《う》つ。

(11) 間合《まあひ》より竹刀《しなひ》を下《した》へ摺《す》り崩《くづ》し、敵《てき》の構《かまへ》亂《みだ》るゝや直《たゞち》に前伸《まへのび》して突《つ》くこと。

(12) 間合《まあひ》より刀尖《たうせん》を摺《す》り込《こ》み、甲手《こて》を打《う》ち、甲手《こて》斬撃《ざんげき》したる反動《はんどう》にて前方《ぜんぱう》に兩手《りやうて》を伸し面《めん》を打《う》つ。

(13) 頭上《づじやう》に上《あ》げたる竹刀《しなひ》を右斜面《うしやめん》に下《おろ》し、直《たゞち》に左《ひだり》へ廻旋《くわいせん》して横面《よこめん》を打《う》つ。

(14) 竹刀《しなひ》を押《お》し、敵《てき》の退却《たいきやく》したるときは、面《めん》又《また》は甲手《こて》に摺《す》り込《こ》みて打《う》つ。

(15) 敵《てき》の竹刀《しなひ》の左方《さはう》を押《お》し、敵下《てきした》より上《うへ》に押《お》し或《あるひ》は拂《はら》ふときは、眞直《まつすぐ》に甲手《こて》を打《う》つ。

十六、十七の場合《ばあひ》は十五の要領《えうりやう》にて敵《てき》の應《おう》ずるや、其反對《そのはんたい》の方向《はうかう》より突《つ》き、又《また》は眞《しん》面《めん》を打《う》つ。

(18) 我《われ》の攻《せ》め入《い》らんとするとき、敵我《てきわれ》に先《さき》んじて面《めん》に打《う》ち來《く》るときは、竹刀《しなひ》を斜《なゝめ》に上《あ》げ直《たゞち》に斬撃《ざんげき》を施《ほどこ》す。

(19)敵《てき》の面《めん》を打《う》ち來《く》るとき、又《また》は突《つ》き來《く》るときは、左右《さいう》に體《たい》を横《よこ》の方向《はうかう》に交《か》はし、胴《どう》を打《う》つこと、甲手《こて》に打《う》ち來《く》るときは、體《たい》を斜方向《しやはうかう》へ引《ひ》き、竹刀《しなひ》を頭上《づじやう》に上《あ》げ、直《たゞち》に面又《めんまた》は甲手《こて》を打《う》つ。

(20)敵《てき》の攻《せ》め或《あるひ》は甲手突《こてつ》きに來《く》るときは、我《われ》は構《かま》への儘《まゝ》竹刀《しなひ》を旋圓《せんゑん》し、敵刀《てきたう》を卷《ま》き落《おと》し、敵手《てきしゆ》の攻撃《こうげき》を誤《あやま》るに乘《じよう》じて甲手《こて》又《また》は面《めん》を打《う》つ。

(21)敵《てき》の甲手《こて》を打《う》ち來《きた》るときは構《かま》への儘《まゝ》にて拂《はら》ひ竹刀《しなひ》を返《かへ》しつゝ敵《てき》の甲手《こて》を打《う》つ。

(22)敵《てき》の面《めん》に來《く》るとき、其竹刀《そのしなひ》を上《うへ》に受《う》け、直《たゞち》に返《かへ》して面《めん》を打《う》つこと。

(23)敵《てき》の攻め或《あるひ》は竹刀《しなひ》を押《おさ》へ來《きた》るときは甲手《こて》を打《う》つ。

以上《いじやう》の形式《けいしき》を心《こゝろ》に修得《しうとく》し、體《たい》に慣《な》れるときは、竹刀《しなひ》と心《こゝろ》と一致《ち》して働《はたら》くことを了解《れうかい》し、自《おの》づと工夫《くふう》の域《ゐき》に進《すゝ》み、機《き》に應《おう》じ時《とき》に變《へん》じ、自發的業《じはつてきわざ》を施《ほどこ》し得《う》るやうになるのであります。

第八章　戰法の有利

第一節　刺撃の理解

(一)綽《はね》。敵《てき》の面《めん》を遠間《とほま》より打《う》ち來《く》るときは、竹刀《しなひ》を圖《づ》の如《ごと》くこの斜《なゝめ》にし、上《うへ》に敵刀《てきたう》を綽《は》ねて其斬撃《そのざんげき》を防《ふせ》ぎ、胴《どう》を打《う》つこと。

(二)敵《てき》が面又《めんまた》は甲手《こて》を打《う》ち來《く》る時《とき》は、右又《みぎまた》は左側面《さそくめん》へ綽《は》ね、甲手《こて》又《また》は面《めん》を打《う》つこと。

(三)敵《てき》が横面《よこめん》を打《う》つときは、竹刀《しなひ》を堅立《けんりつ》として綽《は》ね、面又《めんまた》は甲手《こて》を打《う》つこと、堅立《りつ》の竹刀《しなひ》とは圖《づ》の如《ごと》き形状《けいじやう》であります。

(四)流《なが》し。敵《てき》が面《めん》に飛《と》び込《こ》み來《く》るとき、即《すなは》ち面打《めんう》ちのときは、斜《なゝめ》に體《たい》を變《へん》じて敵刀《てきたう》は流《なが》れて空《くう》を打《う》つ。此時逆胴右胴又《このときぎやくどうみぎどうまた》は面《めん》を打《う》つこと。

(五)切《き》り落《おと》し。敵《てき》が刀《かたな》を斬撃《ざんげき》に來《く》るとき、我《わ》が體《たい》を後方《こうはう》に引《ひ》き、敵《てき》の刀《かたな》のはづれて下《した》に落《お》つるや斜方向《なゝめはうかう》に切《き》るが如《ごと》く、敵刀《てきたう》を打《う》ち落《おと》し、横面眞面甲手《よこめんしんめんこて》突《つ》き何《いづ》れの業《わざ》にても施《ほどこ》すこと。

(六)摺《す》り込《こ》み。敵手《てきしゆ》の氣《き》の急《いそ》ぐとき、或《あるひ》は躊躇《ちうちよ》する形《かたち》のときは、面及甲手《めんおよびこて》に突《つ》きに摺《す》り込《こ》み、構《かま》へより直《たゞち》に伸《の》びて業《わざ》を施《ほどこ》すこと。

(七)突《つ》き當《あ》て。敵《てき》が業《わざ》を施《ほどこ》して竹刀《しなひ》を板《いた》の間《ま》に突《つ》き當《あ》て、體《たい》の崩《くづ》るゝに乘《じよう》じ業《わざ》を施《ほどこ》すこと。

(八)敵《てき》が刀尖《たうせん》を下《した》に下《さ》げて我《わ》れに來《く》るときは、體《たい》を横《よこ》に開《ひら》き、右横面《みぎよこめん》又《また》は突《つ》きを施《ほどこ》すこと。

(九)小斜《せうしや》。敵《てき》が攻《せ》め來《きた》つて我《わ》が尖内《せんない》に入《い》るとき、其竹刀《そのしなひ》右《みぎ》なるときは左《ひだり》へ、左《ひだり》なるときは右《みぎ》へ、竹刀《しなひ》を斜《なゝめ》に開《ひら》いて、其勢力《そのせいりよく》を防《ふせ》ぎ、直《たゞち》に竹刀《しなひ》を返《かへ》して業《わざ》を施《ほどこ》すこと。

(十)敵《てき》と接近《せつきん》し、敵《てき》の甲手《こて》又《また》は面《めん》を打《う》つときは、敵《てき》の防拂《ばうふつ》しつゝ退却《たいきやく》する時又《ときまた》は敵《てき》の押《お》し來《く》るときには、敵刀《てきたう》の力《ちから》を利用《りよう》し、竹刀《しなひ》を大斜《たいしや》に返《かへ》し、敵《てき》の刀力《たうりよく》を避《さ》けて横面《よこめん》を打《う》つこと。

（十一）敵刀《てきたう》を下《した》に押《お》し、敵之《てきこ》れに應《おう》じて、我刀《わがたう》を拂《はら》ふときは、其拂《そのはら》ふ業《わざ》を利用《りよう》し引《ひ》き返《かへ》して甲手面《こてめん》又《また》は突《つ》きを施《ほどこ》すこと。

（十二）敵《てき》を攻《せ》めるとき、敵我竹刀《てきわがしなひ》に應《おう》じて防《ふせ》がんとするときは、或《あるひ》は摺り込《こ》み、或《あるひ》は返《かへ》して業《わざ》を施《ほどこ》すこと。

（十三）右面《うめん》を打《う》つに、敵《てき》が之《これ》を防《ふせ》ぎたるときは、左胴《ひだりどう》又《また》は左面《さめん》を打《う》つこと。

（十四）敵《てき》の打《う》ち込《こ》みを摺《す》り上《あ》げ、拂《はら》ひ防《ふせ》ぎて打《う》つこと。而《しか》して左側面《さそくめん》のときは面《めん》に、右側面《うそくめん》なるときは甲手《こて》又《また》は面《めん》を打《う》つこと。

（十五）敵《てき》の防拂《はうふつ》せんとして手《て》を上《あ》げたるとき、接觸《せつしよく》のときは胴面《どうめん》、間合《まあひ》なれば各《かく》種《しゆ》の業《わざ》を隨意《ずゐい》に施《ほどこ》すこと。

（十六）敵《てき》に甲手《こて》を防拂《はうふつ》せられたるときは、下《した》より竹刀《しなひ》を返《かへ》して面《めん》を打《う》つこと。

（十七）敵《てき》が竹刀《しなひ》を堅立《けんりつ》としたるときは、刺擊防拂《しげきはうふつ》を厭《いと》はず、直《たゞち》に突《つ》き面胴《めんどう》の業《わざ》を施《ほどこ》すこと。

(十八)敵《てき》の攻守《こうしゅ》のときは、孤立《こりつ》したる狀態《じやうたい》なれば、若《も》し面《めん》又《また》は摺《す》り上《あ》げ甲手《こて》或《あるひ》は竹刀《しなひ》を卷《ま》き落《おさ》して突《つ》くこと。

(十九)敵《てき》の面右左《めんみぎひだり》に打《う》ち、敵《てき》の防拂《ほうふつ》するときは、胴《どう》を打《う》つこと。

(二十)右面眞直面《うめんしんちよくめん》を受《う》け拂《はら》ひ、逆胴又《ぎやくどうまた》は左胴《さどう》を打《う》つこと。

(廿一)敵打《てきう》たんとして進《すゝ》むとき、又《また》は構《かま》へて守《まも》るときは、竹刀《しなひ》を卷《ま》き落《おさ》して突《つ》くこと。

(廿二)甲手《こて》を打《う》ち來《く》るとき、卷《ま》き落《おさ》して突《つ》くこと。

(廿三)甲手《こて》を打《う》ち敵《てき》の防《ふせ》ぐや、竹刀《しなひ》を左《ひだり》へ廻《まは》して突《つ》き、竹刀《しなひ》を押《お》しつゝ業《わざ》を施《ほどこ》すこと、

(廿四)甲手《こて》を打《う》ち敵《てき》の防《ふせ》ぐや、右《みぎ》を引《ひ》きて右横面《みぎよこめん》を打《う》つこと。

(廿五)中段《ちうだん》にて攻《せ》め、敵之《てきこ》れに應《おう》ずるときは、摺《す》り上《あ》げ甲手《こて》を打《う》つこと。

(廿六)敵《てき》の右側面《うそくめん》より攻《せ》め、敵之《てきこ》れに應《おう》ずるとき、又甲手《またこて》を右側面《うそくめん》に攻《せ》むるとき

は、突《つ》き又《また》は面《めん》の業《わざ》を施《ほどこ》すこと。

(廿七)敵《てき》の守勢《しゆせい》のときは、竹刀《しなひ》を摺《す》り落《おと》し、突《つ》き又《また》は面甲手《めんこて》を打《う》つこと。

(廿八)敵《てき》の面《めん》に打《う》ち來《く》るときは、體《たい》を右斜《みぎなゝめ》に開《ひら》きて逆胴《ぎやくどう》を打《う》つこと。

(廿九)敵《てき》が刀尖《たうせん》を押《お》すときは、直《たゞち》に業《わざ》を行《おこな》ふこと。
(三十)敵《てき》が刀尖《たうせん》を我刀《わがかたな》に着《つ》け來《く》るときは、卷《ま》き落《おと》して甲手《こて》を打《う》つこと。
(卅一)敵《てき》の體當《たいあた》りのときは、體《たい》を左方向《さはうかう》に變《へん》じ、體力《たいりよく》を避《さ》けて面《めん》を打《う》つこと。

(卅二)敵《てき》の足摺《あしず》りのときは、體當《たいあた》りにて防《ふせ》ぎ、面《めん》を打《う》つこと。

(卅三)敵《てき》の體崩《たいくづ》れて自《おのづか》ら倒《たふ》れるときは、斬擊《ざんげき》を施《ほどこ》すこと。

(卅四)敵《てき》を攻《せ》め、敵《てき》の退却《たいきやく》するときは追込《おひこ》み面甲手《めんこて》を施《ほどこ》すこと。

(卅五)敵鍔《てきつば》せり合《あ》ひするときは、體《たい》を斜《なゝめ》に變《へん》じ、敵《てき》の右手《うしゆ》を綽《は》ね、敵《てき》の押《お》す力《ちから》を避《さ》けて、面《めん》を打《う》つこと。

以上《いじやう》の內《うち》、體《たい》の崩《くづ》れたるとき、竹刀《しなひ》を拂《はら》はれたるとき、卷《ま》き落《おと》されたるとき、摺《す》り拂《はら》はれたるとき、正《たゞ》しき陣形《ぢんけい》を失《うしな》ふときは之《こ》れを死地《しち》と云《い》ふ。以上《いじやう》の妙手《めうしゆ》を研究《けんきう》し、敵《てき》に先《さき》んじ各種《かくしゆ》の技《ぎ》を間斷《かんだん》なく連絡《れんらく》するときは、我業《わがわざ》を堅固《けんご》とするのみならず敵《てき》の氣《き》を奪《うば》ひ、威勢《ゐせい》を漲《みなぎ》し、遂《つひ》に敵《てき》を倒《たふ》すことが出來《でき》るのであります。

第二節　悪　弊

（一）手《て》を引《ひ》き上體《じやうたい》を圓《まる》くして打《う》つこと。
（二）左足《さそく》の膝《ひざ》を折《を》り趾先《ゆびさき》を外方《ぐわいはう》に向《む》けること。
（三）竹刀《しなひ》を横《よこ》に振《ふ》ること。
（四）敵《てき》の打《う》ち來《く》るとき刀尖《たうせん》を上《あ》げること。
（五）面《めん》を打《う》ち込《こ》むとき左《ひだり》の肘《ひぢ》を肩上《けんじやう》に上《あ》げること。
（六）刀《かたな》をふら〳〵さすこと。
（七）業《わざ》の仕《し》掛《かけ》同《どう》一なるときは先《さき》んぜぬこと。

(八)接觸《せつしよく》したる處《ところ》より業《わざ》を施《ほどこ》すとき足《あし》を引《ひ》かざること。

(九)攻防業《こうはうわざ》を施《ほどこ》すには甲手面《こてめん》の打《う》ち方《かた》を完全《くわんぜん》に熟練《じゆくれん》すること。

(十)手《て》を頭上《づじやう》に或《あるひ》は前方《ぜんはう》に伸《のば》すこと。(此時《このとき》は體《たい》が浮《う》いて押《お》す力《ちから》となりて連續《れんぞく》して業《わざ》を施《ほどこ》すに困難《こんなん》となる)

(十一)攻《せ》むるに敵《てき》の先《さき》を乘《じよう》ぜぬこと。

(十二)敵《てき》の攻勢《こうせい》に出《い》づると同時《どうじ》に刺擊《しげき》を施《ほどこ》すこと。

(十三)敵《てき》を攻《せ》め敵之《てきこれ》に應《おう》じて攻《せ》め返《かへ》し來《く》るときは刺擊《しげき》を施《ほどこ》さぬこと。

(十四)敵《てき》に押《おさ》へられたるときは刺擊《しげき》を施《ほどこ》すこと。

(十五)敵《てき》の打《う》ち來《く》るを待《ま》つて打《う》つこと。

(十六)敵《てき》と接觸《せつしよく》して互《たがひ》に攻勢《こうせい》を取《と》るときは體當《たいあた》り及足搦《およびあしがらみ》してすること。

(十七)竹刀《しなひ》を拂《はら》はれたるときは斜又《なゝめまた》は橫《よこ》に竹刀《しなひ》を開《ひら》くこと。

(十八)甲手面《こてめん》を打《う》ちて直《たゞち》に靑眼《せいがん》となること。

(十九)鍔《つば》ぜり合《あ》のとき無理《むり》に斬撃《ざんげき》を施《ほどこ》すこと。
(二十)見定《みさだ》めないで進《すゝ》むこと。
(廿一)攻《せ》め防《ふせ》ぎの目的《もくてき》を達《たつ》し然《しか》る後敵《のちてき》を打《う》たぬこと。
(廿二)敵《てき》の働《はたら》きを察知《さつち》し未發《みはつ》に業《わざ》を施《ほどこ》さぬこと。
(廿三)竹刀《しなひ》の働《はたら》きに手《て》の定《さだ》まらぬこと。
(廿四)各種《かくしゅ》の業《わざ》により足踏《あしぶ》みの變化《へんくわ》なきこと。
(廿五)敵《てき》を攻《せ》むるに當《あた》り我《わ》が陣形《ぢんけい》を崩《くづ》すこと。
(廿六)各技《かくぎ》を行《おこな》ふに心身《しんく》に碍滯《がいたい》あること。
(廿七)發聲《はつせい》を掛《か》けぬこと。
(廿八)氣《き》を拔《ぬ》くこと。

第三節　斯くして業を施せ

(一)手《て》を引《ひ》いて打《う》つといふのは、敵《てき》と接觸《せつしよく》した場合《はあひ》は手《て》が伸《の》びないから、手《て》を引《ひ》く間合《まあひ》から打《う》つので、又足《またあし》の踏《ふ》みの足《た》らざる場合《はあひ》は上體《じやうたい》のみ伸《の》びるから自然《しぜん》手《て》を引《ひ》くのであります。此手《このて》を引《ひ》くときは完全《くわんぜん》に業《わざ》を施《ほどこ》すことが出來《でき》ませぬ。故《ゆゑ》に接觸《せつしよく》したるときは足《あし》を引《ひ》き體《たい》を離《はな》し手《て》を働《はたら》かすのであります、又打《またう》ち出《だ》すときは足《あし》を先《ま》づ踏《ふ》み込《こ》み同時《どうじ》に手《て》を充分伸《じうぶんの》ばすと落《お》ち着《つ》いて打《う》てるのであります。

(二)左足《さそく》は膝《ひざ》を伸《のば》し、且內方《かつないはう》に入《い》れて右足先《うそくさき》の方向《はうかう》と同《どう》一にし、屈折《くつせつ》は矢張《やはり》右足《そく》と平均《へいきん》に自然《しぜん》にすること。

(三)構《かま》へて居《を》るとき竹刀《しなひ》の刀尖《たうせん》を斜《なゝめ》や横《よこ》に崩《くづ》すと敵《てき》に破《やぶ》られ易《やす》く、攻《せ》められ易《やす》い陣形《ぢんけい》となるから、青眼《せいがん》を崩《くづ》さぬ樣《やう》に努力《どりよく》して進退《しんたい》することが肝心《かんじん》であります。

(四)敵《てき》が業《わざ》を施《ほどこ》すとき、例《たと》へば面甲手突《めんこてつ》きのとき、此業《このわざ》に心《こゝろ》をくばると、刀尖《たうせん》が變動《へんどう》をするために破《やぶ》られ、遂《つひ》に面甲手突《めんこてつき》を施《ほどこ》されて負《ま》けるから構《かま》へたるときは絕《た》えず構《かまへ》を正《たゞ》しくしなければなりません。中段《ちうだん》となつて攻《せ》め、要害堅固《えうがいけんご》に維持《ゐぢ》し、若《も》し敵《てき》の隙《すき》あらば敵《てき》の形状《けいじやう》に關《かゝは》らず敵《てき》に先《さき》んじて續《つゞ》け打《う》ちに力戰奮鬪《りきせんふんとう》し、敵《てき》が退却《たいきやく》したならば意氣衝天《いきしようてん》の勢《いきほひ》を以《もつ》て進擊《しんげき》するのであります。

（五）左右《さいう》の面《めん》を打《う》つときは左右手《さいうて》の握《にぎ》りを內方《ないはう》に絞《し》めて打《う》てば全體《ぜんたい》も自《おのづか》ら絞《し》まり、竹刀《しなひ》に力《ちから》を與《あた》へ、且《か》つ打《う》ち下《おろ》しも定《き》まるのであります。

（六）刀《かたな》がふら〳〵して力《ちから》のないのは敵《てき》に應《おう》ずる力《ちから》を失《うしな》ふので敵《てき》の爲《た》めに挾擊《けふげき》を蒙《かうむ》り死地《しち》に陷《おちい》ることゝなります。又辛《またから》うじて逃《のが》れることが出來《でき》ても追擊《ついげき》を受《う》けて何等《なんら》爲《な》す所《ところ》を知《し》らざるに至《いた》るものでありますから、構《かま》へた手《て》に力《ちから》を與《あた》へ、徒《いたづ》らに竹刀《しなひ》を動《うご》かさざることに努《つと》めなければなりませぬ。

（七）業《わざ》の仕掛《しか》けが同《ごう》一なるとき刺擊《しげき》の業《わざ》を施《ほどこ》させて敵《てき》の刺擊《しげき》を押《おさ》へ、或《あるひ》は防《ふせ》ぎ、敵《てき》の刺擊《しげき》に疲《つか》れたるとき猛進《まうしん》すること。

（八）敵《てき》と接觸《せつしよく》し、敵攻勢《てきこうせい》の時《とき》は飽《あ》く迄之《までこれ》に應《おう》じ敵手《てきしゆ》の力《ちから》を避《さ》けて刺擊《しげき》を防《ふせ》ぎ、敵《てき》の退却《たいきやく》せんとする意圖《いと》あるときは、直《たゞち》に打《う》ち返《かへ》して業《わざ》を施《ほどこ》すこと。

(九)各種《かくしゆ》の業《わざ》を施《ほどこ》すは眞面《しんめん》を打《う》つことが大切《たいせつ》で、此《こゝ》に始《はじ》めて全身《ぜんしん》が竹刀《しなひ》と一致《ち》して、業《わざ》を完全《くわんぜん》に施《ほどこ》せるものでありますから先《ま》づ眞直《まつすぐ》に面打《めんう》ちを練習《れんしふ》することが何《なに》より大切《たいせつ》であります。徒《いたづ》らに業《わざ》を施《ほどこ》すは上達《じやうたつ》の要路《えうろ》を失《うしな》ふ所以《ゆゑん》であります。

(十)手《て》を頭上及前方《づじやうおよびぜんぱう》に伸《の》ばし過《す》ぎて棒《ぼう》の如《ごと》きは、力《ちから》が一局部《きよくぶ》に偏《へん》しますから、打《う》ち込《こ》むに難《かた》く、防《ふせ》ぐも攻《せ》むるも突《つ》くも共《とも》に困難《こんなん》であります。敵《てき》から攻撃《こうげき》を受《う》けるときは上體《じやうたい》に力《ちから》を集注《しふちう》し交々《こもごも》敵《てき》の追撃《ついげき》を受《う》けて防禦《ばうぎよ》をも施《ほどこ》し得《え》ざるに至《いた》るのであります。故《ゆゑ》に肩《かた》を落《おと》し手《て》は自然《しぜん》の屈折《くつせつ》を保持《ほぢ》し體《たい》の働《はたら》きと同時《どうじ》に弓張《ゆみはり》の如《ごと》き形状《けいじやう》に伸《のば》すのであります。

(十一)敵《てき》の攻《せ》め來《く》るときは刀《かたな》を崩《くづ》し、敵《てき》の進《すゝ》み來《く》るとき我《われ》は之《こ》れを顧《かへり》みずして妄《みだ》りに敵手《てきしゆ》に入《はひ》るは却《かへつ》て大敗《たいはい》を招《まね》くに至《いた》るのであります。無謀無法《むぼうむはふ》を以《もつ》て力戰《りきせん》するは兵法《へいはふ》の嫌《きら》ふ所《ところ》であります。されば先《ま》づ進退《しんたい》の利害《りがい》を知《し》り業《わざ》を施《ほどこ》す得失《とくしつ》を辨《わきま》へ、敵《てき》の攻勢《こうせい》のときは一層《そう》之《こ》れを攻《せ》め返《かへ》し堅《かた》く守《まも》り敵《てき》の退却《たつきやく》して體形《たいけい》の崩《くづ》るゝときは直《たゞち》にわが陣容《ぢんよう》を整《とゝの》へ干戈《かんくわ》を交《まじ》へて敵守《てきしゆ》を侵《をか》し、敵《てき》の防《ふせ》ぐに汲々《きふ〳〵》たるときは、其機《そのき》を失《うしな》はず渾身《こんしん》の勇《ゆう》を奮《ふる》つて突入《とつにふ》するのであります。

(十二)敵攻勢《てきこうせい》に出《い》づるときは堅體《けんたい》であるから、徒《いたづ》らに刺撃《しげき》をして突入《とつにふ》するときは却《かへつ》て連絡《れんらく》を斷《た》たれ、敵《てき》に壓倒《あつたう》せらるゝ因《もと》となるものであります。されば無暗《むやみ》に己《おの》れを忘《わす》れて侵入《しんにふ》するは實《じつ》に無謀《むぼう》で甚《はなは》だよくない。先《ま》づ敵《てき》を誘《さそ》ひ挾撃《けふげき》の策《さく》を取《と》り、敵《てき》が恐《おそ》れて之《これ》を防《ふせ》ぎ或《あるひ》は退却《たいきやく》して體《たい》の崩《くづ》れるのを待《ま》つて猛進對抗《まうしんたいかう》し、然《しか》る後追撃突入《のちつゐげきとつにふ》することが肝心《かんじん》です。

(十三)敵《てき》を攻《せ》めるのは敵《てき》の裏《うら》を掻《か》き、又《また》は敵《てき》をして我《わ》が術中《じゆつちう》に陥《おとしい》れるの策《さく》でありますから、敵《てき》が應《おう》じて刀《かたな》を押《お》し或《あるひ》は拂《はら》ひ或《あるひ》は攻《せ》め竹刀《しなひ》を變化《へんくわ》するときは、我《われ》は攻《せ》め手《て》を放委《はうゐ》し左《ひだり》に轉《てん》じて刺撃《しげき》を施《ほどこ》し、敵若《てきも》し之《こ》れを防禦《はうぎよ》すれば、直《たゞち》に轉《てん》じて右《みぎ》を突撃《とつげき》し、左右《さいう》より刺撃《しげき》を連絡《れんらく》して肉薄《にくはく》し敵《てき》を挾撃《けふげき》するのであります。

(十四)自分《じぶん》が危地《きち》に陥《おちい》りつゝある時《とき》に敵《てき》を壓迫《あつぱく》して打《う》たうとするのは所謂藪《いはゆるやぶ》をつ

ついて蛇《へび》を出《だ》す所以《ゆゑん》であるから敵《てき》が押《お》さへて拂《はら》ふときは、我《われ》も押《おさ》へて之《これ》を拂《はら》はなければなりません。如何《いか》に敵《てき》の强烈《きやうれつ》なる押《お》し拂《はら》ひの業《いざ》も我《われ》の防備《はうび》怠《おこた》らざるときは自然《しぜん》に敵《てき》の陣容《ぢんよう》を崩《くづ》すものであります。故《ゆゑ》に己《おのれ》は防備《はうび》を以《もつ》て陣形《ぢんけい》を固《かた》めつゝ奮戰突擊《ふんせんとつげき》すべきことが肝要《かんえう》であります。

(十五)唯防禦《たゞばうぎよ》にばかり拘泥《かうでい》するときは、必《かなら》ず陣容《ぢんよう》、刺擊《しげき》の業《わざ》に缺陷《けつかん》を生《しやう》ずるがために己《おのれ》の欲《ほつ》する技《ぎ》を奪《うば》はれ敵《てき》の跋扈跳梁《ばつこてふれう》に委《ゐ》するの止《や》むなき破目《はめ》となります。故《ゆゑ》に受《う》けるとか守《まも》ると云《い》ふは眞《しん》に賢《かしこ》い策《さく》でないので飽《あ》く迄敵《までてき》に先《さき》んじて侵略《しんりやく》し、活動《くわつどう》を擴張《くわくちやう》して攻勢《こうせい》に出《で》ねばなりません。故《ゆゑ》に受《う》けは敵勢《てきせい》を遮《さへぎ》り、或《あるひ》は竹刀《しなひ》を凌《しの》ぎ、或《あるひ》は不意《ふい》を拂《はら》ふ補《おぎな》ひに過《す》ぎないのであると心得《こゝろえ》て敵《てき》を絕對《ぜつたい》に念頭《ねんとう》に置《お》かぬ方《はう》がよいのであります。卽《すなは》ち敵《てき》に先《さき》んじて敵《てき》を制《せい》すること、之《こ》れ實《じつ》に劍術《けんじゆつ》の本義《ほんぎ》とする所《ところ》であります。

(十六)敵《てき》を撓《たふ》さんとして敵《てき》の防守《はうしゆ》强固《きやうこ》なるに向《むか》つて、徒《いたづ》らに體當足搦《たいあたりあしがら》みを施《ほどこ》して侵略《しんりやく》せんとするのは、無謀《むぼう》であります。却《かへつ》て之《こ》れが爲《た》め瓦壞《ぐわくわい》を生《しやう》ずることが往々《わう〱》にしてありますから、此時《このとき》は攻勢《こうせい》を取《と》り、堅固《けんご》なる陣形《ぢんけい》を保留《ほりう》して後機《のちき》を窺《うかゞ》ふが良策《りやうさく》であります。即《すなは》ち敵《てき》が若《も》し刺擊《しげき》を施《ほどこ》し來《く》るときは直《たゞち》に其侵入《そのしんにふ》を防《ふせ》いで突擊《とつげき》に變化《へんくわ》するのであります。尙此時《なほこのとき》に敵《てき》の甲手《こて》を擊《う》ち敵《てき》の防《ふせ》がんとするときは侵入《しんにふ》して右面《うめん》を打《う》ち、直《たゞち》に胴《どう》を打《う》つのであります。又接近《またせつきん》して刀《かたな》を押《お》し合《あ》ふときは敵《てき》を利用《りよう》して體《たい》を斜《なゝめ》に開《ひら》き敵《てき》を打破《うちやぶ》るの手《て》もあるのであります。

（十七）竹刀《しなひ》を斜又《なゝめまた》は横《よこ》に開《ひら》くは恰《あだか》も一路《ろ》に進《すゝ》むことを失《うしな》ふが如《ごと》きもので、彼《か》の敵《てき》より壓迫《あつぱく》せられし或《あるひ》は肉薄攻擊《にくはくこうげき》を受《う》くるは實《じつ》に此時《このとき》であります。故《ゆゑ》に敵《てき》の拂《はら》ふときは之《こ》れに應《おう》じ竹刀《しなひ》を下《した》より上《うへ》に廻《まは》して正確《せいかく》なる構《かま》へを失《うしな》はず攻勢《こうせい》を確固《かくこ》ならしむれば敵《てき》は不利《ふり》に陷《おちい》ることとなるのであります。又敵《またてき》の優勢《いうせい》に打《う》ち返《かへ》すときは、直《たゞち》に之《これ》を拂《はら》ひ敵《てき》の活力《くわつりよく》を挫《くじ》き而《しか》も我《わ》が竹刀《しなひ》を崩《くづ》さぬときは自然敵《しぜんてき》の活動《くわつどう》を封鎖《ふうさ》し、同時《どうじ》に刺擊《しげき》を施《ほどこ》すことが出來《でき》るのであります。

（十八）初心者《しよしんしや》の多《おほ》くは勝敗《しようはい》を決《けつ》せんとするに當《あた》り、只無意味《たゞむいみ》に打《う》つことに腐心《ふしん》し一本《ほん》打《う》つてすぐに引《ひ》き上《あ》げることが多《おほ》いが、之《こ》れはまことに不利《ふり》なことでありますされば能《よ》く勝負《しようぶ》の形勢《けいせい》を顧《かへり》み、徒《いたづ》らに一局部《きよくぶ》に力戰奮鬪《りきせんふんとう》することを愼《つゝし》まねばならぬ。即《すなは》ち或《あるひ》は面《めん》を打《う》ち或《あるひ》は甲手《こて》を打《う》ち、何等《なんら》の作戰《さくせん》なく一々構《かま》へに復《ふく》して居《を》つては、幾《いく》千度《たび》心《こゝろ》を勞《らう》するも決《けつ》して上達《じやうたつ》すべきものでないので、劍《けん》の眞技《しんぎ》を會得《ゑとく》せんとするものは、絕《た》えず腦裡《なうり》に右《みぎ》より左《ひだり》、下《した》より上《うへ》、上《うへ》より下《した》に敵《てき》の形勢《けいせい》を顧《かへり》み、技《ぎ》の連絡《れんらく》に心《こゝろ》して、先手《せんて》に出《で》ることに腐心《ふしん》せねばなりません。

（十九）鍔《つは》ぜり合《あひ》や互《たがひ》に打《う》ち合《あ》ふは互《たがひ》に致命傷《ちめいしやう》を與《あた》ふることが出來《でき》ぬ形狀《けいじやう》で、此時《このとき》は如何《いか》に勇《ゆう》を鼓《こ》するも相互《さうご》勝負《しようぶ》なく敵《てき》を侵《をか》すことが出來《でき》ないのであります。故《ゆゑ》に敵《てき》の打《う》つときは防禦《ばうぎよ》に努《つと》め或《あるひ》は敵刀《てきたう》を避《さ》けて我身《わがみ》を要害《えうがい》の地《ち》に置《お》きて業《わざ》を施《ほどこ》すこと尙《なほ》我《われ》より強力《がうりき》の敵《てき》に接近《せつきん》するは破《やぶ》れるの基《もと》たるは自然《しぜん》の理《り》であるから好《この》んで接近《せつきん》するは技《ぎ》の心得《こゝろえ》なき人《ひと》と言《い》はなければなりません。されば飽《あ》くまで近寄《ちかよ》らず防拂《はうふつ》して勝《しよう》負《ふ》を決《けつ》することが大事《だいじ》であります。

(二十)よく見定《みさだ》めないで進《すゝ》むのは、打《う》たれざるときに打《う》たれたり、活《い》くべきときに殺《ころ》されたりするものであります。又此邊《またこのへん》で打《う》ち込《こ》めば刺擊《しげき》することが出來《でき》るなどと一向《かう》見《み》極《きは》めない技《ぎ》を費《つひや》すは、却《かへつ》て敵《てき》に制《せい》せらるゝことゝなるもので、進歩上達《しんほじやうたつ》を期《き》せんと欲《ほつ》せば、攻守防拂刺擊《こうしゆぼうふつしげき》の方法《はうはふ》を考究《かうきう》し、此處《こゝ》は最《もつと》も有利《いうり》であることを見極《みきは》め、敵《てき》の之《こ》れに對《たい》する備《そな》への如何《いかん》を考究《かうきう》し、確實《かくじつ》なる各技《かくぎ》を腦裡《なうり》にしみ込《こ》ましめ、然《しか》る後《のち》に活動《くわつどう》するのであります。されば一本毎《ほんごと》に心《こゝろ》して敵《てき》の全局《ぜんきよく》の形勢《けいせい》を見定《みさだ》め、而《しか》して練習《れんしふ》を積《つ》むときは上達《じやうたつ》は疑《うたが》ひなきものであります。

(二十一)攻《せ》め防《ふせ》ぎは、彼《ひ》我互《たがひ》に構《かまへ》備《そなへ》刺擊《しげき》の根據《こんきよ》を定《さだ》めるのであつて實《じつ》に死活《しくわつ》の岐《わか》るゝ所《ところ》であります。故《ゆゑ》に敵《てき》の堅固《けんご》なる構《かまへ》を攻《せ》め崩《くづ》し、或《あるひ》は防拂《はうふつ》して敵《てき》が勢力《せいりよく》を亂《みだ》したときは其機《そのき》を失《しつ》せず直《たゞち》に其《そ》の弱點《じやくてん》に突入《とつにふ》して刺擊《しげき》を施《ほどこ》すのであります。

(二十二)敵《てき》に對《たい》し變體《へんたい》して構《かま》へるは聊《いさゝ》かなりとも破《やぶ》るゝの基《もと》となります。例《たと》へば敵《てき》の青眼《せいがん》を崩《くづ》すに體《たい》を斜《なゝめ》にし、或《あるひ》は體《たい》を横《よこ》とし、又《また》は敵《てき》の刺擊《しげき》する形狀《けいじやう》を見《み》て、直《たゞち》に體《たい》を屈《くつ》し、青眼《せいがん》の形體《けいたい》を變《へん》ずるが如《ごと》きであります。體《たい》の變《へん》ずる處《ところ》卽《すなは》ち眼力《がんりき》を失《うしな》ひ深《ふか》き思慮《しりよ》をあやまり、遂《つひ》に敵《てき》の術中《じゆつちう》に陷《おちい》ることゝなるのであります。故《ゆゑ》に我《わ》れは正《せい》構《こう》を取《と》り體《たい》を正《たゞ》しくし、若《も》し敵體《てきたい》を崩《くづ》して之《これ》に對《たい》するときは右半身《みぎはんしん》なれば左《ひだり》の方向《はうかう》より攻《せ》め、或《あるひ》は間斷《かんだん》なく進《すゝ》むと共《とも》に業《わざ》を施《ほどこ》し敵《てき》を制《せい》することが肝心《かんじん》です。茲《こゝ》に於《おい》て敵《てき》をして後悔臍《こうくわいほぞ》を噬《か》むも及《およ》ばざる悲慘《ひさん》の最期《さいご》を遂《さ》げしむるのであります。

(二十三)一刀兩斷《たうりやうだん》のとき手《て》がくるへば、斬《き》ること能《あた》はざるは明白《めいはく》なことであります。刺擊《しげき》の眞意《しんい》は所謂敵《いはゆるてき》を倒《たふ》すにあるが、斬《き》ること明《あきら》かならざれば劍《けん》の本質《ほんしつ》を失《うしな》ふもので、只《た》だ叩《たゝ》くのみであります。凡《およ》そ精神《せいしん》を鍛《きた》ふもの先《ま》づ其正刄《そのせいじん》の使《つか》ひ方《かた》を知《し》るべく、刀《かたな》を持《ち》するは手《て》であるから、手《て》は肘《ひぢ》を伸《のは》し充分內方《じうぶんないはう》に絞《し》め、手內《しゆない》の握固《にぎりかため》を固《かた》めるときは、其刺擊《そのしげき》の正刄《せいじん》を定《さだ》めることが出來《でき》るのであります。此刀《このかたな》を打《う》ち落《おと》して斬《き》るは兩手《りやうて》を頭上《づじやう》に伸《の》ばし、握《にぎ》りは左手《さしゆ》を絞《し》め、構《かま》へて居《ゐ》るときの臍部《せいぶ》の定《さだ》まりたる處迄下《こころまでおろ》す竹刀《しなひ》は其正《そのただ》しき打込《うちこ》みを誤《あやま》らず頭《かしら》を打《う》つ。此時右手《このときうしゅ》、左手《さしゅ》平均《へいきん》の力《ちから》となりて定《さだ》まる、構《かま》への如《ごと》く上半身稍右斜《じやうはんしんやゝみぎなゝめ》に下《さが》り左手《さしゅ》の臍部中心點《せいぶちうしんてん》と力《ちから》が合致《がっち》して正《せい》刄《じん》を誤《あやま》らぬ。此手《このて》の握《にぎり》を操縦《さうじう》して身體《からだ》の各陣形《かくぢんけい》を確固《かくこ》とし、刺擊《しげき》を正確《せいかく》とするのであります。

(二十四)進退《しんたい》するに交叉的足踏《かうさてきあしぶ》みは規則的《きそくてき》でよいが、劍道《けんだう》にては實《じつ》に活動《くわつだう》の自然《しぜん》に反《はん》するのであります。故《ゆゑ》に追足《おひあし》と云《い》つて右足左足《うそくさそく》は兩足一脚《りやうそくきやく》の如《ごと》く働《はたら》くのであります。其《その》一脚《きやく》の働《はたら》きには手體《しゅたい》の働《はたら》きが合致《がっち》して業《わざ》の活動《くわつどう》を自由《じいう》にする。此足踏《このあしぶ》みが自在《じざい》に出來《でき》れば交叉的《かうさてき》も亦可《またよ》いのであります。例《たと》へば業《わざ》を施《ほどこ》すに遠間《とほま》もあり、或《あるひ》は逃《に》げる場合《ばあひ》もあり、追込《おひこ》む場合《ばあひ》もあつて、技毎《ぎごと》に足踏《あしぶみ》の數及方法《かずおよびはうはふ》が變化《へんくわ》するのであります。これは敵《てき》との業《わざ》の關係《くわんけい》によるので、先《ま》づ右足《みぎあし》は體《たい》が右自然體《みぎしぜんたい》であるから其《その》體《たい》の合致《がっち》する爲《た》め右足《うそく》を出《だ》し、又右足《またうそく》より運《はこ》ぶと云《い》ふことは自然《しぜん》であります。これに留意《りうい》するが有利《いうり》なことは言《い》ふまでもありません。

（二十五）攻《せ》める時《とき》敵刀《てきたう》を押《お》すことは極《きは》めて不利《ふり》であります。故《ゆゑ》に圖《づ》の如《ごと》く敵左《てきひだり》に

敵の押し来る図

我の捲きたる図

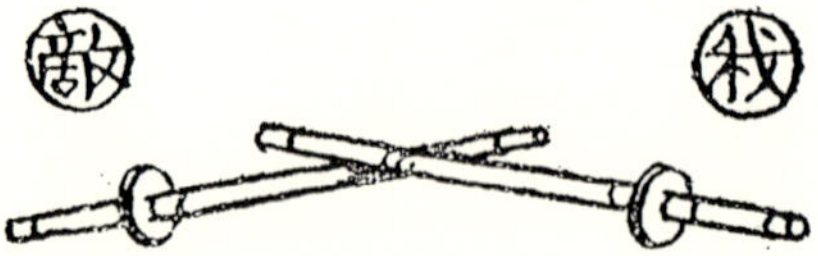

押《お》せば、必《かな》らず右《みぎ》に返《かへ》して元《もと》の構《かまへ》に復《ふく》し敵手《てきしゅ》の業《わざ》を逆《ぎゃく》に施《ほどこ》すことが必要《ひつえう》であります。又敵《またてき》の右《みぎ》の時《とき》は左《ひだり》に返《かへ》して敵手《てきしゅ》の業《わざ》に逆《さから》はず構備《かまへそなへ》となり、斯樣《かやう》にして我《われ》は竹《しな》刀《ひ》と體《たい》の調和《てうわ》を失《うしな》はず、敵《てき》の調和《てうわ》を失《うしな》はしめるのであります。此《こ》の時《とき》は我《われ》の攻勢《こうせい》守勢《しゅせい》の威力《ゐりょく》は偉大《ゐだい》で、敵《てき》の攻《せ》めるときは右《みぎ》に綽《は》ね、我《われ》より左《ひだり》に攻《せ》めるときは左《ひだり》へ押《お》し、右《みぎ》に綽《は》ねるときは彼《か》れは死地《しち》に陥《おちい》るのであります。

（二十六）術《じゅつ》を施《ほどこ》すの機《き》は敵《てき》に打《う》たれることも防《ふせ》がれることも忘《わす》れて一氣《き》に業《わざ》を施《ほどこ》

すことが肝要《かんえう》であります。

以上《いじやう》の不利有利《ふりいうり》の業《わざ》を能《よ》く習慣的《しふくわんてき》とするときは時《とき》と機《き》に臨《のぞ》みて適當《てきたう》に應用《おうよう》し、危《き》險《けん》の時《とき》でも尙進《なほすゝ》んで彼《かれ》を攻《せ》め或《あるひ》は打《う》ち或《あるひ》は防《ふせ》ぎ又《また》は突《つ》くことの偉力《ゐりよく》が自然出來《しぜんでき》るのであります。而《しか》して術略《じゆつりやく》を悟《さと》り自然的《しぜんてき》の妙《めう》となるには意思《いし》の確定《かくてい》が必要《ひつえう》であります。意思《いし》の確定《かくてい》は正確《せいかく》に敵《てき》を打《う》ち、而《しか》も敵《てき》を防《ふせ》ぐべき方法《はうはふ》を定《さだ》めるものであります。又所謂無意識《またいはゆるむいしき》の作用《さよう》とは意思《いし》既《すで》に確定《かくてい》し自《みづか》ら思《おも》はずとも時《とき》に臨《のぞ》み機《き》に應《おう》じて打《う》ち込《こ》むことを云《い》ふので此《こ》の方法《はうはふ》は眞《しん》に敵《てき》に應《おう》ずるの妙《めう》の根源《こんげん》であります、術《じゆつ》が慣《な》れず、意思《いし》の確定《かくてい》せぬときは心《こゝろ》に迷《まよ》ひを生《しやう》じ作戰《さくせん》を誤《あやま》るもので、此時《このとき》は如何《いか》に勇《ゆう》を鼓《こ》しても敵《てき》を打《う》てるものでない。況《いは》んや上達《じやうたつ》すべきものでないことは明《あきら》かであります。即《すなは》ち無意識《むいしき》なるもの、能《よ》く吾人《ごじん》の自性《じせい》を發揮《はつき》するものではありませんか。而《し》かも術《じゆつ》に誤《あやま》りなければ實《じつ》に其《そ》の一進一撃《げき》の間《かん》精神《せいしん》は清麗潔白《せいれいけつぱく》となり正直《せいちよく》となり、卑劣《ひれつ》や野鄙《やひ》の念《ねん》は從《したが》つて消滅《せうめつ》する。劍道《けんだう》の眞義《しんぎ》は此《こ》の心《こゝろ》に於《おい》てはじめて養《やしな》はれるものであります。

所謂《いはゆる》劍《けん》の戰《たゝか》ひは相互《さうご》の膽力《たんりよく》の戰《たゝか》ひ氣力《きりよく》の戰《たゝか》ひ智《ち》識《しき》の戰《たゝか》ひで、之《これ》を修養《しうやう》する心《こゝろ》は卑《ひ》怯《けふ》ではいけぬ。高尚《かうしやう》の靈智《れいち》でなければなりません。決《けつ》して人《ひと》を殺《ころ》し人《ひと》を倒《たふ》すのが目《もく》的《てき》でないのであるから正々堂々《せい〳〵だう〳〵》毫毛《がうまう》も粗暴《そばう》の振舞《ふるまひ》なく、一擧《きよ》一動崇高《すうかう》なる氣品《きひん》を基《もと》としなければなりません。苟《いや》しくも劍道《けんだう》の練習者《れんしふしや》にして喧嘩《けんくわ》を吹掛《ふきか》け或《あるひ》は酒色《しゆしよく》に耽《ふけ》つて身《み》を崩《くづ》す如《ご》きは眞《しん》の道《みち》を得《え》た者《もの》でないのであります、此頃《このごろ》若《わか》い敎師《けうし》などで腕《うで》は立派《りつぱ》であるが斯樣《かやう》な行爲《かうゐ》をなすものが漸《やうや》く跋扈《ばつこ》して來《き》た樣《やう》であります。誠《まこと》に慨嘆《がいたん》の至《いた》りと申《まを》さなければなりません。斯《か》の如《ご》き者《もの》は武道《ぶだう》の本領《ほんりやう》を害《がい》するのみならず、社《しや》會《くわい》の危險物《きけんぶつ》であります。斯《か》かる輩《ともがら》は斷《だん》じて之《これ》を排斥《はいせき》せねばなりません。吾人《ごじん》の劍道《けんだう》を學《まな》ぶは卽《すなは》ち道德《だうとく》を完《まつた》うするを目的《もくてき》とするのであるから、惡《あ》しきところは反省《はんせい》し常《つね》に修養《しうやう》することに努《つと》めなければなりません。

第四節　勝負法

第一　敵の打つ氣を打て

敵《てき》を打《う》たんとするには、敵《てき》の打《う》つ氣《き》を先《まづ》に乘《じよう》ずるのが劍術《けんじゆつ》の祕訣《ひけつ》であります。之《こ》れは實《じつ》に敵《てき》を制《せい》するの機《き》であります。而《しか》して左《さ》の要領《えうりやう》を了解《れうかい》して之《これ》を實行《じつかう》すれば必《かな》らず其機《そのき》に臨《のぞ》みて容易《ようい》に敵《てき》を致《いた》すことが出來《でき》るのであります。

(一)間合《まあひ》にあるとき、敵《てき》が刀尖《たうせん》を押《お》し竹刀《しなひ》を拂《はら》ふときは直《たゞ》ちに之《これ》に附《つ》け入《い》ること。

説明

間合《まあひ》にあるときは、即《すなは》ち彼我《ひが》動靜《どうせい》に意《い》を注《そゝ》いで居《ゐ》る時《とき》であります。此時《このとき》に當《あた》つて敵《てき》に打《う》ち突《つ》き攻《せ》める意《い》を生《しやう》じ其形體《そのけいたい》を變《へん》じたるときは、我敵《われてき》の不意《ふい》に先《さき》んじ刺撃《しげき》の業《わざ》に一心《しん》を傾倒《けいたう》して、敵《てき》の振《ふ》り上《あ》げる一瞬《しゆん》の隙《すき》もなく、進《すゝ》んで敵《てき》の氣先《きせん》を打《う》つのが肝心《かんじん》であります。之《こ》れ我《わ》れの刺撃《しげき》を施《ほどこ》す最好《さいかう》の機《き》であります。

(二)敵我《てきわれ》が竹刀《しなひ》を押《お》して刺撃《しげき》することを躊躇《ちうちよ》したるとき敵《てき》を打《う》つこと。

(三)接觸《せつしよく》の場合《ばあひ》、敵《てき》が我《わ》が刀《たう》或《あるひ》は體《たい》を押《お》し來《く》るとき打《う》つこと。

說　明

敵《てき》の我《われ》を押《お》し來《く》るときは、敵《てき》の押《お》す力《ちから》を利用《りよう》して、先《ま》づ其力《そのちから》を避《さ》け、而《しか》して後業《かちわざ》を施《はどこ》すのであります。兩手《りやうて》にて押《お》し來《く》るときは、此手《このて》を斜《なゝめ》に拂《はら》ひ、體《たい》を以《もつ》て押《お》し來《く》るときは、我體《わがたい》を何《いづ》れの方向《はうかう》にでも變化《へんくわ》せしめて其力《そのちから》を避《さ》けるのであります。敵《てき》の充溢《じういつ》せる力《ちから》を避《さ》くれば、敵《てき》は其目的《そのもくてき》をはづし、自身《じしん》で體《たい》を崩《くづ》してしまふ。體《たい》の崩《くづ》れたるときは心《こゝろ》必《かなら》ず狼狽《らうはい》する。こゝに於《おい》て我《わ》れ體《たい》を變《へん》じて心《こゝろ》に油斷《ゆだん》なく、形《かたち》を失《うしな》はざるときは、其崩《そのくづ》れに乘《じよう》ずること容易《ようい》なのであります。

(四)敵《てき》打《う》たんとしてその正否《せいひ》を考《かんが》へ其良否《そのりやうひ》を選定《せんてい》しつゝあるとき、之《これ》を打《う》つのであります。

說　明

敵《てき》が打《う》たんとして何《いづ》れに行《ゆ》くやと瞬時思案《しゆんじしあん》するときであります。之《こ》れを平易《へいい》に申《まを》せば、こゝぞと思《おも》ふて竹刀《しなひ》を振《ふ》り上《あ》げ、或《あるひ》は構《かま》へた儘《まゝ》打《う》たうとする時《とき》、我《われ》は夫《そ》れと察《さつ》し防《ふせ》ぐ意圖《いと》を示《しめ》す場合《はあひ》であります。又此處《またこゝ》は打《う》たれぬと考《かんが》へ、敵《てき》が目的《もくてき》を變《か》へてこちらを打《う》たうとする場合《はあひ》に、其氣《そのき》の變《へん》ずるとき我《われ》は一氣《き》に打《う》ち込《こ》んで、敵《てき》を打《う》つのであります。故《ゆゑ》に我《われ》は隙《すか》さず、敵《てき》が打《う》たうとする處《ところ》を先《さき》に乘《じよう》じて打《う》つたならば、之亦容易《これまたようい》に敵《てき》を打《う》つことが出來《でき》るのであります。

(五)敵《てき》の意圖《いと》を回復《くわいふく》せんとするとき、敵《てき》を打《う》つこと。

説　明

敵《てき》が竹刀《しなひ》を押《お》し、或《あるひ》は攻《せ》め防《ふせ》ぎ、刺撃《しげき》を施《ほどこ》し來《きた》つて、尙《な》ほ其目的《そのもくてき》を達《たつ》せず、再《ふたゝ》び構《かま》へとなり、或《あるひ》は退却《たいきやく》するときに、之《これ》を追《お》ひ込《こ》んで打《う》つこと。卽《すなは》ち敵《てき》の爲《な》す儘《まゝ》に拂《はら》ひ、敵《てき》の構《かま》へ或《あるひ》は退《さが》るときは、我《われ》は靜《しづか》に構《かまへ》を取《と》り、敵《てき》の安心《あんしん》する處《ところ》を打《う》ち込《こ》むのであります。

先《ま》づ互《たがひ》に劍《けん》を構《かま》へて無暗《むやみ》に打《う》ち込《こ》むは敵《てき》の反抗心《はんかうしん》を起《おこ》し其打《そのう》ちに逆《さから》つて之《こ》れを防《ふせ》がれる場合《ばあひ》があります。故《ゆゑ》に先《ま》づ敵《てき》が無暗《むやみ》に打《う》つとき之《これ》を防《ふせ》ぎ敵《てき》の動靜《どうせい》を見定《みさだ》め、その隙《すき》を窺《うかゞ》つて一太刀《ひとたち》なりとも無駄《むだ》なく此機《このき》に業《わざ》を施《ほどこ》すは勝利《しようり》の要訣《えうけつ》であります。萬人試合《まんにんしあひ》に臨《のぞ》めば必《かな》らず勝《か》つ氣《き》があるものであるが、勝《か》つ氣《き》は心《こゝろ》を亂《みだ》すことゝなります。故《ゆゑ》に勝《か》つ氣《き》を忘《わす》れて只我充氣《たゞわがじうき》を以《もつ》て敵《てき》の隨氣《ずゐき》を打《う》つことが勝負《しようぶ》の大切《たいせつ》な處《ところ》であります。

第二　敵を釣り込《こ》むこと

不意《ふい》に形《かたち》が變《かは》り、或《あるひ》は打《う》ち込《こ》まれるときは、恐怖《きようふ》を感《かん》ずるのが人《ひと》の性《せい》であります。我《われ》の打《う》たんとする處《ところ》、刀尖《たうせん》の變化《へんくわ》する一擧《きよ》一動《どう》は、敵《てき》の心意《しんい》を動《うご》かすもので、之《こ》れ敵《てき》が我《わ》が心《こゝろ》に釣《つ》り込《こ》まれたる時《とき》であります。即《すなは》ち敵《てき》の心《こゝろ》は我働《わがはたら》く心《こゝろ》の儘《まゝ》に動《うご》くので、我《わ》が心《こゝろ》の思《おも》ふ儘《まゝ》になれば、敵《てき》の法形《はふけい》は我《わ》が意《い》の如《ごと》くなることは當然《たうぜん》であります。

先《ま》づ試《こゝろ》みに此術《このじゆつ》を施《ほどこ》すことの實際《じつさい》を示《しめ》せば、我《わ》が竹刀《しなひ》を靜《しづか》に上《うへ》なり下《した》なりに變動《へんどう》すると、敵意《てきい》は此變狀《このへんじやう》に從《したが》つて竹刀《しなひ》を動《うご》かすこと、なり、此《こ》の時《とき》は既《すで》に我藥籠中《わがやくろうちう》のものであります。之《こ》れを敵《てき》の心《こゝろ》を奪《うば》ひ我《わ》が形狀《けいじやう》に釣《つ》り込《こ》むと申《まを》します。此間電光石《このかんでんくわうせき》火瞬時《くわしゆんじ》の隙《すき》なく襲擊《しふげき》すれば、必《かな》らず敵《てき》を破《やぶ》ることが出來《でき》るのであります。

尙詳解致《なほしやうかいいた》しますと、互《たがひ》の心《こゝろ》と心《こゝろ》が合《あ》ひました時《とき》が、間合《まあひ》の刀尖《たうせん》を交叉《かうさ》した狀態《じやうたい》にあるのであります。此時敵《このときてき》の竹刀《しなひ》の寄《よ》る處《ところ》、敵《てき》の竹刀《しなひ》を押《おさ》へ或《あるひ》は拂《はら》ふ處《ところ》、敵《てき》の打《う》たんとする處《ところ》、その竹刀《しなひ》の動《うご》くを構《かま》はず、一氣《き》に打《う》ち込《こ》むことが敵《てき》の起《た》つ處《ところ》を打《う》つと云《い》ふのであります。又此《またこゝ》に云《い》ふ釣《つ》り込《こ》みは、刀尖《たうせん》を敵《てき》の甲手《こて》の方向《はうかう》に下《さ》げ、或《あるひ》は面《めん》の方向《はうかう》に上《あ》げて、其形狀《そのけいじやう》を變化《へんくわ》すると、敵《てき》は必《かな》らず擊《う》つか突《つ》くか或《あるひ》は防《ふせ》ぐ氣《き》になるのであります。敵《てき》が擊《う》ち或《あるひ》は突《つ》きに來《く》るときは直《たゞち》に之《こ》れに應《おう》じて敵刀《てきたう》を拂《はら》ひ、挾擊《けふげき》を加《くは》へることが肝心《かんじん》です。此《こ》の打《う》ち方《かた》を引《ひ》き出《だ》して使《つか》ふとも申《まを》します。又敵《またてき》の防《ふせ》がん拂《はら》はんとする疑惑《ぎわく》を生《しやう》ずるときは、其刹那《そのせつな》に敵《てき》を打《う》ち込《こ》むことが大切《たいせつ》です。之《こ》れを釣《つ》り込《こ》み打《う》ちと云《い》ひます。若《も》し敵《てき》より斯《こ》の業《わざ》を施《ほどこ》し來《く》るときは、我《われ》は能《よ》く心《こゝろ》を定《さだ》め、間合《まあひ》を失《うしな》はず、構《かま》へを崩《くづ》さず、敵《てき》の形狀《けいじやう》に對《たい》して我《われ》はその心《こゝろ》に疑惑《ぎわく》を持《も》たぬやうにすれば、却《かへつ》て彼《かれ》の隙《すき》を見出《みいだ》して打《う》つことが出來《でき》ます。

しかし最初《さいしよ》は心《こゝろ》が迷《まよ》ひ易《やす》いから、此心《このこゝろ》を養成《やうせい》し構《かま》へを崩《くづ》さざることに勤《つと》め、一呼吸《こきふ》の間敵《あひだてき》の動靜《どうせい》を見定《みさだ》め、敵《てき》に釣《つ》り込《こ》まれざることに注意《ちうい》且工夫《かつくふう》をすれば、自然防拂刺擊《しぜんばうふつしげき》の業《わざ》も上達《じやうたつ》し、心《こゝろ》も出《で》來《き》て來《き》ます。

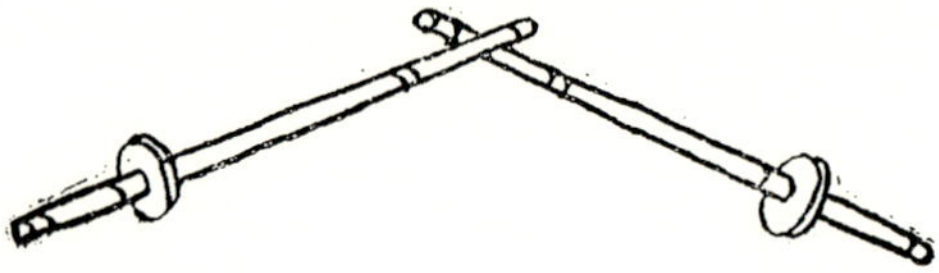

釣《つ》り込《こ》みの業《わざ》を、形式上《けいしきじやう》より分解的《ぶんかいてき》に説明致《せつめいいた》しますと、左《さ》の如《ごと》きものであります。道場《だうぢやう》の試合《しあひ》の實地《じつち》から解說致《かいせついた》すのでありますから、竹刀《しなひ》を採《と》つて試合《しあひ》をする考《かんが》へで、熟讀《じゆくどく》を願《ねが》ひます。

試合《しあひ》の時《とき》は上圖《じやうづ》の如《ごと》く彼我刀尖《ひがたうせん》が合《あ》つて居《を》ります。この時《とき》が心《こゝろ》の合《がつ》して居《ゐ》る時《とき》で、心《こゝろ》に變動《へんどう》なければ容易《ようい》に破《やぶ》れぬのであります之《こ》れを堅固《けんご》の城壁《じやうへき》とでも申《まを》しませう。而《しか》し難攻不落《なんこうふらく》の旅順《りよじゆん》でも遂《つひ》には陥《おち》ちたやうに、堅固《けんご》の構《かまへ》を崩《くづ》し、敵《てき》を攻撃《こうげき》することの容易《ようい》なる場合《ばあひ》もあります剣術《けんじゆつ》の術《じゆつ》から申《まを》せば即《すなは》ち之《これ》が釣《つ》り込《こ》みの業《わざ》で、之《こ》れを攻勢《こうせい》とも申《まを》します。故《ゆゑ》に上下《じやうげ》斜《なゝめ》に刀尖《たうせん》を變動《へんどう》するは、攻勢《こうせい》の手段《しゆだん》に過《す》ぎないのであります。先《ま》づ守勢《しゆせい》を守《まも》り、其《その》守勢中《しゆせいちう》に左《さ》の圖《づ》の黒點《こくてん》を目標《もくへう》として竹刀《しなひ》の活動《くわつどう》を促《うなが》せば、完全《くわんぜん》なる攻勢《こうせい》を取《と》り敵《てき》の構《かまへ》を崩《くづ》すことが出來《でき》るのであります。

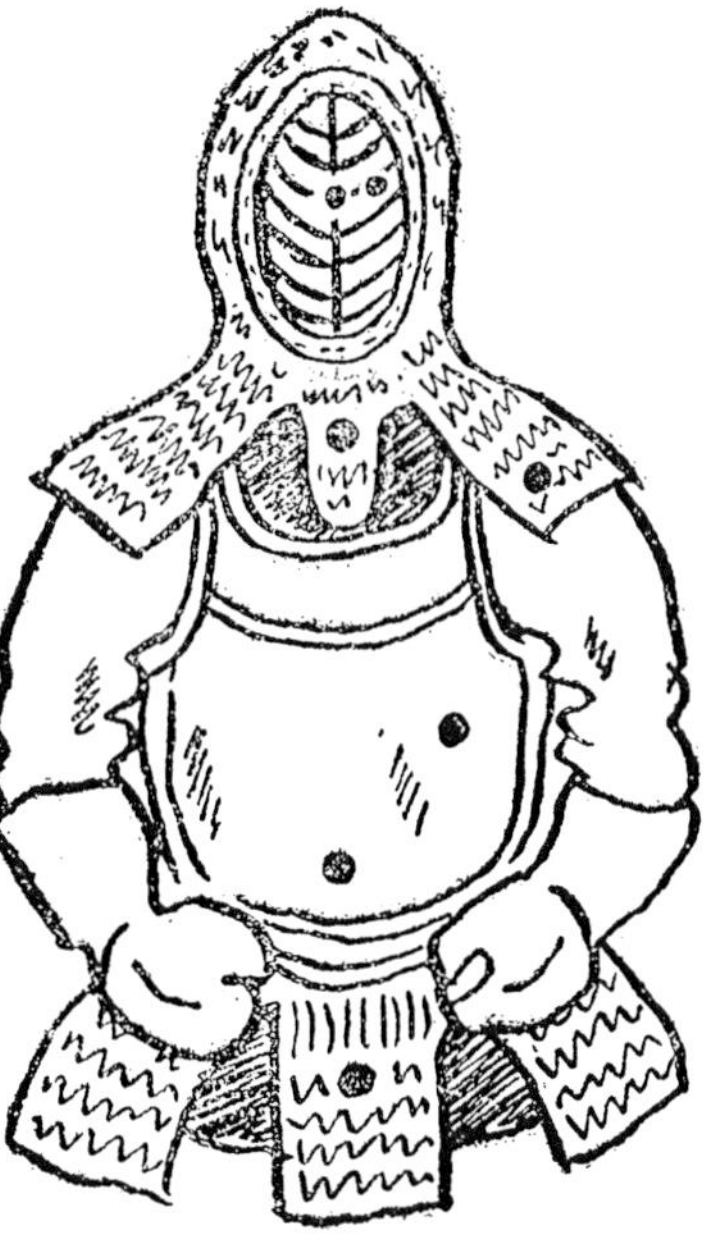

此《こ》の以外《いぐわい》の目標《もくへう》に向《むか》つて刀尖《たうせん》を動《うご》かしますと、自己《じこ》の守勢《しゆせい》を失《うしな》ひ、自己《じこ》の防禦《ばうぎよ》を失《うしな》ひ、恰《あたか》もかくれたる敵《てき》の發砲《はつぱう》に向《むか》つて、討死《うちじに》をするが如《ごと》き有様《ありさま》で、これでは勝《かち》

を獲《え》る筈《はず》はありません。されば先《ま》づ守勢中《しゆせいちう》に攻撃《こうげき》あるとに注意《ちうい》して、攻勢《こうせい》の業《わざ》を練《れん》磨《ま》し、敵《てき》を我構《わがかま》へに引《ひ》き附《つ》け、亂射《らんしや》して打《う》ち勝《か》つことが大切《たいせつ》であります。

第三　攻撃すること

攻《せ》めるとは敵《てき》の竹刀《しなひ》の働《はたら》き、即《すなは》ち身體《からだ》の活動《くわつどう》を自在《じざい》ならしめず、能《よ》く氣勢《きせい》を牽制《けんせい》するのであります。敵《てき》が打《う》たんとし突《つ》かんとする間《あひだ》に我形狀《わがけいじやう》を變化《へんくわ》し、敵《てき》に打《う》つべき餘裕《よゆう》を與《あた》へぬ樣《やう》にするのであります。若《も》し打《う》つときは其出先《そのでさ》きを押《おさ》へ、或《あるひ》は拂《はら》ひ彼《かれ》の目的《もくてき》を誤《あやま》らしめ、其自由《そのじいう》を拘束《かうそく》し、苦痛《くつう》を感《かん》ぜしむるのであります。斯《か》くして敵《てき》の氣《き》を牽制《けんせい》し、心意《しんい》に疑惑《ぎわく》を懷《いだ》かしめるので、之《こ》れが攻《せ》めの意義《いぎ》であります。試《し》合《あひ》の實地《じつち》を應用致《おうよういた》しますと、敵《てき》の刀《たう》を押《お》せば、敵《てき》は必《かなら》ず之《こ》れを拂《はら》ふ。若《も》し敵《てき》の拂《はら》ふときその力《ちから》が微弱《びじやく》なるときは之《これ》に逆《さか》はず攻勢《こうせい》を取《さ》りて敵手《てきしゆ》を押《お》すので、若《も》し又力強《またちからつよ》く我《われ》に應《おう》ずるときは、其押《そのお》す力《ちから》の儘《まゝ》に反對《はんたい》の方向《はうかう》へ刀《たう》を拔《ね》き、敵刀《てきたう》の崩《くづ》るゝに乘《じよう》じ中段《ちうだん》となりて敵《てき》の咽喉《いんこう》に刀尖《たうせん》を着《つ》け突《つ》く意氣《いき》を以《もつ》て進《すゝ》むのであります。斯《かく》の如《ごと》く瞬《しゆん》時《じ》に敵《てき》の活動《くわつどう》に應《おう》じ、而《しか》も守勢《しゆせい》と攻勢《こうせい》とを失《うしな》はぬ時《とき》は、如何《いか》なる強敵《きやうてき》と雖《いへど》も破《やぶ》るものので、此《こ》の方法《はつはふ》を間斷《かんだん》なく繰返《くりかへ》して施《ほどこ》すときは、遂《つひ》に敵刀《てきたう》を殺《ころ》し、その氣《き》を消滅《せつめつ》せしめて之《これ》を斃《たふ》すことが出來《でき》るのであります。尚相互《なほさうご》の法形《はふけい》を具體的《ぐたいてき》に示《しめ》しますれば左《さ》の如《ごと》き關係《くわんけい》となります。實地《じつち》に於《おい》て此理《このり》を研磨《けんま》致《いた》しましたなれば、自《おのづか》ら殺活機《さつくわつき》に應《おう》じて敵《てき》を制《せい》することが出來《でき》ます。

一、敵《てき》の刀尖《たうせん》を右《みぎ》に押《お》し其自由《そのじいう》を失《うしな》はしむる。此時直《このときただち》に敵《てき》の咽喉《いんこう》を突《つ》く可《べ》く進《すゝ》むこと。

二、敵《てき》が押《お》し或《あるひ》は拂《はら》ひたるときは、其力《そのちから》の反對《はんたい》の方向《はうかう》へ竹刀《しなひ》を着《つ》けて進《すゝ》むこと。

刀《かたな》が崩《くづ》れるとは押《お》す方向《はうかう》に崩《くづ》れることで、隨《したが》つて我《われ》は竹刀《しなひ》のない處《ところ》へ着《つ》け入《い》る譯《わけ》であります。

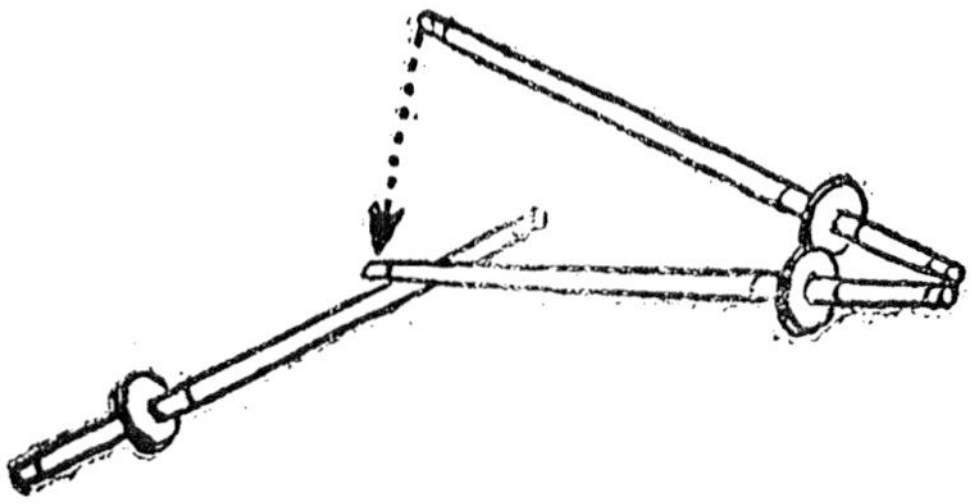

三、敵《てき》の攻《せ》め來《く》るときは、其《その》押《お》す力《ちから》を避《き》け、拂《はら》ひ返《かへ》して附《つ》け入《い》ること。

斯《かく》の如《ごと》くにして敵《てき》に打《う》つべき隙《すき》を與《あた》へざるときは、敵體《てきたい》は崩《くづ》れ而《しか》して我體《わがたい》を正確《せいかく》に保《たも》つことが出來《でき》ます。故《ゆゑ》に敵《てき》を打《う》つも突《つ》くも自由《じいう》なること、恰《あだか》も赤子《あかご》を打《う》つが如《ごと》きものであります。尚攻勢《なほこうせい》より撃《う》つことには色々《いろく》あつて敵《てき》の身體《からだ》が我《わ》れに逼《せま》りて進《しん》撃《げき》するときは體《たい》を變《へん》じて打《う》つのであります。即《すなは》ち右足《うそく》から左足《さそく》と横《よこ》の方面《はうめん》に足《あし》を踏《ふ》み變《か》へ、體《たい》を變轉《へんてん》して之《これ》を避《さ》ければ敵《てき》は其目的《そのもくてき》を失《うしな》ひ空間《くうかん》を打《う》つ。その敵《てき》の體崩《たいくづ》るるとき、胴或《どうあるひ》は甲手《こて》を打《う》つのであります。又敵《またてき》が打《う》ち來《く》るとき、其竹刀《そのしなひ》を綽《は》ねて、其業《そのわざ》を誤《あやま》らしめ刺撃《しげき》を施《ほどこ》すのであります。又或《またあるひ》は拂《はら》うて敵刀《てきたう》を殺《ころ》し、面又《めんまた》は甲手《こて》を進撃《しんげき》することもあります。

斯《かく》の如《ごと》く攻勢《こうせい》は、敵《てき》の業《わざ》を殺《ころ》し、活動《くわつどう》をなさしめざるものでありますから、常《つね》に攻《せ》めの活用《くわつよう》に刺撃《しげき》の意《い》を調和《てうわ》して而《し》かも之《こ》れを繼續《けいぞく》して施《ほどこ》すことを練習《れんしふ》するが肝要《かんねう》であります。

尙《なほ》攻勢《こうせい》に變體《へんたい》する場合《ばあひ》があります。變體《へんたい》とは正體《せいたい》の陣容《ぢんよう》を左右斜橫《さいうしやわう》に變《かへ》るのでありります。例《たと》へば敵《てき》を攻《せ》め敵《てき》が攻《せ》め返《かへ》して來《き》たときは、敵體《てきたい》の正面《しやうめん》に向《むか》つて體《たい》を出《だ》して攻《せ》めの業《わざ》を施《ほどこ》しても、決《けつ》して効果《かうくわ》がないもので、此場合《このばあひ》體《たい》を稍《や》や斜《なゝめ》に變化《へんくわ》すれば彼《かれ》の實力《じつりよく》を避《さ》けて業《わざ》を自由《じいう》に施《ほどこ》し得《う》る効《かう》があります。又敵《またてき》の體當《たいあた》りのときに敵體《てきたい》を自己《じこ》の體《たい》の正面《しやうめん》に受《う》けるときは、敵《てき》の全勢力《ぜんせいりよく》を受《う》ける樣《やう》になりますから、却《かへつ》て自己《じこ》の體《たい》を崩《くづ》すのであります。此時《このとき》は矢張斜若《やはりなゝめもし》くは橫《よこ》に變體《へんたい》すれば、敵《てき》の實力《じつりよく》を避《さ》けるのであります。又敵《またてき》の正面《しやうめん》なる場合《ばあひ》には其體《そのたい》を崩《くづ》し追込《おひこ》みて之《これ》を攻《せ》めれば

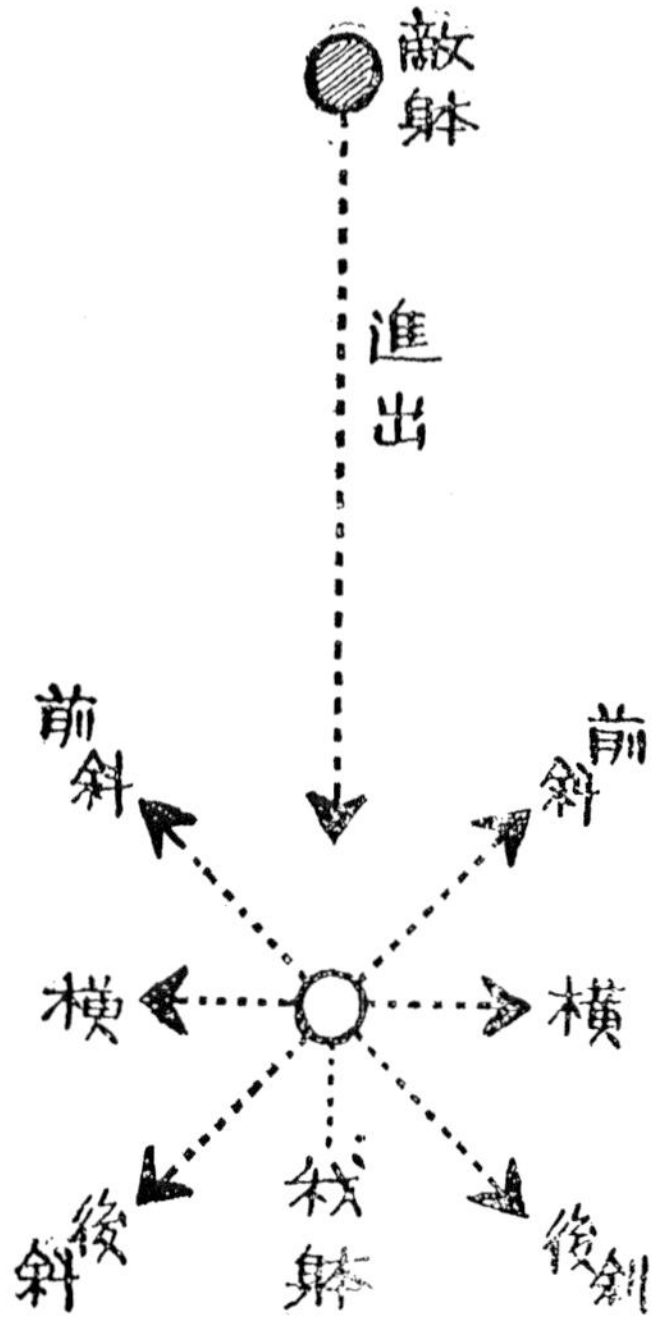

敵《てき》の氣《き》勢《せい》を挫《くじ》いて活動自在《くわつどうじざい》を失《うしな》はしめるのであります。右《みぎ》に變體《へんたい》したる圖《づ》を擧《あ》げて彼我《ひが》の關係《くわんけい》を示《しめ》して置《お》きました。

前斜變體《ぜんしやへんたい》は敵《てき》の遠距離《ゑんきより》より進撃《しんげき》したるとき、横《よこ》に變體《へんたい》するときは稍中間《やゝちうかん》より來《く》る場合《ばあひ》、後斜《こうしや》は最《もつと》も接觸《せつしよく》して進撃《しんげき》したる時《とき》であります。敵《てき》の體《たい》を避《さ》けたるときは、敵《てき》體《たい》は我體《わがたい》に對《たい》し斜《なゝめ》となるから、我《われ》は右《みぎ》なり左《ひだり》なりへ廻《まは》つて追込《おひこ》むことが必要《ひつえう》であります、又右《またみぎ》及《および》左《ひだり》に廻《まは》る足踏《あしぶ》みは、敵《てき》が右體《うたい》に當《あた》るときは左足《さそく》より、左體《さたい》に當《あた》るときは右足《うそく》より踏《ふ》み變《か》へれば、體《たい》は容易《ようい》に變《へん》じ、攻勢及斬撃《こうせいおよびざんげき》を施《ほどこ》すことが出來《でき》ます。之《こ》れを連續《れんぞく》打ち或《あるひ》は追込打返《おひこみうちかへ》しと申《まを》します。

第四　竹刀の釣り合ひ

竹刀《しなひ》は我間隙《わがかんげき》なき心《こゝろ》、勇猛《ゆうまう》の氣《き》、身體《しんたい》の力《ちから》と一致《ち》して作用《さよう》し、又其《またその》一振《しん》一撃《げき》の各《かく》個《こ》の働《はたら》きは、生死《せいし》を決《けつ》する心氣《しんき》を作《つく》るのであります。故《ゆゑ》に心身《しんく》を離《はな》れた竹刀《しなひ》なく、竹刀《しなひ》を離《はな》れた心身《しんく》のないことは理《り》の當然《たうぜん》で、一撃《げき》一刺《し》は實《じつ》に此《こ》の一致状態《ちじやうたい》の作用《さよう》であります。故《ゆゑ》に竹刀《しなひ》は其心氣《そのしんき》の活動《くわつどう》に適切《てきせつ》なるを要《えう》とし、之《こ》れが爲《た》めに體凝《たいこ》り、氣《き》に障《さは》りあるものは、活動《くわつどう》をして拘束《かうそく》するの虞《おそ》れがあります、故《ゆゑ》に先《ま》づ心身《しんしん》を基礎《きそ》として釣《つ》り合《あ》ひを取《と》りて之《こ》れを用《もち》ゐるのが肝心《かんじん》であります。この釣《つ》り合《あ》ひとは、體《たい》の長短力《ちやうたんちから》の輕重《けいぢう》を標準《へうじゆん》として定《さだ》めるのであります。今日迄《こんにちまで》實地《じつち》に其輕重長短《そのけいぢうちやうたん》を研究《けんきう》致《いた》しましたが、その結果《けつくわ》によりますと、各人《かくじん》の技量《ぎりやう》の關係《くわんけい》によつて、多少《たせう》の相違《さうゐ》はありますが、普通《ふつう》誰《た》れでも使《つか》ひ易《やす》いと云《い》ふは、長《なが》さ三尺《じやく》八寸《すん》(曲尺《かねじやく》)重量《ぢうりやう》は百目《め》以上《いじやう》二百七十目《め》内外《ないぐわい》であります。(但《たゞ》し附屬品全部《ふぞくひんぜんぶ》揃《そろ》ひ)

劍法《けんぽふ》に長短《ちやうたん》一味《み》などゝ云《い》ふことがありますが、之《こ》れは最初《さいしよ》の人《ひと》の取《と》るべき説《せつ》ではなく、相當《さうたう》に出來《でき》た人《ひと》の話《はなし》であります。

此《こ》の長重《ちやうぢう》の竹刀《しなひ》は元《もと》が短《みじ》かく先《さき》が長《なが》いものであるが、之《こ》れは多《おほ》く兩手作用《りやうてさよう》との釣《つ》り合《あ》ひであります。柄《え》の長《なが》いものは手《て》の働《はたら》きの自由《じいう》を缺《か》ぎ全刀《ぜんたう》に力《ちから》が入《い》り、柄《え》の短《みじ》かいものは働《はたら》きを自由《じいう》にして、全刀《ぜんたう》の力《ちから》を減《げん》ずるものであります。ゆゑに全刀《ぜんたう》は稍《や》や先《さき》の重《おも》いものが最《もつと》もよく手《て》を自由《じいう》ならしめるといふことは、實地《じつち》に於《お》ける結果《けつくわ》の示《しめ》す處《ところ》であります。

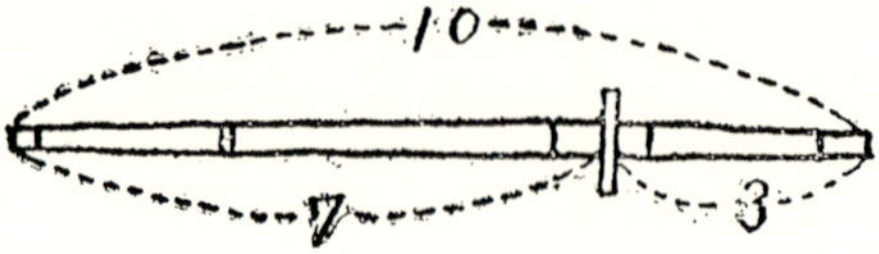

圖《づ》の如《ごと》く柄《ね》が十分《ぶん》の三、先《さ》きが十分《ぶん》の七、之《こ》れを三尺八寸《じやくすん》と致《いた》しますと、先《さ》きが二尺六寸《しやくすん》、柄《わ》が一尺一寸《しやくすん》四分《ぶ》であります。之《こ》れが全力《ぜんりよく》と手《て》の釣《つ》り合《あ》ひであります。手刀《しゆたう》の釣《つ》り合《あ》ひは身體精神《しんたいせいしん》との一致調和《ちてうわ》が取《と》れるばかりでなく、尙左《なほさ》の如《ごと》き効果《かうくわ》を生《しやう》ずるのであります。

一、心氣《しんき》に碍滯《ぐわいたい》なからしむること。

二、全體《ぜんたい》に調子《てうし》を附《つ》け敏速《びんそく》に働《はたら》き得《う》べきこと。

三、敵《てき》に應《おう》じ事《こと》に接《せつ》し、奮闘《ふんたう》する術《じゆつ》を自由《じいう》ならしむること。

第五　未然を制す

技術《ぎじゆつ》は練習《れんしふ》を主《しゆ》とし精神智力情力《せいしんちりよくじやうりよく》を元素《げんそ》とし、法《はふ》に箝《はま》つて、不可思議《ふかしぎ》なる働《はたら》きを實顯《じつげん》するものであります。突《つ》くも撃《う》つも法則《はふそく》に嵌《はま》つて、實地《じつち》に對《たい》しても誤《あやま》りなければ敵《てき》を未然《みぜん》に制《せい》することが出來《でき》ます。之《こ》れは法則《はふそく》を應用實行《おうようじつかう》さへすれば自然反射的《しぜんはんしやてき》に妙味《めうみ》を知《し》り得《う》るのであつて、譬《たと》へて云《い》へば恰《あだか》も電氣《でんき》の如《ごと》く、陰陽合《いんやうがつ》して一種《しゆ》の光《ひかり》を放《はな》つ如《ごと》きであります。互《たがひ》の心合《こゝろがつ》して法形《はふけい》を作《つく》り法形合《はふけいがつ》して心《こゝろ》の反射的變化《はんしやてきへんくわ》をなすものであります。形心變化《けいしんへんくわ》する處《ところ》、一種《しゆ》の技《ぎ》と云《い》ふ光《ひかり》を放《はな》つ之《こ》れ卽《すなは》ち妙味《めうみ》であります。而《しか》して劍《けん》は法形合《はふけいがつ》して妙《めう》となり妙《めう》の顯《あら》はるゝ處《ところ》は恰《あだか》も吾人《ごじん》の感應《かんおう》の如《ごと》きであります。櫻《さくら》のくれなゐを見《み》て美《び》を感《かん》じ、人《ひと》の死《し》を見《み》て悲痛《ひつう》を感《かん》じ敵我妙《てきわがめう》を感《かん》じて而《しか》して我《わ》が手中《しゆちう》のものとなり、戰《たゝか》はずして勝《か》つ、之《こ》れを未然《みぜん》に制《せい》するの機《き》といふのであります。この感應《かんおう》と云《い》ふことに付《つい》て、或《あ》る初心者《しよしんしや》の話《はなし》に面白《おもしろ》いことがあります。卽《すなは》ち上手《じやうず》な人《ひと》と稽古《けいこ》をして打《う》ち込《こ》まれ自分《じぶん》の竹刀《しなひ》を拂《はら》はれる時《とき》は恰《あだか》も一種《しゆ》の鐵《てつ》の樣《やう》なものが其人《そのひと》の身體《からだ》に入《はひ》つてゐる樣《やう》な感《かん》じがします。そして自分《じぶん》が打《う》つた場合《はあひ》には其竹刀《そのしなひ》に何等《なんら》の影響《ゑいきやう》がなく、却《かへつ》て自分《じぶん》が勞《つか》れを覺《おぼ》ゆる樣《やう》に思《おも》はれます。それは一種《しゆ》の術以外《じゆついぐわい》に何《な》にかそこに或《あ》る一種《しゆ》のものがあると考《かんが》へられます。之《こ》れが自分《じぶん》の最《もつと》も苦痛《くつう》を感《かん》じ、恐怖《きようふ》の起《おこ》る時《とき》で、此時《このとき》は全《まつた》く自由《じいう》の動作《どうさ》が出來《でき》ませぬと云《い》ふことであります。まことに初心者《しよしんしや》として尤《もつと》もな話《はなし》であると思《おも》ひます。如何《いか》に人《ひと》に心《こゝろ》があり、氣《き》があつても、己《おの》れの爲《な》す術《じゆつ》に櫻《さくら》のくれなゐの如《ごと》く煥發《くわんぱつ》する美《び》がなければ、心氣《しんき》が迷《まよ》ふものであります。而《しか》して心氣《しんき》の迷《まよ》ふ處《ところ》には眞技《しんぎ》がないので、爲《た》めに苦痛《くつう》を感《かん》じ恐怖《きようふ》を生《しやう》ずるのであります。初心者《しよしんしや》は心術不和《しんじゆつふわ》なもので、心《こゝろ》あつても術《じゆつ》がないものであります。故《ゆゑ》に向《むか》ふ處《ところ》色々《いろ／＼》と作意《さくい》を生《しやう》ずることゝなり、只迷《たゞまよ》ひのみ起《おこ》るのであります。この迷《まよ》ひが卽《すなは》ち敵《てき》に制《せい》せられる處《ところ》で、かくては所謂自分《いはゆるじぶん》の思《おも》ふ儘《まゝ》に進《すゝ》むことの出來《でき》ない因《もと》となるのであります。

竹刀《しなひ》を採《と》り敵《てき》に對《たい》しては、先《ま》づ靜思《せいし》しなければなりません。卽《すなは》ち敵《てき》の突《つ》く處之《ところこ》れを防《ふせ》ぎ、敵《てき》の打《う》つ處之《ところこ》れを拂《はら》ひ、敵《てき》の動《うご》く處之《ところこれ》を打《う》つは恰《あたか》も櫻《さくら》の滿開《まんかい》を見《み》て美《び》を感《かん》じ、山水《さんすゐ》の自然《しぜん》を見《み》て美《び》を感《かん》ずる如《ごと》くであります。而《しか》して感《かん》じて之《これ》に應《おう》ずる處卽《ところすなは》ち身《み》の安全《あんぜん》なる處《ところ》であります。この處至大至剛《ところしだいしがう》の心《こゝろ》を發《はつ》し、猛烈《まうれい》なる正義《せいぎ》を發《はつ》し、而《しか》して變化《へんくわ》する處能《ところよ》く敵《てき》を制《せい》するに至《いた》るものであります。此時《このとき》は苦痛《くつう》もなく、恐怖《きようふ》もなく、死《し》を忘《わす》れ、一刀《たう》の下《くだ》る處快刀亂麻《ところくわいたうらんま》を斷《た》つの概《がい》があります。斯《か》くの如《ごと》く未然《みぜん》に制《せい》することは實《じつ》は自然《しぜん》の理《り》で、劍道《けんだう》を學《まな》ばんとする者《もの》は能《よ》くその法形《はふけい》を練《ね》り、之《こ》れを修練《しうれん》しなければなりません。斯《か》くする時《とき》は軈《やが》ては敵《てき》をして感《かん》せしめる底《てい》の妙《めう》を自得《じとく》すること、何人《なんぴと》と雖《いへど》も難《かた》き事《こと》ではありませぬ。

第六　業は一途に心を使ふこと

劍術《けんじゆつ》は前節《ぜんせつ》に於《おい》て解説致《かいせついた》しました如《ごと》く、精神身體《せいしんしんたい》が基礎《きそ》でありますから、その修養法《しうやうはふ》に何等《なんら》の法則《はふそく》がないといふことはありません。たゞ極《きは》めて複雜《ふくざつ》して居《ゐ》るのであります。しかし其要領《そのえうりやう》は筆記或《ひつきあるひ》は口《くち》で顯《あら》はされぬことが多《おほ》いものであるから、之《これ》を實行《じつかう》しつゝ自然《しぜん》の間《あひだ》に自得《じとく》するのであります。そして實行《じつかう》するに當《あた》つては種々《しゆ〴〵》の方法《はうはふ》を知覺《ちかく》して居《ゐ》なければなりません。故《ゆゑ》に其方法《そのはうはふ》を知《し》ることが第一《だい》の必要《ひつえう》であります。私《わたし》は其方法《そのはうはふ》を說明《せつめい》するに當《あた》り、身體《しんたい》と精神《せいしん》、或《あるひ》は各局部《かくきよくぶ》に付《つ》いて說明《せつめい》することを致《いた》して居《を》ります。素《もと》より心身《しんく》は別個《べつこ》のものではありませんが、練習者《れんしふしや》の便宜上《べんぎじやう》、二《ふた》つに分《わ》けて說明《せつめい》するのでありますから、誤解《ごかい》をせらるゝことのないやうに御注意《ごちうい》を願《ねが》ひます。

一圓心中太刀《ゑんしんちうたち》

と云《い》ふ敎《をし》へがあります。圓《ゑん》は丸《まる》い宇宙《うちう》を象《かたど》つたもので、先《ま》づ吾《わ》が心《こゝろ》を圓《ゑん》とし、此心《このこゝろ》を以《もつ》て圓滿《ゑんまん》に働《はたら》けば、不覺《ふかく》を取《と》らぬと云《い》ふ意《い》を表示《へうじ》したのであります。故《ゆゑ》に太刀《たち》を心《こゝろ》の外《ほか》にすることは出來《でき》ませぬ。身體《からだ》も其通《そのとほ》りで、各局部《かくきよくぶ》の働《はたらき》を說明《せつめい》しても、期《き》する處《ところ》は一つであります。此《こ》の心身《しんく》一つになつて働《はたら》くに、各局部《かくきよくぶ》の方法《はうはふ》を練習《れんしふ》したならば速《すみや》かに熟達《じゆくたつ》すると云《い》ふことに過《す》ぎません。

例《たと》へば亡敗《はうはい》の策《さく》を講《かう》じ、且《か》つ陣地《ぢんち》を固《かた》めると云《い》ふこと、或《あるひ》は敵《てき》の攻勢《こうせい》を斷《た》ちて危《き》地《ち》に孤立《こりつ》せしむる策《さく》などを講《かう》ずるを主眼《しゆがん》とするのであります。故《ゆゑ》に說明中面《せつめいちうめん》の方向《はうかう》を攻《せ》めて甲手《こて》を打《う》つと云《い》ふ意味《いみ》は、敢《あへ》て敵《てき》を惑《まご》はし敵《てき》の面《めん》を打《う》たんとしてダマシテ打《う》つと云《い》ふ意義《いぎ》ではないのであります。之《これ》は其形式《そのけいしき》即《すなは》ち竹刀《しなひ》の變化《へんくわ》を攻《せ》めるとき打《う》つときの兩樣《りやうやう》に分《わ》けて説明《せつめい》したのであります。攻《せ》め撃《う》つ形式《けいしき》を區々《まち〳〵》に説明《せつめい》すると、未《み》熟《じゆく》の人《ひと》は心意《しんい》に其變化《そのへんくわ》をするもの、如《ごと》く考《かんが》へられるであらうが、説明《せつめい》は形式《けいしき》のみで活動《くわつどう》の心《こゝろ》に二樣《やう》はないのであります。たゞ彼我《ひが》の利害得失《りがいとくしつ》を考《かんが》へ、其機《そのき》に應《おう》じて業《わざ》を施《ほどこ》すの要路《えうろ》を研究《けんきう》するのであるから、分解的説明《ぶんかいてきせつめい》が必要《ひつえう》なのであります。而《しか》して之《これ》は活動《くわつどう》の關係《くわんけい》を説《と》き作戰實法《さくさんじつぱふ》を覺知《かくち》せしめ、不利《ふり》に陷《おちい》らざる樣修得《やうしうとく》せしむるに外《ほか》ならぬのであります。

第九章　修養問答

(一)△問《とひ》　劍道《けんだう》の綱領《かうりやう》とは如何《いかん》。

○答《こたへ》　劍道修養《けんだうしうやう》の目的《もくてき》は體力《たいりよく》の充實《じうじつ》を圖《はか》り、質實剛健《しつじつがうけん》の志氣《しき》を養成《やうせい》し、以《もつ》て奉《ほう》公獻身《こうけんしん》の美徳《びとく》を涵養《かんやう》し、堅實《けんじつ》なる思想《しさう》を扶植《ふしよく》するのであります。此目的《このもくてき》を達《たつ》せんが爲《た》めには左《さ》の五項《かう》を遵守《じゆんしゆ》し、此主旨《このしゆし》によつて修養努力《しうやうどりよく》するのであります。

一、忠君愛國《ちうくんあいこく》の至誠《しせい》を效《いた》す。
二、禮義《れいぎ》を尙《たつと》び規律《きりつ》を守《まも》る。
三、言責《げんせき》を重《おも》んじ本分《ほんぶん》を盡《つく》す。
四、體軀《たいく》を鍛《きた》へ元氣《げんき》を養《やしな》ふ。
五、勤勉《きんべん》を主《しゆ》とし質素《しつそ》を旨《むね》とす。

(二)△問《とひ》　禮義《れいぎ》を嚴正《げんせい》に行《おこな》ふべき理由如何《りいうゐかん》。

○答《こたへ》　身體《しんたい》は心《こゝろ》の形體《けいたい》であります。卽《すなは》ち心《こゝろ》の正邪高潔卑劣《せいじやかうけつひれつ》は悉《こと〲》く身體《しんたい》に顯《あら》はれるものであります。卽《すなは》ち人《ひと》の形裝《けいさう》の正《たゞ》しきは高潔《かうけつ》なる心想《しんさう》を表現《へうげん》するものであります。されば劍術《けんじゆつ》を練習《れんしふ》するの間《あひだ》、その綱領《かうりやう》たる精神《せいしん》を鍛錬《たんれん》するときは眞技《しんぎ》を發揮《はつき》せしむるのみならず、行爲《かうゐ》の上《うへ》にまでも良風《りやうふう》を養《やしな》ふ習慣《しふくわん》をつけるものであります。而《しか》して德義《とくぎ》を離《はな》れたる劍術《けんじゆつ》は一身《しん》に破綻《はたん》を生《しやう》ぜしむるのみならず、社會《しやくわい》に對《たい》し害毒《がいどく》を流《なが》すに至《いた》るのである。今《いま》やかの切《き》り捨《す》て御免《ごめん》の時代《じだい》は去《さ》つたのであります。今日劍《こんにちけん》術《じゆつ》を修養《しうやう》せんとする目的《もくてき》は人《ひと》を殺《ころ》し人《ひと》を制《せい》するの業《わざ》ではなく、其主眼《そのしゆがん》とする處《ところ》は、美風美德《びふうびとく》を涵養《かんやう》するの手段《しゆだん》に過《す》ぎないのであります。故《ゆゑ》に之《これ》を修養《しうやう》せんとする者《もの》にして背德《はいとく》なる行動《かうどう》を爲《な》すは、其本旨《そのほんし》に悖《もと》る所《ところ》であります。故《ゆゑ》に先《ま》づ平素練習《へいそれんしふ》するに當《あた》つて、吾々《われ〳〵》は嚴正《げんせい》なる禮義《れいぎ》を貴《たつと》び些末《さまつ》なる動作《どうさ》の上《うへ》にも常《つね》に禮《れい》を基《もと》とすることに留意《りうい》しなければなりません。余《よ》が平素子弟《へいそしてい》を訓育《くんいく》するに、道具《だうぐ》を附《つ》ける時《とき》より道場《だうぢやう》の出入《でいり》に至《いた》るまで嚴正壯嚴《げんせいさうごん》なる禮《れい》によりて行《おこな》はしめて居《ゐ》るのは即《すなは》ちこの意味《いみ》に外《ほか》ならぬのであります。此《こゝ》に於《おい》て始《はじ》めて劍術修養《けんじゆつしうやう》の効《かう》があるのであります。

彼《か》の正々堂々《せい〳〵だう〳〵》一點《てん》の愧《は》づる處《ところ》なく、事《こと》に當《あた》りて臆《おく》せず、而《しか》して萬嶽《ばんがく》を破《やぶ》る底《てい》の義勇《ぎゆう》は、實《じつ》にこの高潔《かうけつ》なる禮心禮體《れいしんれいたい》の表現《へうげん》にあらずして何《なん》でありませう。蓋《けだ》し敵《てき》を制《せい》する術《じゆつ》は只《た》だ禮心《れいしん》の權化《ごんげ》の然《しか》らしめる所《ところ》に外《ほか》ならぬのであります。諸子《しよし》よ劍術《けんじゆつ》の主《しゆ》眼《がん》を誤《あやま》つてはなりませぬ。素《もと》より劍術《けんじゆつ》は勝敗《しようはい》を主《しゆ》とし死活《しくわつ》を骨髓《こつずゐ》とすると雖《いへど》も、不正不義私利私慾《せいふぎしりしよく》のために勝負《しようぶ》を決《けつ》するのではない、死活《しくわつ》を明岐《めいき》するのではないのであります。一擊《げき》する處《ところ》互《たがひ》の誠心《せいしん》の爭《あらそ》ひとなり、一步退《しりぞ》く處《ところ》膽力《たんりよく》の爭《あらそ》ひとなるのであります。而《しか》して修養《しうやう》する所《ところ》のものは、正義人道《せいぎじんだう》の爲《た》めには一身《しん》をも犧牲《ぎせい》に供《きよう》するを辭《じ》せぬ崇高《すうかう》なる精神《せいしん》その者《もの》であつて、此心《このこゝろ》こそは實《じつ》に劍術《けんじゆつ》の妙諦《めうてい》であり、極意《ごくい》であります。劍道《けんだう》を練習《れんしふ》する者《もの》須《すべから》く此《こ》の要領《ゑうりやう》を銘記《めいき》し嚴正《げんせい》なる禮《れい》を基《もと》として、修養《しうやう》せんとする覺悟《かくご》がなければなりません。之《こ》れ禮《れい》を嚴正《げんせい》にする所以《ゆゑん》であります。

(三)△問《とひ》　發聲《はつせい》は何《なん》の爲《た》めにするか。

○答《こたへ》　發聲《はつせい》は心氣力《しんきりよく》の充溢《じういつ》して其餘勢《そのよせい》の聲《こゑ》となる場合《はあひ》であるが、或《あるひ》は心氣《しんき》を充《じう》溢《いつ》にせんが爲《ため》にかける場合《はあひ》もあります。前者《ぜんしや》は滿身《まんしん》の力《ちから》より發《はつ》し、後者《こうしや》は意識《いしき》ある時《とき》に發《はつ》して作意《さくい》を含《ふく》むものであります。而《しか》して作意《さくい》の時《とき》は、目的《もくてき》と相違《さうゐ》したる發聲《はつせい》をすることがあります。例《たと》へば面《めん》を打《う》ちて甲手《こて》と云《い》ふが如《ごと》く、或《あるひ》は甲手《こて》は如何《どう》か、これでもまだかと嘲《あざけ》りつゝ聲《こゑ》を掛《か》ける時《とき》の如《ごと》きものであります。故《ゆゑ》に作意的發聲《さくいてきはっせい》は禮《れい》を無視《むし》するわけで深《ふか》く謹《つゝ》しまねばなりません。滿身《まんしん》の力《ちから》の充溢《じういつ》せる時《とき》の發聲《はっせい》は腹《はら》の底《そこ》から發《はっ》せられるので一生懸命《しゃうけんめい》の時《とき》であります。故《ゆゑ》に猛烈進取的《まうれつしんしゅてき》の氣象《きしゃう》を以《もっ》て滿身《まんしん》の元氣《げんき》より發《はっ》することに勤《つと》めなければなりません。

(四)△問《とひ》　道具《だうぐ》の附《つ》け方《かた》を正確《せいかく》にする理由《りいう》。

○答《こたへ》　道具《だうぐ》の附方《つけかた》の不完全《ふくわんぜん》なのは危險《きけん》であります。危險《きけん》な時《とき》は心《こゝろ》に恐怖《きょうふ》を生《しゃう》じ活動《くわつどう》が不充分《ふじうぶん》となるものであります。又試合中《またしあひちう》に道具《だうぐ》を直《なほ》すは、恰《あだか》も兇刄《きょうじん》に遭遇《さうぐう》して將《まさ》に殺《ころ》されんとするとき、猶豫《いうよ》を乞《こ》ふが如《ごと》く實《じつ》に危險《きけん》と謂《い》はなければなりません。今《いま》や初心者《しょしんしゃ》の夥《おびたゞ》しき時《とき》に當《あた》り、此等《これら》の心得《こゝろゑ》は又必要《またひつえう》とする所《ところ》であります。左《さ》に道具《だうぐ》の附《つ》け方《かた》を詳說《しゃうせつ》して、其正確《そのせいかく》にすべき理由《りいう》を明《あきらか》にせんとするのであります。

身體《からだ》に附《つ》ける道具《だうぐ》は、第《だい》一稽古着《けいこぎ》、二袴《はかま》、三垂《たれ》、四胴《どう》、五手拭《てぬぐひ》を頭《かしら》に冠《かぶ》る、六面《めん》、七甲手《こて》、八竹刀《しなひ》の八つであります。道具《だうぐ》の附《つ》け方《かた》の順序《じゅんじょ》は一より八までゝあるが、此内面紐《このうちめんひも》は試合中《しあひちう》にはごけ易《やす》いものでありますから、特《とく》に其結《そのむす》び方《かた》に注意《ちうい》をして、誤《あやま》りなきやう努《つと》めなければなりません。

面紐《めんひも》の結《むす》び方《かた》には今日《こんにち》では二様《やう》になつて居《を》ります、即《すなは》ち左《さ》の圖《づ》に示《しめ》す通《とほ》りであります。

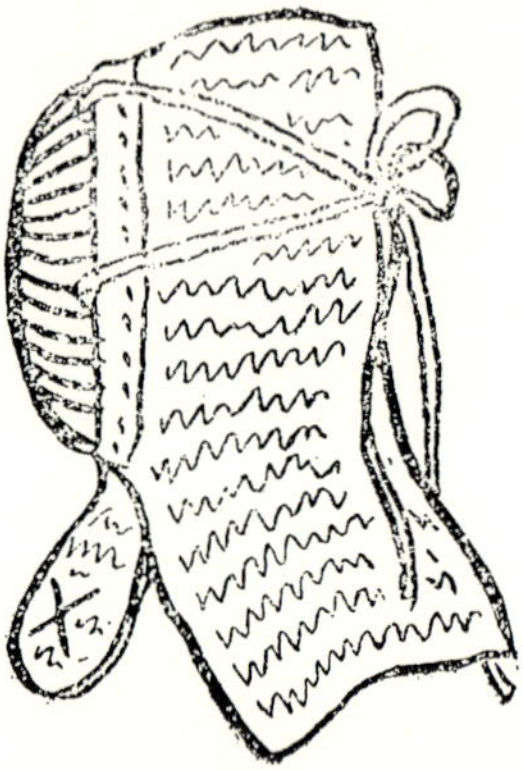

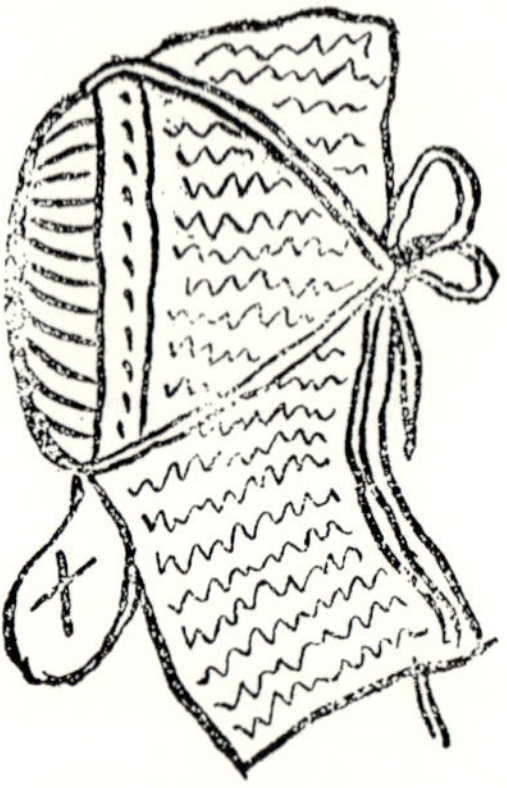

上圖《じやうづ》は面金《めんかね》の下《した》から七本目《ほんめ》に紐《むす》び付《つ》け、一本《ほん》の紐《ひも》を面金《めんかね》の一番上《ばんうへ》の間《あひだ》に通《とほ》し、圖《づ》の如《ごと》く面金《めんかね》の上《うへ》へ廻《まは》して、後頭部《こうとうぶ》で結《けす》ぶのであります。

下圖《かづ》は面金《めんがね》の一番上《ばんうへ》の中央《ちうあう》の金《かね》に紐《ひも》を結《むす》び付《つ》けて、其紐《そのひも》の兩方《りやうはう》を後頭部《こうとうぶ》へ廻《まは》し、咽喉《のど》の金《かね》に絞《し》め、更《さら》に後《うしろ》へ戻《もど》し、上《うへ》に廻《まは》してから其紐《そのひも》を後頭部《こうとうぶ》へ廻《まは》して結《むす》ぶのであります。紐《ひも》の結《むす》び方《かた》は後頭《こうとう》がよろしい。眼前《がんぜん》に紐《ひも》を掛《か》け結《むす》ぶは眼《め》の働《はたらき》の自在《じざい》を失《うしな》ふから此《こ》の結《むす》び方《かた》はやらぬがよろしい。又面紐《まためんひも》を耳《みゝ》に當《あ》てゝ結《むす》ぶのは甚《はなは》だ宜敷《よろしく》ない。耳上《みゝうへ》に紐《ひも》を結《むす》ぶときは、皷膜《こまく》を破《やぶ》る恐《おそ》れがあります。何《いづ》れの冠《かぶ》り方《かた》にせよ、紐《ひも》は耳《みゝ》上《うへ》を離《はな》し、蒲團《ふとん》と耳《みゝ》とを少《すこ》しく離《はな》し置《お》くことに留意《りうい》すべきであります。

(五)△問《とひ》　打《う》つ方法如何《はうはふいかん》。

○答《こたへ》　打《う》ちは下腹《かふく》に力《ちから》を入《い》れて其下腹《そのかふく》の力《ちから》で打《う》つのであります。最初《さいしよ》は下腹《かふく》に力《ちから》を集中《しふちう》し其《そ》の力《ちから》により手脚《しゆきやく》一致《ち》せしめて打《う》つのであります。手《て》の力《ちから》は如何《いか》なる効《かう》用《よう》をなすかと云《い》ふと、竹刀《しなひ》を正確《せいかく》に働《はたら》かしめる、これを正確《せいかく》にするには下腹《かふく》に力《ちから》を入《い》れて竹刀《しなひ》を使《つか》ふことが必要《ひつえう》であります。正確《せいかく》とは一言《ごん》にして覆《おほ》へば、圓《ゑん》の働《はたら》きで即《すなは》ち丸《まる》く働《はたら》かすのであります。而《しか》して人體《じんたい》を中心《ちうしん》として之《こ》れを説明《せつめい》すれば、體《たい》には進退《しんたい》があつて、前後横斜上下長短《ぜんごわうしやじやうげちやうたん》は、色々《いろ〳〵》其場《そのば》合《あひ》によつて働《はたら》くものであります。例《たと》へば打《う》たうとする太刀《たち》が前《まへ》に伸《の》び、足踏《あしぶみ》の如《ごと》き種々《しゆ〴〵》なる支線《しせん》によりて働《はたら》いて居《ゐ》る如《ごと》くであります、而《しか》し支線《しせん》の集《あつま》るも最後《さいご》には圓《ゑん》となるのであります、其活用《そのくわつよう》の方法《はうはふ》は手《しゆ》脚《きやく》の直線《ちよくせん》に働《はたら》くのも其《その》一點《てん》は圓《ゑん》で、一線《せん》も矢張《やは》り丸《まる》いものである故《ゆゑ》に、彼《か》の視線《しせん》が帆《ほ》船《ぶね》の進《すゝ》み遠《とほ》くなるに從《したが》ひ小《せう》になるが如《ごと》く其活動《そのくわつどう》を圓《ゑん》なるもの、内《うち》に練習《れんしふ》するのであります。之《これ》に誤《あやま》りなきものは強《つよ》く實《じつ》に限《かぎ》りなき働《はたら》きをなすのであります。この働《はたら》きの理《り》によりて働《はたら》きをなすには横縱斜《わうじうしや》の三體《たい》があります。即《すなは》ち横《よこ》とは竹刀《しなひ》を持《も》つた儘《まゝ》體《たい》の左方《さはう》より右方《うはう》に圓《ゑん》を畫《ゑが》くと、縱《たて》とは構《かま》へは刀《かたな》を頭上《づじやう》より素《もと》の構《かまへ》の上下《じやうげ》を眞直《まつすぐ》に働《はたら》かし頭上《づじやう》より下部《かぶ》へ圓《ゑん》を畫《ゑが》くと、斜《なゝめ》とは體《たい》の斜《なゝめ》に圓《ゑん》を畫《ゑが》きたるときであります。此働《このはたら》きを技《ぎ》に活用致《くわつよういた》しますと、横圓《わうゑん》は迂廻《うくわい》して刺擊《しげき》が出來《でき》なく、太刀《たち》が定《き》まらない、之《こ》れは拂《はら》ふとか落《おと》すとかの時《とき》に使《つか》ふのであります。縱《たて》の圓《ゑん》は俗《ぞく》に云《い》ふ眞直《まつすぐ》でありまして、刺擊《しげき》に使《つか》ひ、斜《なゝめ》の圓《ゑん》は摺《す》り下《おろ》し摺《す》り上《あ》げ、攻勢守勢等《こうせいしゆせいとう》に用《もち》ふるのであります。

左圖《さづ》に依《よ》つて其《そ》の圓形《ゑんけい》の如何《いかん》を知《し》れば前述《ぜんじゆつ》の使用法《しようはふ》が尚明瞭《なはめいれつ》となり、事實《じゞつ》に於《お》ける働《はたら》きも想像《さうぐ》せらるゝのであります。

第1図

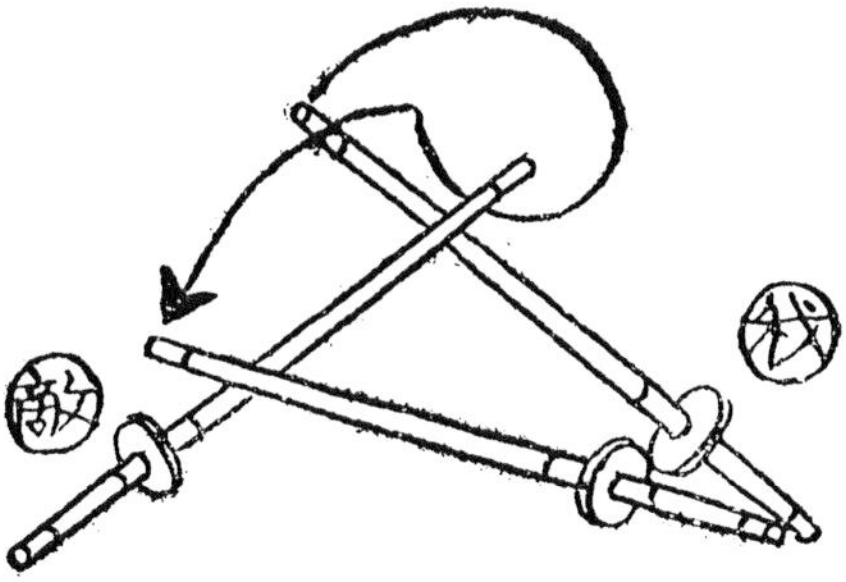

第2図

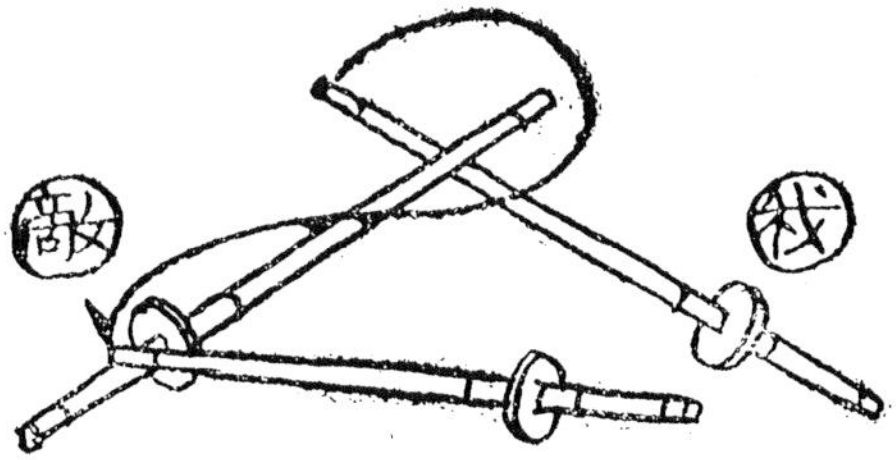

第3図

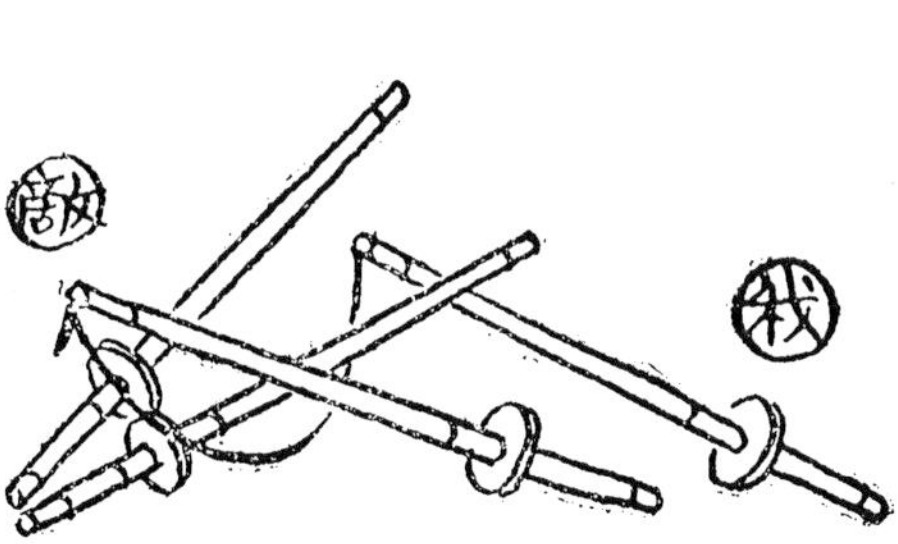

第一圖《だいいちづ》の説明《せつめい》　敵《てき》が面《めん》を打《う》つて來《き》た時之《ときこれ》を受《う》けて敵《てき》の面《めん》を打《う》つ形法《けいはふ》であります。受《う》

けるときは構《かま》へより前方上《ぜんぱうじやう》に竹刀《しなひ》を以《もつ》て圓《ゑん》を作《つく》り、受《う》けた位置《ゐち》より縱《たて》の圓《ゑん》を作《つく》りつつ打《う》つたのであります。此打《このう》ちを打《う》ち返《かへ》しとも又眞直《またまつすぐ》に打《う》つたとも申《まを》します。

第《だい》二圖《づ》の説明《せつめい》　敵《てき》の甲手《こて》を打《う》ちたる圖《づ》で、返《かへ》すときは横《よこ》に小圓《せうゑん》を作《つく》り、縱《たて》の圓《ゑん》を畫《ゑが》きて黑點《こくてん》より眞直《まつすぐ》に打《う》つのであります。

第《だい》三圖《づ》の説明《せつめい》　一より二に横《よこ》の圓《ゑん》にて下《おろ》し攻勢《こうせい》となり、三にて下《した》より上《うへ》に縱《たて》の圓《ゑん》を畫《ゑが》きて突《つ》くのであります。

總《すべ》て竹刀《しなひ》の使《つか》ひ方《かた》は波線《はせん》の如《ごと》く半圓小圓大圓《はんゑんせうゑんだいゑん》に働《はたら》いて居《を》ります、全《まつた》く直角《ちよくかく》に使《つか》ふと云《い》ふことはないもので、總《すべ》て圓滿《ゑんまん》なる働《はたら》きを爲《な》して居《ゐ》るのであります。

此力《このちから》によりて物《もの》を切《き》ることも出《で》

來《き》るし、又打《またう》つたときは直《たゞち》に元《もと》に戻《もど》る働《はたら》きともなるのであります。卽《すなは》ち右圖《うづ》の如《ごと》きであります。

斯《かく》の如《ごと》く手《て》は直角《ちよくかく》に働《はたら》くときは圓滿《ゑんまん》を缺《か》き、業《わざ》も自由《じいう》にならぬものであるから攻擊《こうげき》の際《さい》は一氣《き》に圓《ゑん》によりて連絡《れんらく》して働《はたら》くのであります。而《しか》して此上下《このじやうげ》の働《はたら》きの敏捷《びんしやう》なるときは强弱緩急其宜敷《きやうじやくくわんきふそのよろし》きを得《う》るもので、例《たと》へば下《おろ》すときは强《つよ》く、上《あ》げる時《とき》は弱《よわ》くするのであります。弱《よわ》くして後强《のちつよ》くなるは自然《しぜん》の理《り》で、恰《あだか》も呼吸《こきふ》の如《ごと》く、吐《は》くときは弛《ゆる》み、吸《す》ひ込《こ》むときは充溢《じういつ》する如《ごと》きであります。斯《か》く說明《せつめい》するときは前樣《ぜんやう》の働《はたら》きは卽《すなは》ち身體自然《しんたいしぜん》の働《はたら》きであることが事實《じじつ》に於《おい》て證明《しようめい》されたわけであります。尙此《なほこの》力《ちから》の働《はたら》きは最《もつと》も有利《いうり》であり、又妙手《またみやうしゆ》であつて、諸君《しよくん》は之《これ》を實行《じつかう》の上《うへ》より了解《れうかい》の出來《でき》る樣《やう》に鍛鍊《たんれん》することが肝要《かんえう》であります。

左《さ》の圖《づ》は起點《きてん》より業《わざ》を施《ほどこ》す有利《いうり》なる一例《れい》であります。

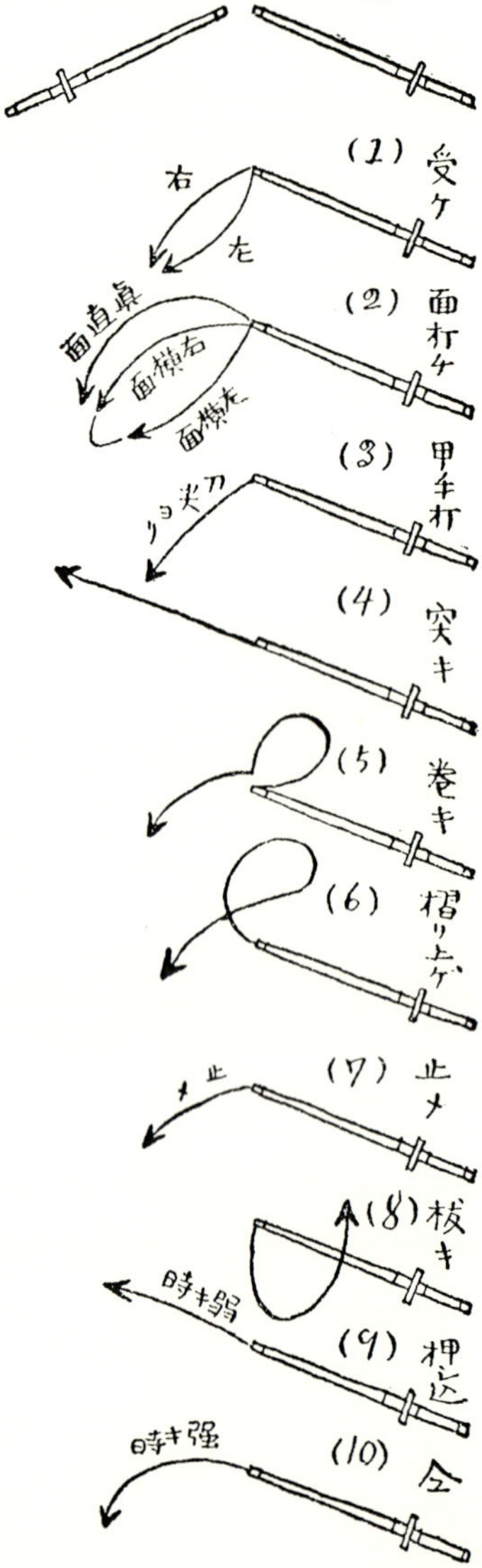

(六)△問《とひ》　間合《まあひ》の理由《りいう》。

○答《こた》　圖《づ》の如《ごと》く刀尖《たうせん》を交叉《かうさ》し、彼我《ひが》對照《たいせう》した狀態《じやうたい》を間合《まあひ》と云《い》ふのであります。此間合《このまあひ》にあるときは守勢《しゆせい》も刺撃攻勢防拂等《しげきこうせいはうふつとう》の技《ぎ》を施《ほどこ》すに便《べん》ならしむるのであります而《しか》し此間合《このまあひ》が第二圖《だいづ》の如《ごと》くなるときは打《う》たれ易《やす》く攻《せ》め込《こ》まれ易《やす》い間合《まあひ》となるのであります。第一圖《だいづ》の間合《まあひ》は心不動《こゝろふどう》の位《くらゐ》不敗《ふはい》の位《くらゐ》と申《まを》しまして、心《こゝろ》が定まつて居《ゐ》るから

第一圖

第二圖

敵《てき》に應《おう》じて容易《ようい》に敗《やぶ》れぬ狀態《じやうたい》であります。故《ゆゑ》に此間《このま》合《あひ》は直《たゞち》に勝敗《しようはい》の決《けつ》する時《とき》ではありませぬ。第《だい》二圖《づ》の間合《まあひ》は機先《きせん》を制《せい》して勝《かち》となる處《ところ》であります。而《しか》して第《だい》一圖《づ》より第《だい》二圖《づ》に變化《へんくわ》するときは、攻《せ》めるか打《う》つか突《つ》くか、双方《さうはう》の氣《き》が合致《がつち》する處《ところ》であります。此處《こゝ》で若《も》し敵氣《てきゝ》に乘《の》れば、竹刀《しなひ》の變化《へんくわ》する處《ところ》を打《う》たれるのであります。又我《またわれ》に乘《の》るときは働《はたら》くところに油斷《ゆだん》を生《しやう》じ、隙《すき》ある處《ところ》を打《う》つことが出來《でき》るのであります。之《こ》れ氣《き》の働《はたら》く處《ところ》竹刀《しなひ》が變動《へんどう》し竹刀《しなひ》の動《うご》く處氣《ところき》が動《うご》くから打《う》ち込《こ》む形體《けいたい》となり氣《き》に隙《すき》を生《しやう》ずるからであります。彼《か》の機先《きせん》を制《せい》するも、刺擊《しげき》を施《ほどこ》すも第《だい》二の間合《まあひ》に於《おい》て、敵《てき》の刀尖《たうせん》の上《あが》る場合《はあひ》は下《した》に下《さ》げ、敵《てき》の下《した》に下《さげ》る場合《はあひ》は上《うへ》より押《お》し敵《てき》の自由《じいう》を拘束《うそく》するものであります而《しかし》

て敵《てき》の形體《けいたい》の變化《へんくわ》に應《おう》じて進《すゝ》むときは、敵《てき》は我《わ》が變體《へんたい》と間合《まあひ》の遠近《ゑんきん》により心《こゝろ》を引《ひ》かれ、守勢防禦《しゆせいばうぎよ》となるから此間直《このあひだたゞち》に攻撃《こうげき》するのであります。若《も》し彼《か》れが此時先《このときさき》んじて我《われ》を攻撃刺突《こうげきしとつ》するときは、攻勢《こうせい》の形體《けいたい》は直《たゞち》に防拂《ばうふつ》となり直《たゞち》に刺撃《しげき》するのであります。後《のち》の先《さき》の理法《りはふ》は之《こ》れであります。又敵《またてき》の攻勢《こうせい》が第《だい》一第《だい》二の時《とき》は竹刀《しなひ》の力《ちから》を避《さ》け敵《てき》の弛《ゆる》みたる形體《けいたい》に向《むか》つて攻勢《こうせい》を採《と》り、或《あるひ》は攻勢《こうせい》より直《たゞち》に刺撃《しげき》に變化《へんくわ》して業《わざ》を施《ほどこ》すのであります。之《こ》れ間合《まあひ》の理由《りいう》であります。

(七)△問《とひ》　胴打《どうう》ちの法如何《はふいかん》。

○答《こたへ》　胴《どう》を打《う》つは敵《てき》の刀尖《たうせん》を上《あ》げて守《まも》る形狀《けいじやう》に止《とゞ》まる時打《ときう》ち込《こ》むので、又面《またのめん》の斬撃《ざんげき》を施《ほどこ》し來《く》るとき受《う》け拂《はら》ひを打《う》ち或《あるひ》は接觸《せつしよく》したるとき敵《てき》の面《めん》を打《う》つ手《て》の上《あが》りたる處《ところ》を打《う》ち又我面《またわがめん》を打《う》ち其防拂《そのばうふつ》したるときに打《う》つ場合《ばあひ》であります。打《う》つことは突《つき》を避《さ》けて虚《きよ》を打《う》つと申《まを》しまして、敵《てき》の充溢《じういつ》する力《ちから》を避《さ》け或《あるひ》は力《ちから》を一方《はう》に偏倚《へんい》し、固着《こちやく》して力《ちから》のない方面《はうめん》を打《う》つのであります。此胴《このどう》を打《う》つの理《り》は啻《たゞ》に胴《どう》のみではありませぬ面甲手《めんこて》突《つ》きの業《わざ》を施《ほどこ》すにも此理《このり》で、只《た》だ形式《けいしき》を異《こと》にするのみであります。其理《そのり》は各《かく》技《ぎ》共《とも》に同《おな》じとでありますから時《とき》に臨《のぞ》んで應用《おうよう》することが肝要《かんえう》であります、胴《どう》を打《う》つときは手《て》の内《うち》は右《みぎ》の握《にぎ》りを十分《じふぶん》引《ひ》き返《かへ》し、左握《ひだりにぎ》りの力《ちから》を弛《ゆる》め兩手《りやうて》の内《うち》が交叉《かうさ》して十字形《じけい》となるやうにするのであります。右手《うしゅ》を返《かへ》すときに左手《さしゅ》に力《ちから》を入《い》れて居《ゐ》るときは、竹刀《しなひ》の働《はたら》きは敵《てき》の腰《こし》に向《むか》つて打《う》つ樣《やう》になります、されば打《う》つ氣《き》と同時《どうじ》に此正確《このせいかく》な手《て》の内《うち》となるやうに心懸《こゝろが》けねばなりませぬ。

(八)△問《とひ》　業《わざ》を續《つゞ》けて打《う》つ要領如何《えうりやういかん》。

○答《こたへ》　業《わざ》を續《つゞ》けて打《う》つとは、敵《てき》の隙《すき》に乘《じよう》じて一《ひと》つ業《わざ》を施《ほどこ》し、敵《てき》の回復《くわいふく》の出來《でき》ぬ間《あひだ》に直《たゞち》に別《べつ》の業《わざ》を施《ほどこ》すことであります。一より二に二より三と業《わざ》を繼續《けいぞく》して業《わざ》を施《ほどこ》すは敵《てき》を眩惑《げんわく》せしむる効《かう》があります。而《しか》して續《つゞ》け打《う》ちには攻撃防禦《こうげきばうぎよ》より刺撃《しげき》する時《とき》守勢《しゆせい》より刺撃《しげき》するとき、防拂《ばうふつ》より刺撃《しげき》するとき、刺撃《しげき》より防拂《ばうふつ》するとき或《あるひ》は續《つゞ》けさまに攻《せ》めるときと云《い》ふやうに種々《しゆ〴〵》の場合《ばあひ》がありますが、今其等《いまそれら》について大要《たいえう》を申《まを》しませう。

一、攻撃の時

第1図

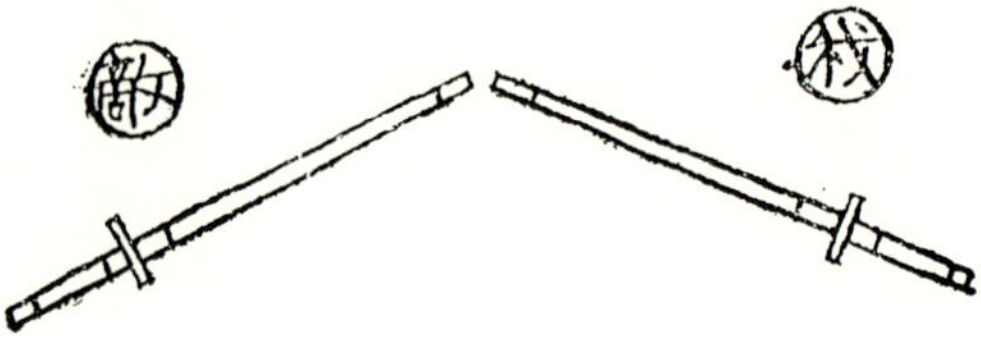

第2図

第3図

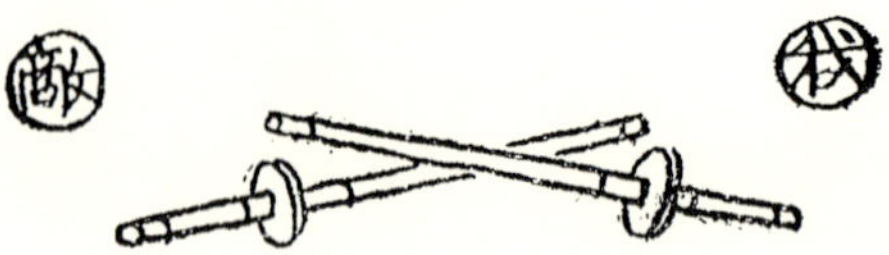

我《われ》の攻《せ》めて撃《う》つとき敵《てき》より攻められるを我《われ》は攻《せ》め返《かへ》して打《う》つとき敵《てき》の攻《せ》めて撃《う》ち來《く》るを我《われ》は防拂《はうふつ》しつゝ攻《せ》めて打《う》つとき、之《こ》れ等《ら》は卽《すなは》ち攻撃《こうげき》の繼續《けいぞく》であります。攻《せ》めるは形體《けいたい》の變《へん》化《くわ》と共《とも》に敵《てき》の氣《き》又《また》は心《こゝろ》を壓迫《あつぱく》するのでありま

して、形《かたち》より寧《むし》ろ心《こゝろ》に重《おも》きを置《お》いて居《を》ります。而《しか》して其形體《そのけいたい》の變化《へんくわ》の大要《たいねう》を述《の》べますと攻《せめ》は右《みぎ》の圖《づ》の如《ごと》く間合《まあひ》を中心《ちうしん》として第《だい》二圖《づ》の如《ごと》く敵《てき》の刀勢《たうせい》を殺《ころ》し第《だい》三圖《づ》の如《ごと》く敵刀《てきたう》が下《さが》るときは敵體《てきたい》の咽喉《いんこう》に我《わ》が力《ちから》ある刀尖《たうせん》を附《つ》けて前進體《ぜんしんたい》となるのであります人《ひと》の氣力《きりよく》は必《かな》らず刀尖《たうせん》に入《い》るものでありますから、刀尖《たうせん》の變化《へんくわ》につれて氣力《きりよく》が必《かな》らず其方面《そのはうめん》に偏倚《へんい》するものでありますから、其力《そのちから》のなき弱點《じやくてん》に我實力《わがじつりよく》を以《もつ》て附《つ》け入《い》るときは其心氣《そのしんき》を牽制《けんせい》し、敵《てき》は自《おのづか》ら心氣《しんき》の活動《くわつどう》を失《しつ》し、形體《けいたい》の實力《じつりよく》を失《うしな》ふに至《いた》るのであります。敵《てき》が實力《じつりよく》を失《うしな》ひたるときは打《う》つに最《もつと》も容易《ようい》なるときで、この機《き》を逸《いつ》せず打《う》つときは即《すなは》ち攻撃《こうげき》の理《り》を完全《くわんぜん》に施《ほどこ》し得《う》るのであります。而《しか》して防拂《はうふつ》にせよ、守《しゆ》勢《せい》にせよ、避《さ》けるにせよ、總《すべ》て敵《てき》の隙《すき》は刀尖《たうせん》の變化《へんくわ》する處《ところ》に生《しやう》ずるものであるから左《さ》の圖《づ》の如《ごと》き理《り》を以《もつ》て業《わざ》を繼續《けいぞく》するのであります。

敵《てき》は刀《たう》を圖《づ》の如《ごと》く變化《へんくわ》して崩《くづ》すにより其力《そのちから》は下《した》に落《お》ち、我《われ》は其實力《そのじつりよく》を避《さ》けるから此時《このとき》は直《たゞち》に上《うへ》を打《う》つのであります。

(防拂ヨリ打チノ往續)

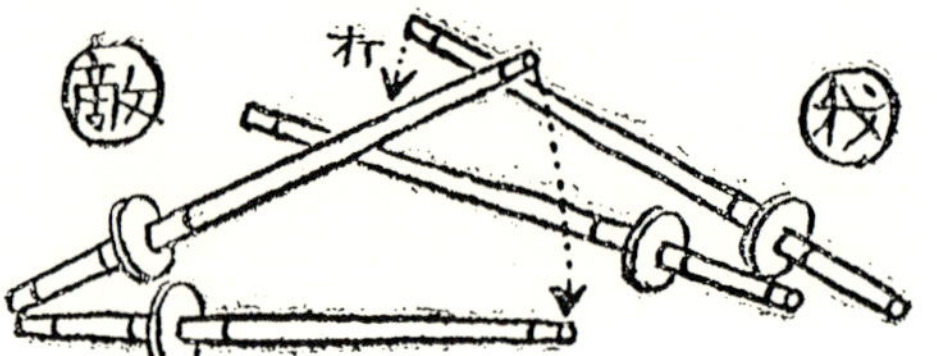

守勢《しゆせい》の時《とき》は氣《き》の働《はたら》きが止《とま》る時《とき》であります。此時《このとき》は身體《しんたい》の働《はたらき》が固着《こちやく》しますから、敵《てき》は構《かま》への形《かたち》となつて我《われ》に應《おう》ずるの力《ちから》を失《うしな》ふから、孰《いづ》れの方向《はうかう》から打《う》つも突《つ》くも容易《ようい》に業《わざ》を施《ほどこ》し得《え》らるゝのであります。避《さ》ける場《ば》合《あひ》は敵《てき》の打《う》つ力《ちから》で空《くう》を打《う》たせて、其刀勢《そのたうせい》の亂《みだ》れたる處《ところ》を打《う》つのであります。敵《てき》の體《たい》を崩《くづ》すと云《い》ふも亂《みだ》すと云《い》ふも、常《つね》に攻《せ》めの意味《いみ》を確守《かくしゆ》し敵《てき》の刀尖《たうせん》の主力《しゆりよく》をはづして業《わざ》を繼續《けいぞく》するのであります。以上《いじやう》の要項《えうりやう》を絶《た》えず施《ほどこ》すときは、自然敵《しぜんてき》の勇氣《ゆうき》をくじき、自《おのづか》ら體《たい》の自由《じいう》を失《うしな》ふやうになるので我《われ》は其時《そのとき》十分《じふぶん》打《う》ち込《こ》めば、敵《てき》を制《せい》することが出來《でき》るのであります。

(九)△問《とひ》　思《おも》ふ儘《まゝ》に使《つか》ふとは如何《いかん》。

○答《こたへ》　自己《じこ》の思《おも》ふ處何事《ところなにごと》でも勝手氣儘《かつてきまゝ》に行《ゆ》けば、法則《はふそく》もなく規律《きそく》もなく、劍術《けんじゆつ》の眞髓《しんずゐ》もなく、全《まつた》く暗黑同樣《あんこくどうやう》のものであります。如何《いか》に達人《たつじん》と云《い》ひ名人《めいじん》と云《い》ひましても、自己《じこ》の思《おも》ふ儘《まゝ》に行《ゆ》けるものではないので、思《おも》ふ儘《まゝ》に成《な》らざるが故《ゆゑ》に技術《ぎじゆつ》も上《あが》り、法則《はふそく》にも從《したが》ひ其眞髓《そのしんずゐ》も悟《さと》り得《う》ることが出來《でき》るのであります。されば思《おも》ふ儘《まゝ》とは自分《じぶん》の思《おも》ひ通《とほ》り失敗《しつぱい》なく行《ゆ》くと云《い》ふ意味《いみ》ではなく法則《はふそく》や技術《ぎじゆつ》を深《ふか》く修《をさ》めると云《い》ふことであります。所謂修養《いはゆるしうやう》を全《まつた》くすると云《い》ふことであります。此修養《このしうやう》の眞《しん》に入《い》ることが出來《でき》たならば、或場合《あるはあひ》は殺活自在《さつくわつじざい》となることが出來《でき》るし、剛毅忍耐自信《がうぎにんたいじしん》と云《い》ふ精《せい》神《しん》を作《つく》ることも出來《でき》るし又道德的精神《まただうとくてきせいしん》も作《つく》ることも出來樣《できやう》と思《おも》ひます。彼《か》の失敗《しつぱい》は成功《せいこう》の基《もと》と云《い》ふ如《ごと》く失敗《しつぱい》の度《ど》を重《かさ》ねても更《さら》に奮發活躍《ふんぱつくわつやく》して修養《しうやう》の一段《だん》を積《つ》むことが肝要《かんえう》であります。されば思《おも》ふ儘《まゝ》の意味《いみ》を誤解《ごかい》せず、能《よ》く理《り》に從《したが》ひ、法則《はふそく》に遵《したが》ひ術略《じゆつりやく》の方向《はうかう》に意《い》を注《そゝ》ぐとが肝要《かんえう》なのであります。總《すべ》て精神《せいしん》の發達《はつたつ》は苦痛《くつう》を忍《しの》び、而《しか》して後進歩發達《のちしんぽはつたつ》するのであつて、剛健質實《がうけんしつじつ》の精神《せいしん》は唯《たゞ》に口先《くちさき》の議論《ぎろん》や講釋師《かうしやくし》の講談《かうだん》を聞《き》いて、一段々々《だん〳〵》に確實《かくじつ》に攫得《くわくとく》し得《う》る譯《わけ》の者《もの》でないのであります、それは啻《たゞ》に一時《じ》の感奮《かんぷん》に過《す》ぎないのであります。而《しか》し肉體《にくたい》の苦痛《くつう》に伴《ともな》つて確得《かくとく》したものは永續的《えいぞくてき》で、竹刀《しなひ》を採《さ》り肉體上《にくたいじやう》の苦痛辛苦《くつうしんく》をすることは其精神《そのせいしん》を根柢《こんてい》から練《ね》るものであります。宜《よろ》しく奮勵努力《ふんれいどりよく》し、艱苦《かんく》に堪《た》へて身體《しんたい》を固《かた》め、同時《どうじ》に各自《かくじ》の天職《てんしよく》に向《むか》つて己《おの》が趨《ゆ》く處《こころ》に適《てき》する精神《せいしん》を涵養《かんやう》し、白刄《はくじん》の下と雖《いへど》も恐《おそ》れず、身《み》を犧牲《ぎせい》に供《きよう》し、君國《くんこく》に盡《つく》すの性情《せいじやう》を養《つしな》はねばなりませぬ。昔天上天下唯我獨尊《むかしてんじやうてんかゆゐがどくそん》といつた聖人《せいじん》があつたが、之《こ》れは偉《えら》いとか強《つよ》いとかいふやうな、自《みづか》らを誇《ほこ》つたものでないので、自己《じこ》を謹《つゝし》み尊《たつと》んだものであります。我々《われ〳〵》も劍《けん》を採《と》つては、自《みづか》ら心《こゝろ》に恥《は》ぢることのないやう、又自分《またじぶん》の行《おこな》ひに過失《くわしつ》のない樣《やう》、國《くに》の爲《た》め恥辱《ちじよく》を被《かうむ》らぬ樣《やう》、日々自分《ひゞじぶん》の身心《しん〳〵》を尊《たつと》び愼《つゝし》むことに力《つと》めなければなりませぬ。自《みづか》ら尊べば卑劣《ひれつ》の行動《かうどう》も品行《ひんかう》もない譯《わけ》となるのであります技術《ぎじゆつ》が如何《いか》に名人《めいじん》と謂《い》へ、人《ひと》たる以上失敗《いじやうしつぱい》は必《かなら》ずあるもので、技術《ぎじゆつ》が出來《でき》たからといつて、天上天下《てんじやうてんか》に負《ま》ける者《もの》はない、自分より偉《えら》いものはないと云《い》ふことは出來《でき》ません。彼《か》の天下無敵《てんかむてき》と云《い》ふ太刀山《たちやま》ですら敗《やぶ》られることがあります。思《おも》ふ儘《まゝ》にすると謂《い》ふことは、自《みづか》ら足《た》れりと知《し》るまで充分修養《じうぶんしうやう》すると云《い》ふことであります。

一體今日《たいこんにち》の世《よ》の中《なか》の人《ひと》は無責任《むせきにん》に勝負《しようぶ》のみを論《ろん》じ、誰々《たれたれ》は強《つよ》い、誰々《たれたれ》よりは弱《よわ》いと云《い》ふて、其人《そのひと》の價値《かち》を定《さだ》め、又其價値《またそのかち》によつて人格《じんかく》の高潔卑劣《かうけつひれつ》を決《けつ》すると云《い》ふ傾《かたむ》きがありますが、青年諸君《せいねんしよくん》も彼樣《かやう》な誤《あやま》つた心《こゝろ》を以《もつ》て、劍道《けんだう》を修養《しうやう》した所《ところ》で決《けつ》して悟《さと》道《だう》に入《い》ることは出來《でき》ません。吾々《われわれ》は斯《かく》の如《ごと》き取《と》るに足《た》らぬ世《よ》の誤説《ごせつ》を意《い》とせず、大《おほい》に修養《しうやう》しなければならぬのであります。

（十）△問《とひ》　突《つ》かれるのが恐《おそ》しいといふ、この原因如何《げんいんいかん》。

○答《こたへ》　突《つ》かれるのは如何《いか》なる原因《げんいん》であるか、先《ま》づ之《こ》れを明《あきらか》にせねばなりません突《つ》かれるのは敵《てき》の竹刀《しない》卽《すなは》ち形態《けいたい》に心《こゝろ》を奪《うば》はれるからで、この時《とき》は自然《しぜん》隙《すき》を生《しやう》ずるものであります。其隙《そのすき》に乘《じやう》ぜられて激烈《げきれつ》に突《つ》かれる時《とき》は、勇氣《ゆうき》が消滅《せうめつ》して恐怖《きようふ》を感《かん》ずるのであります。以上《いじやう》の如《ごと》き原因《げんいん》でありますから、敵《てき》が突《つ》くべき形態《けいたい》を示《しめ》したときは自分《じぶん》から先《さき》んじて突《つ》き込《こ》むこと、又《また》は敵《てき》の突《つ》くべき出先《でさき》を拂《はら》つて其業《そのわざ》を防《ふせ》ぐことが肝要《かんえう》であります。此二《このふた》つの業《わざ》を施《ほどこ》すときは氣《き》の充溢《じういつ》と共《とも》に少《すこ》しも恐怖《きようふ》の意《い》は起《おこ》りませぬ。

(十一)△問《とひ》　胴《どう》を受《う》けるときに肘《ひぢ》を打《う》たれ、面《めん》の時《とき》は肩《かた》を打《う》たれ、甲手《こて》の時《とき》は二の腕《うで》と云《い》ふ様《やう》に道具《だうぐ》はづれを打《う》たれるは如何《いか》なる原因《げんいん》であるか。

○答《こたへ》　面及甲手《めんおよびこて》の場合《ばあひ》は、拂《はら》ふ力《ちから》が足《た》らぬからであります。充分拂《じうぶんはら》へば決《けつ》して打《う》たれませぬ。又胴《またどう》のとき柄止《つかど》めを用《もち》ふるに、右手《うしゆ》を返《かへ》して充分前斜方《じうぶんぜんしやはう》に伸《のば》し、柄《つか》にて受《う》けれぱ決《けつ》して肘《ひぢ》を打《う》たれず防拂《ばうふつ》することが出來《でき》ます。胴又《どうまた》は面甲手《めんこて》の防拂《ばうふつ》の時《とき》は、敵《てき》の業《わざ》を施《ほどこ》すを未然《みぜん》に制《せい》するの心《こゝろ》を以《もつ》て打《う》つのであります。

(十二)△問《とひ》　體當《たいあた》りとは何《なん》の目的《もくてき》にて施《ほどこ》すものなるや。

○答《こたへ》　劍術《けんじゆつ》は敵《てき》に先《さき》んじて彼《かれ》を斬《き》るの業《わざ》でありますから、人《ひと》を投《な》げるの術《じゆつ》は必要《ひつえう》がありませぬ。所謂白兵使用精神《いはゆるはくへいしようせいしん》の修養《しうやう》に於《おい》ては尚更《なほさら》投《な》げの業《わざ》は必要《ひつえう》がない今日《こんにち》の戰鬪《せんとう》の最後《さいご》の勝敗《しようはい》は白兵《はくへい》にありといはれ、武器《ぶき》に依《よ》つて斬《き》る上《うへ》に勝敗《しようはい》の數《すう》が岐《わか》れるので、武器《ぶき》を以《もつ》て人《ひと》を投《な》げるものではありませぬ。又精神修養《またせいしんしうやう》の要點《えうてん》は亂暴《らんばう》な行動卑劣《かうどうひれつ》な行爲《かうゐ》を愼《つゝし》むべきで、劍術《けんじゆつ》に於《おい》ても、體力腕力《たいりよくわんりよく》の一方《はう》に偏《へん》するときは暴行《ばうかう》の具《ぐ》たるに過《す》ぎぬものとなります。竹刀《しなひ》を白刄《はくじん》とし、其刀尖《そのたうせん》に生死《せいし》を決《けつ》する劍術《けんじゆつ》には、柔術《じうじゆつ》を借《か》る必要《ひつえう》がないのであります。されば體當《たいあた》りの如《ごと》きは初心者《しよしんしや》の腕力《わんりよく》氣力《きりよく》を養成《やうせい》するに過《す》ぎぬもので、眞《しん》の精神的修養上《せいしんてきしうやうじやう》の目的《もくてき》ではありませぬ。世《よ》に行《おこな》はれる多《おほ》くの劍道《けんだう》の著書《ちよしよ》には體當《たいあた》りを一種《しゆ》の業《わざ》の如《ごと》く解《かい》し、精神云爲《せいしんうんゐ》の上《うへ》に堂々《だう〳〵》と論《ろん》ずるものがあるけれども夫《そ》れは棒振《ぼうふ》り論《ろん》であつて、眞《しん》に價値《かち》のある議論《ぎろん》ではありませぬ。

(十三)△問《とひ》　眼《め》の効果《かうくわ》とは如何《いかん》。

○答《こたへ》　眼《め》は敵《てき》の術略動靜《じゆつりやくどうせい》を知《し》り、機《き》に應《おう》じて技《ぎ》を施《ほどこ》すの働《はたら》きであります。心《こゝろ》の働《はたらき》と云《い》ふのも眼《め》に視《み》て心能《こゝろよ》く動《うご》き、氣之《きこ》れに傳《つた》はるのであります。所謂目《いはゆるめ》は活動《くわつどう》の根本《こんぽん》で、また大本《たいほん》でありますから、間斷《かんだん》なく瞬《またゝ》きをするときは、敵《てき》の動靜《どうせい》が解《わか》らなくなつて、遂《つひ》に敵《てき》に制《せい》せられるのであります。故《ゆゑ》に目《め》は心《こゝろ》の修養《しうやう》と同《おな》じ理窟《りくつ》、ちやんと坐《すわ》つて居《ゐ》る方《はう》がよいのであります。所謂眼光烱々《いはゆるがんくわうけい〳〵》として人《ひと》を射《い》る底《てい》のものであります。卽《すなは》ち平素《へいそ》敵眼《てきがん》を凝視《ぎようし》すれば、心《こゝろ》は心《こゝろ》を視《み》るが如《ごと》く、己《おの》が眼《め》は一點《てん》に定《き》まつて來《く》るやうになりますから、敵《てき》の眼《め》がうるんだり、塞《ふさ》いだりすれば旣《すで》に精神上《せいしんじやう》に勝《か》つことが出來《でき》るのであります。彼《かれ》に敗《やぶ》られざる要《ねう》は又《また》眼《め》の坐《すわ》るにあるのであります。

(十四)△問《とひ》　身體《しんたい》を正《たゞ》しくする理如何《りいかん》。

○答《こたへ》　技《わざ》の骨子《こつし》は身體《しんたい》で、實行《じつかう》の本體《ほんたい》は體《たい》であります。體《たい》が不完全《ふくわんぜん》なるときは、智情意《ちじやうい》が如何《いか》に發達《はつたつ》したからとて、斷行《だんかう》し得《う》ることが出來《でき》ませぬ。上達《じやうたつ》するも眞《しん》に悟入《ごにふ》するも、智情意《ちじやうい》の完全《くわんぜん》なると共《とも》に身體《しんたい》の正《たゞ》しきを要《えう》するのであります。劍術傳《けんじゆつでん》に曰《いは》く、構《かま》へは三角構《かくがまへ》として、左《さ》の圖《づ》の如《ごと》く構成《こうせい》すべしと。卽《すなは》ち眼《め》と刀尖《たうせん》と腹《はら》

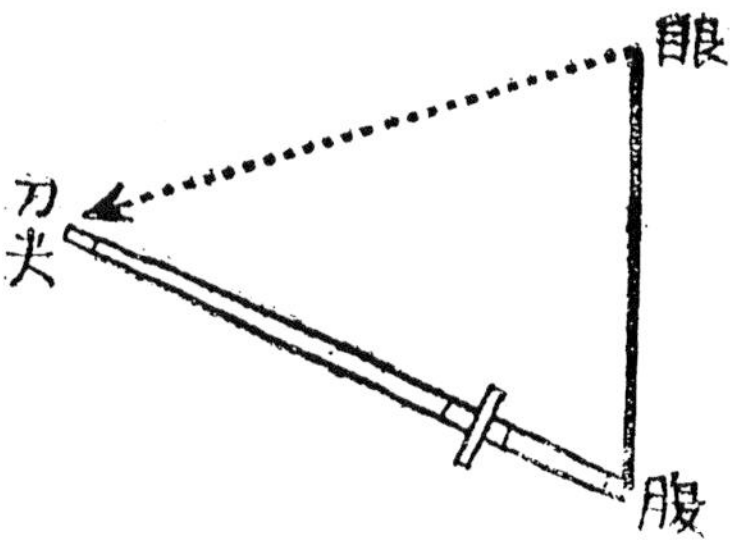

との三つを以《もつ》て作《つく》られた形狀《けいじやう》を眞體《しんたい》とすといつてあります。此理《このり》たるや我不動體《わがふどうたい》より竹刀《しない》を備《そな》へたる正體《せいたい》を云《い》ふのであります。而《しか》して此正體《このせいたい》は活動《くわつどう》の力《ちから》であります。此正體《このせいたい》が活動眞技《くわつどうしんぎ》を自得《じとく》するに從《したが》ひ、精神上《せいしんじやう》に變《へん》化《くわ》し、眼《め》は智《ち》なり腹《はら》は仁《じん》なり刀《たう》は勇《ゆう》なりといふ理《り》に達《たつ》するのであります。我々《われ〱》が刀《たう》を振《ふ》る正體《せいたい》は心《こゝろ》の變化《へんくわ》となり、智仁勇《ちじんゆう》の德《とく》となるのであります。此時《このとき》に於《おい》て智《ち》情意《じやうい》は最《もつと》もよく活用《くわつよう》せらるゝのであります。之《これ》を譬《たと》へば眼《め》は智《ち》となり腹《はら》は情《じやう》となり刀《たう》は意《い》となります。意思《いし》は勇《ゆう》ありて斷行《だんかう》する力《ちから》となり、智《ち》ありて理《り》を悟《さと》り情《じやう》は仁《じん》ありて義《ぎ》となるものであります。劍術《けんじゆつ》の理《り》たるや即《すなは》ち智情《ちじやう》意《い》を完全《くわんぜん》し、又《また》智《ち》仁勇《じんゆう》の德《とく》を遺憾《ゐかん》なく修《をさ》め得《う》るものであります。身體《しんたい》の正確《せいかく》は唯《たゞ》に技術《ぎじゆつ》の確實《かくじつ》のみならず、精神上必要缺《せいしんじやうひつえうか》くべからざるものであります。故《ゆゑ》に先《ま》づ身體《しんたい》

の正確《せいかく》を養成《やうせい》することの如何《いか》に必要《ひつえう》であるかゞわかるのであります。之《こ》れが體《たい》を正《たゞ》しくしなければならぬ理由《りいう》であります。

(十五)△問《とひ》　虚心平氣《きよしんへいき》とは如何《いかん》。

○答《こたへ》　眼《め》に觸《ふ》れ耳《みゝ》に聞《き》き、事《こと》に當《あた》り人《ひと》に接《せつ》するに當《あた》つて、色々《いろ〳〵》と妄想《まうさう》が起《おこ》るのは人《ひと》の常《つね》であります。併《しか》しながら若《も》し慾望《よくばう》や雜念《ざつねん》を抱《いだ》いて、竹刀《しなひ》を取《と》るときは、敵《てき》の形狀《けいじやう》や動靜《どうせい》や竹刀《しなひ》の變化《へんくわ》に心《こゝろ》を制《せい》せられて、一寸《ちよつと》も働《はたら》くことが出來《でき》ないのであります。故《ゆゑ》に此《この》雜念《ざつねん》の生《しやう》ぜぬやう心《こゝろ》を修養《しうやう》せねばなりません。彼《か》の敵《てき》に對《たい》しては發《はつ》聲《せい》をかけ、刀尖上《たうせんじやう》の攻勢《こうせい》をとるのは卽《すなは》ち敵眼《てきがん》の働《はたら》きを奪《うば》ひ心《こゝろ》を迷《まよ》はしめ、身體《しんたい》の形《けい》狀《じやう》を崩《くづ》し、隙《すき》を生《しやう》ぜしめる目的《もくてき》に他《ほか》ならぬのであります。之《こ》れ敵《てき》をして妄想《まうさう》を起《おこ》さしむるためであります。故《ゆゑ》に敵《てき》に對《たい》して妄想《まうさう》の起《おこ》らざる樣《やう》に修養《しうやう》することが必要《ひつえう》であります。卽《すなは》ち眼《め》は敵眼《てきがん》より他《た》を視《み》ることなく之《こ》れに一心《しん》を注《そゝ》ぎ、敵《てき》の發聲《はつせい》の音響《おんきやう》には耳《みゝ》を假《か》さず、只《た》だ一劍《けん》に心《こゝろ》を凝《こ》らすのであります。心《こゝろ》一劍《けん》に凝《こ》り他物《たぶつ》に心《こゝろ》止《と》まらぬ時《とき》は妄想《まうざう》の念起《ねんおこ》らず、劍《けん》を取《と》りて劍《けん》を忘《わす》るの働《はたら》きとなるのであります。此《こ》の働《はたら》きは恰《あだか》も吾人《ごじん》が日夜《にちや》の食事《しよくじ》をするが如《ごと》く無意識《むいしき》に箸《はし》を取《と》り米《こめ》や野菜《やさい》を食《しよく》して美味《びみ》を味《あぢは》ふが如《ごと》きもので、劍《けん》を取《と》りて時《とき》に攻《せ》め機《き》を制《せい》することが出來《でき》るのも、これと同《おな》じ理窟《りくつ》で、無意識《むいしき》の働《はたら》きとなります。此發作的《このほつさてき》の心《こゝろ》を虚心平氣《きよしんへいき》といふのであります。此心が滾々として湧いて、始めて千變萬化の術を施し得るものであります。神變不《しんぺんふ》可思議《かしぎ》なる働《はたら》きと云《い》ふは、此虚心平氣《このきよしんへいき》の活動《くわつどう》に外《ほか》ならぬのであります。

人《ひと》の性《せい》は此處《こゝ》を自得《じとく》すれば善《ぜん》なるもので、偉人豪傑《いじんがうけつ》と稱《しよう》せられる士《し》は實《じつ》に此《こ》の性《せい》の權化《ごんげ》に他《ほか》ならぬのであります。劍《けん》を執《と》り尚《な》ほ妄想《まうさう》を離《はな》れぬときは必《かな》らず惡《あく》に陷《おちい》るのであります。勝負心《しようぶしん》に驅《か》られ人《ひと》の惡口《あくこう》を云《い》ふのは啻《たゞ》に精神上惡《せいしんじやうあく》なるのみならず、眞技《しんぎ》の人《ひと》といはれぬのであります。道場《だうぢやう》は神聖《しんせい》なりとは實《じつ》に簡《かん》にして意味深遠《いみしんゑん》でありますが、歸《き》する處虚心平氣《ところきよしんへいき》を教《をし》へられたのであります。所謂我々《いはゆるわれ〱》の心《こゝろ》は神聖《しんせい》なるべしと教《をし》へ諭《さと》されたのであります、之《こ》れを言《い》ひ換《か》へて申《まを》せば、自己《じこ》の幸福《かうふく》を祈《いの》り、一身《しん》のみの安全《あんぜん》を計《はか》り、卑屈《ひくつ》なる行爲《かうゐ》背徳《はいとく》なる行動《かうどう》を誡《いまし》めた敎《をし》へであります。卑劣《ひれつ》なる行爲《かうゐ》行動《かうどう》に迷《まよ》ふなよ、本分《ほんぶん》を盡《つく》せよ、臣民《しんみん》の義務《ぎむ》を完《まつた》うする心《こゝろ》を作《つく》れよとの意味《いみ》であります。故《ゆゑ》に劍《けん》を取《と》りて修養《しうやう》するものは、克《よ》く孝《かう》に克《よ》く忠《ちう》に、其心《そのこゝろ》を一にせねばならぬのであります。斯《かく》の如《ごと》く心《こゝろ》に迷《まよ》ひを生《しやう》ずることなきときは、所謂無我《いはゆるむが》の境地《きやうち》に至《いた》つたので、不疑不偏《ふぎふへん》、技術《ぎじゆつ》の働《はたら》きは精神《せいしん》とともに宇宙《うちう》の如《ごと》く宏大《くわうだい》ならしめることが出來《でき》るのであります。吾我《われわれ》をあざむくことなく、無我《むが》の境涯《きやうがい》を得て、初《はじ》めてこゝに技《ぎ》を悟《さと》り、道《みち》を悟《さと》り、劍道《けんだう》の眞髓《しんずゐ》を體得《たいとく》して至誠至大《しせいしだい》なる心《こゝろ》を作《つく》ることが出來《でき》るのであります。

第十章　反復の効果

第一節　形心一體

攻《せ》めては打《う》つ、氣《き》を挫《くじ》きては打《う》つ、防《ふせ》ぎては打《う》つ、刀《かたな》を殺《ころ》しては打《う》つと云《い》ふ基本《きほん》を綜合結合《そうがふけつがふ》し、自發的《じはつてき》に施《ほどこ》すことであります。即《すなは》ち要《えう》は攻撃的《こうげきてき》であつて敵《てき》の技《ぎ》を殺《ころ》し氣勢《きせい》を牽制《けんせい》するのが技《ぎ》の應用《おうよう》の主眼《しゆがん》であります。所謂牽制《いはゆるけんせい》なるものは有形《いうけい》と無形《むけい》とが相俟《あいま》つて、之《こ》れを行《おこな》ふのであります。有形上《いうけいじやう》とは身體《しんたい》の形狀本體《けいじやうほんたい》で、また竹刀《しなひ》の變化《へんくわ》であります。而《しか》して竹刀《しなひ》を無暗《むやみ》に動《うご》かすのでなく、規律的《きりつてき》に力《ちから》と機微《きび》とに施《ほどこ》すのであります。即《すなは》ち力《ちから》とは心《こゝろ》の命《めい》ずる處《ところ》によつて氣《き》の働《はたら》く處《ところ》の體力《たいりよく》であります。此心氣體《このしんきたい》が三つ合致《がつち》したものが力《ちから》で此力《このちから》が刀尖《たうせん》に集中《しふちう》するのであるから、刀尖《たうせん》が變《へん》化《くわ》すれば、敵《てき》の精神《せいしん》は變動《へんどう》する、此時《このとき》打てぬと思《おも》ふときは必《かな》らず氣《き》が迷《まよ》ひ形狀《けいじやう》を動《うご》す。試《こゝろ》みに頭上《づじやう》に竹刀《しなひ》を上《あ》げ斬撃《ざんげき》の形狀《けいじやう》を示《しめ》すときは、敵《てき》の心《こゝろ》は我《わ》が形狀《けいじやう》に寫《うつ》るに相違《さうゐ》ないのであります。形心《けいしん》なく心形《しんけい》を生《しやう》ずるの理《り》で、必《かな》らず頭上《づじやう》の形狀《けいじやう》のときは防《ふせ》ぐとか拂《はら》ふとかの心《こゝろ》となるものであります。此妄想《このまうさう》が起《おこ》るときは、氣《き》が迷《まよ》ひ形體《けいたい》に變化《へんくわ》をなし、青眼《せいがん》の形狀《けいじやう》は直《たゞち》に他《た》の形狀《けいじやう》と變《かは》る、之《こ》れ其力《そのちから》によりて敵《てき》の無形《むけい》の心《しん》理《り》を動《うご》かしたのであります。心《こゝろ》の動《うご》く處有形《ところいうけい》を變動《へんどう》するは心身相關《しんしんさうくわん》の原則《げんそく》で、敵《てき》の心氣《しんき》を崩《くづ》したる處《ところ》、我《われ》は敵《てき》を制《せい》し得《う》るの時《とき》であります。未熟《みじゆく》の人《ひと》は絶《た》えず此《こ》の妄想《まうさう》に執着《しふちやく》し氣《き》が迷《まよ》つて居《ゐ》るから、斬撃《ざんげき》せられるのであります。故《ゆゑ》に心《こゝろ》に形《かたち》あり形《かたち》に心《こゝろ》がある譯《わけ》で、彼《かれ》の隙《すき》に乘《じよう》じて打《う》つと云《い》ふは心形《こゝろかたち》に顯《あら》はるゝから形《かたち》によりて敵《てき》の術《じゆつ》略《りやく》を制《せい》し得《う》ることをいふのであります。其形《そのかたち》は此心《このこゝろ》の任命《にんめい》を堅固《けんご》にするものがありますから、左《さ》に述《の》べて其力《そのちから》を有《いう》するの資《し》となさんとするのであります。

一、青眼《せいがん》より中段《ちうだん》にて進出《しんしゆつ》する場合《はあひ》は、敵刀《てきたう》の刀尖《たうせん》又《また》は刀腹《たうふく》を斜下部《しやかぶ》に押《お》し、直《たゞち》に青眼《せいがん》となり、敵《てき》の咽喉《いんこう》に刀尖《たうせん》を附《つ》け入《い》る時《とき》は敵氣《てきゝ》を挫《くじ》く。

二、防拂《はうふつ》したる後《のち》は直《たゞち》に青眼《せいがん》となり、附《つ》け入《い》るときは敵氣《てきゝ》を挫《くじ》く。

三、敵《てき》が刀《たう》を下《した》に押《お》し來《く》るときは、上《うへ》に拔《ぬ》き、敵刀《てきたう》を押《お》して直《たゞち》に青眼《せいがん》に取《と》りて附《つ》け入《い》り敵《てき》の氣勢《きせい》を崩《くづ》す。

四、左上段《ひだりじやうだん》の場合《はあひ》、左《ひだり》の手《て》頸《くび》より咽喉《のど》にかけて附《つ》け入《い》るときは氣《き》を挫《くじ》く。

五、右上段《みぎじやうだん》の場合《はあひ》、斜構《しやこう》にて附《つ》け入《い》るときは氣《き》を挫《くじ》く。

此《こ》の動作《どうさ》は固《もと》より氣勢《きせい》の充實《じゆうじつ》と强剛《きやうがう》なる劍尖《けんせん》とを以《もつ》て、間斷《かんだん》なく形狀《けいじやう》を變化《へんくわ》し、敵《てき》の意思《いし》を阻喪《そそう》せしめ或《あるひ》は眩惑《げんわく》せしむる如《ごと》くするのであります。敵《てき》の意思《いし》が猛烈《まうれつ》にして攻勢《こうせい》に先《さき》んじたるときは、防拂《ばうふつ》して打《う》ち、或《あるひ》は形體《けいたい》の中心《ちうしん》を避《さ》けて敵刀《てきたう》を防《ふせ》ぎ氣力《きりよく》を滅却《めつきやく》せしめ隙《すか》さず進《すゝ》んで打《う》つのであります。形狀定《けいじやうさだ》まり心確固《こゝろかくこ》たる時《とき》は氣之《きこ》れに乘《じやう》じて、油斷《ゆだん》なく術《じゆつ》を施《ほどこ》し得《う》るのであります。形《かたち》が崩《くづ》れて居《ゐ》るときは心迷《こゝろまよ》ひ氣《き》力《りよく》を滅却《めつきやく》し注意《ちうい》を怠《おこた》るもので、勝《か》つことが出來《でき》るものではありませぬ。苟《いやし》くも人《ひと》を制《せい》するには形狀《けいじやう》を確實《かくじつ》にして心《こゝろ》の堅確氣《けんかくき》の充實《じうじつ》、注意心《ちういしん》の嚴密《げんみつ》なるものがなければならぬのであります。彼《か》の敵《てき》の動《うご》かす竹刀《しなひ》が數本《すうほん》になつて見《み》え、恐怖《きようふ》を感《かん》じ、自由《じいう》な働《はたら》きが出來《でき》ないといふのも、此《こ》の形狀有形的技法《けいじやういうけいてきぎはふ》の周到《しうたう》なる修養《しゆやう》がないからであります。

斯《かく》の如《ごと》き理《り》であるから、常《つね》に敵《てき》の動作《どうさ》や精神《せいしん》を牽制《けんせい》して、我術《わがじゆつ》を施《ほどこ》す形狀《けいじやう》を養《やしな》はねばなりません。平素《へいそ》の練習《れんしふ》に當《わた》りては敵《てき》の行想《ぎやうさう》、竹刀《しなひ》の變動《へんどう》に心《こゝろ》を置《お》き、氣《き》を充《じう》溢《いつ》せしめ、敵《てき》の打込《うちこ》む形状《けいじやう》に對《たい》し敵《てき》に先《さ》んじて彼《か》れを打《う》つべきであります。即《すなは》ち自《し》然氣《ぜんき》を作《つく》り形心《けいしん》一致《ち》の理《り》によつて巧妙《かうめう》なる技《ぎ》を修練《しうれん》し得《う》るのであります。此《こゝ》に於《おい》て形《かたち》の繼續《けいぞく》には心《こゝろ》の繼續《けいぞく》することを練習《れんしふ》し、氣《き》の拔《ぬ》けない樣《やう》に絶《た》えず努《つと》めなければならぬのであります。敵《てき》を一刀兩斷《たうりやうだん》とする瞬時《しゆんじ》に於《おい》て氣《き》の拔《ぬ》けるときは、形體《けいたい》を中止《ちうし》し或《あるひ》は亂《みだ》すのであります。動作《どうさ》を中止《ちうし》したる瞬時《しゆんじ》は、敵《てき》に攻《せ》められ或《あるひ》は打《う》たれ容易《ようい》に制《せい》せらるゝに至《いた》るのであります。彼《か》の下手《へた》な人《ひと》が上手《じやうず》な人《ひと》の術中《じゆつちう》に制《せい》せられ、自《じ》分《ぶん》の心《こゝろ》に思《おも》ふ働《はたら》きをしても一本《ぽん》を打《う》つことの出來《でき》ないといふのは、既《すで》に氣《き》が亂《みだ》れ、敵《てき》から制《せい》せられて居《ゐ》るからで、自分《じぶん》の力《ちから》は却《かへつ》て上手《じやうず》な人《ひと》に利用《りよう》せられ、自分《じぶん》の活動《くわつどう》は敵《てき》の有利《いうり》となり却《かへつ》て打《う》たれるのであります。須《すべか》らく形《かた》の確實《かくじつ》は劍《けん》の使命《しめい》であるといふことを考《かんが》へ、此心《このこゝろ》を以《もつ》て左《さ》の如《ごと》く形《かた》を練習《れんしふ》するときは必《かなら》ず變擊《へんげき》を應用《おうよう》する事《ここ》が出《で》來《き》る樣《やう》になるのであります。變擊《へんげき》とは敵《てき》が刀《かたな》を押《お》し、或《あるひ》は防拂《はうふつ》したる力《ちから》を利用《りよう》して刺擊《しげき》を施《ほどこ》すのであります。此業《このいぎ》は敵《てき》より技《ぎ》を施《ほどこ》し來《く》る時應《ときおうよう》用するの術《じゆつ》であります。

一、刀尖刀腹《たうせんたうふく》を押《お》し來《く》る場合《はあひ》は、押《お》し來《く》る反對《はんたい》の側面《そくめん》へ竹刀《しなひ》を返《かへ》して技《わざ》を施《ほどこ》すのであります。故《ゆゑ》に刀尖《たうせん》を押《お》し來《く》るときは敵刀《てきたう》の下《した》より刀尖《たうせん》を返《かへ》して打《う》ち、刀腹《たうふく》を押《お》し來《きた》り刀尖《たうせん》を返《かへ》すこと能《あた》はざるときは、敵《てき》の刀尖《たうせん》へ引《ひ》き返《かへ》して打《う》つ。接觸《せつしよく》して竹刀《しな》の堅立《けんりつ》となりたる處《ところ》にて押《お》し來《く》るときは、堅立《けんりつ》の儘《まゝ》引《ひ》き返《かへ》して打《う》つ、此《こ》の引《ひ》き返《かへ》しの應用《おうよう》は鍔搨《つばす》り合《あ》ひ、攻勢《こうせい》、防拂守勢《ばうふつしゆせい》より行《おこな》ふときに使《つか》ふのであります。此應用《このおうよう》が同《どう》一となりたる場合《ばあひ》、若《も》しくは先《さき》んぜられたる時《とき》は、防拂《ばうふつ》或《あるひ》は受《う》けて刺擊《しげき》を施《ほどこ》すのであります。

此《こゝ》に於《おい》て各基本《かくきほん》の形狀《けいじやう》は一連《れん》して、機《き》に臨《のぞ》み時《とき》に應《おう》じて敵《てき》に應《おう》ずることが出來《でき》るのであります。而《しか》して變擊《へんげき》するときは拂《はら》ふと擊《う》つとが隔離《かくり》なく恰《あたか》も一致《ち》することに意《い》を注《そゝ》ぎて施《ほどこ》すことが肝要《かんえう》であります。之《こ》れも自然心《しぜんこゝろ》の作用《さよう》と一致《ち》すれば面白味《おもしろみ》を以《もつ》て研究《けんきう》することが出來《でき》ます。又敵《またてき》の變化術略《へんくわじゆつりやく》を察知《さつち》し自己《じこ》の工夫注意《くふうちうい》によりて進步《しんぽ》するのであります。

二、體《たい》の應用《おうよう》は體力《たいりよく》を強大《きやうだい》にし氣力《きりよく》を練《ね》る上《うへ》に於《おい》て必要《ひつねう》であります。或程度《あるていど》即《すなは》ち竹刀《しなひ》の操作《さうさ》が自由《じいう》となり、刀尖《たうせん》に於《おい》て勝敗《しようはい》の決《けつ》せらるゝ迄竹刀《までしなひ》操作《さうさ》と共《とも》に體《たい》の應用《おうよう》に就《つい》て努力《どりよく》するのであります。然《しか》し劍術《けんじゆつ》は體當足《たいあてあし》がらみを以《もつ》て一《ひと》つの技《わざ》と見《み》ることは出來《でき》ません。それは所謂眞劍《いはゆるしんけん》の本旨《ほんし》を忘却《はうきやく》して居《ゐ》るものであります、彼《か》の白兵戰《はくへいせん》の場合《はあひ》は決《けつ》して體《たい》を接觸《せつしよく》して取《と》り組《く》むが如《ごと》き又《また》は足《あし》にて倒《たふ》すが如《ごと》きことはありません試合《しあひ》に臨《のぞ》み體《たい》を接《せつ》して巧妙《かうめう》なる動作《どうさ》を行《おこな》はんとするが如《ごと》きは卑劣《ひれつ》であつて、誠《まこと》に見《み》苦《ぐるし》いものであります。離《はな》れたる處《ところ》から一刀兩斷《たうりやうだん》の斬撃《ざんげき》を行《おこな》ふのが劍術《けんじゆつ》の本旨《ほんし》であります。故《ゆゑ》に體用《たいよう》は體《たい》を強大《きやうだい》にする方法《はうはふ》の一であります。而《しか》して體用《たいよう》は凡《およ》そ左《さ》の如《ごと》き方法《はうはふ》であります。腹《はら》へ竹刀《しなひ》を當《あ》て、敵《てき》の腹《はら》を目標《もくへう》として全身《ぜんしん》の力《ちから》を以《もつ》て當《あた》るのであります。此當《このあた》る時《とき》は腰《こし》と腹《はら》を下《した》から上《うへ》に押《お》し、同時《どうじ》に手《て》を伸《のば》して敵體《てきたい》を押《お》すのであります。此體當《このたいあた》りを練習《れんしふ》するときは自然己《しぜんおのれ》を捨《す》てゝ充分《じうぶん》飛《と》び込《こ》んで打《う》つことが出來《でき》るのであります、又敵《またてき》に先《さき》んじられたるときは體用《たいよう》を利用《りよう》し敵《てき》の體力《たいりよく》の中心《ちうしん》を己《おの》れは體《たい》を斜《なゝめ》に變《へん》じ敵體《てきたい》を横《よこ》に押《お》すと全身《ぜんしん》を避《さ》ける、或《あるひ》は敵《てき》の押《お》す兩手《りやうて》を横《よこ》に拂《はら》ひ、體《たい》を變《へん》ずるときは、體《たい》の勢力《せいりよく》を防《ふせ》ぎ、全身《ぜんしん》を崩《くず》し打《う》つことが出來《でき》るのであります。

業《わざ》の應用《おうよう》は常《つね》に形狀《けいじやう》と敵《てき》に優《まさ》る氣勢《きせい》と精神《せいしん》の沈着《ちんちやく》とを以《もつ》て瞬時《しゆんじ》に變化《へんくわ》して施《ほどこ》せば敵《てき》を致《いた》すことが出來《でき》るのであります、尚業《なほわざ》の應用《おうよう》の練習法《れんしふはふ》に付《つ》いて左《さ》の如《ごと》き場合《はあひ》があります。

一、攻《せ》めて擊《う》つ。二、防《ふせ》ぎて擊《う》つ。三、攻《せ》めて突《つ》く。四、防《ふせ》ぎて突《つ》く。五、擊《う》ちて突《つ》く。六、拂擊《ふつげき》して突《つ》く。七、體當《たいあた》りして打《う》ち或《あるひ》は拂《はら》つて打《う》つ。八、攻《せ》め返《かへ》して刺擊《しげき》す。

以上《いじやう》の連續的形體《れんぞくてきけいたい》を得《え》て能《よ》く實地《じつち》に工夫《くふう》し心《こゝろ》に鍛錬《たんれん》したなれば、微妙《びめう》なる業《わざ》を施《ほどこ》し得《う》ることが出來《でき》るのであります。彼《か》の身心《しんく》の一致《ち》の境涯《きやうがい》と申《まを》すものは此形體《このけいたい》が心《こゝろ》に習慣的《しふくわんてき》になつて身心《しんく》一致《ち》の妙用《めうよう》を發揮《はつき》するをいふのであります。

第二節　眞劍の覺悟

竹刀《しなひ》を採《と》りては眞劍《しんけん》の如《ごと》く生命《せいめい》を斷《た》つの覺悟《かくご》がなければならぬ。而《し》かるに練習時《れんしふじ》に際《さい》し此使命《このしめい》を誤《あやま》るもの多《おほ》きは、遺憾《ゐかん》とする處《ところ》である、竹刀《しなひ》を取《と》りて敵《てき》に向《むか》ふ時《とき》は一呼吸《こきふ》の間《かん》も油斷《ゆだん》なく、其勝敗《そのしようはい》は生死《せいし》を決《けつ》するのであります、氣合《きあひ》なく事《こと》に當《あた》りて動《うご》かざる心膽《しんたん》なき勝負《しようぶ》は肉體上《にくたいじやう》の刺戟《しげき》に止《とゞ》まり只形式《たゞけいしき》に流《なが》れ眞《しん》の勝負《しようぶ》にあらず、況《いは》んや至剛至大《しがうしだい》なる精神《せいしん》に至《いた》りては決《けつ》して出來《でき》るものでない。故《ゆゑ》に眞面目《まじめ》な眞劍試合《しんけんしあひ》でなければならぬ、竹刀《しなひ》と云ふも名《な》を異《こと》にして居《ゐ》るのみで眞《しん》に斬《き》る心《こゝろ》がなければならぬ。斯樣《かやう》に言《い》ふと竹刀《しなひ》で打《う》つて切《き》れたか切《き》れぬか判《わか》らぬと云《い》ふ人《ひと》があるに相違《さうゐ》ない夫《た》れは卓上《たくじやう》の議論《ぎろん》で刺擊《しげき》を施《ほどこ》して手《て》をかざし、後《あと》をふりむき、輕《かる》く打《う》ち或《あるひ》はかするも引《ひ》き上《あ》げ勝《かち》を報《はう》ずると云《い》ふは卑劣《ひれつ》で、眞《しん》に斬《き》れるものではない。眞劍勝負《しんけんしようぶ》には斯《かゝ》る行動《かうどう》はない。即《すなは》ち心膽《しんたん》より斷《き》つたのでない故《ゆゑ》に此《こ》の樣《やう》な態度《たいど》が聊《いさゝ》かたりともない樣《やう》にして、一本打《ぽんう》つても尚敵《なほてき》を打《う》つと云《い》ふ氣勢《きせい》が籠《こも》つた内《うち》に引《ひ》き上《あげ》の態度《たいど》を取《と》り、眞《しん》に斬《き》るの覺悟《かくご》でなければならぬ。

そこで、事《こと》あるときに一絲《し》亂《みだ》れず處置《しよち》することの出來《でき》る竹刀《しなひ》練習《れんしふ》は、此心《このこころ》を練《ね》るのが目的《もくてき》であるから、矢張眞劍勝負《やはりしんけんしようぶ》と變《かは》りはない、彼《か》の練習《れんしふ》の實見《じつけん》に最初《さいしよ》の内《うち》は恐《おそろ》しい觀念《くわんねん》がある、打《う》つと突《つ》くとが他動的《たどうてき》に出來《でき》る樣《やう》になると面白《おもしろ》くなる、面白《おもしろ》くなると敵《てき》に對《たい》し自分《じぶん》の打《う》ちを強《つよ》くする、敵《てき》は強《つよ》く打《う》たれると痛《いた》さを感《かん》ずるから、自然《しぜん》荒《あら》く強《つよ》く打《う》ち返《かへ》す。此時若《このときも》し自分《じぶん》より強《つよ》いものにかゝると殊《こと》に痛《いた》さを感《かん》ずるから恐怖《きようふ》はないが面白《おもしろ》みがないやうになる、此時《このとき》が實《じつ》に忍耐《にんたい》する時《とき》である、忍耐《にんたい》して流汗《りうかん》の内《うち》一本《ほん》でも打《う》てると云《い》ふことになると更《さら》に面白《おもしろ》く感《かん》じ、氣《き》が爽快《さうくわい》となる、工夫《くふう》もする、技《ぎ》と理《り》とを色々《いろ〱》に研究《けんきう》して、心《こころ》に自得《じとく》することが出來《でき》るのであります。其工夫《そのくふう》に疑《うたぐ》るときは勝負《しようぶ》を爭《あらそ》ふと云《い》ふ氣《き》が勃々《ほつ〱》として起《おこ》る、若《も》し此時勝負《このときしようぶ》に負《ま》けると殘念《ざんねん》でたまらない、くやしく感《かん》ずるときは氣《き》は全體《ぜんたい》に張《は》つて一層《そう》の奮勵努力《ふんれいどりよく》して大《おほい》にやらね

ばならぬと云《い》ふ決心《けつしん》が起《おこ》り、一生懸命盡《しやうけんめいつく》すと云《い》ふことになる、殘念《ざんねん》の心《こゝろ》は冷酷《れいこく》とな
り惡心ともなり易《やす》い、堂 他人《にん》、他事《たじ》を顧《かへり》みず、己《おの》れの努力《どりよく》の足《た》らざる點《てん》に反省《はんせい》を
促《うなが》し、修養上又《しうやうじやうまた》は高尙《かうしやう》な行爲の上《うへ》に盡《つく》すが劍道《けんだう》の本義《ほんぎ》である、自《おのづか》ら技《ぎ》は巧妙《かうめう》にな
り敵《てき》の術略《じゆつりやく》も自《みづか》ら心《こゝろ》に寫《うつ》ること、恰《あだか》も鏡《かゞみ》の如《ごと》くなり、遂《つひ》に術心《じゆつしん》一體《たい》となりて心氣《しんき》
體術《たいじゆつ》の集《あつま》る處《ところ》となり、心心《こゝろこゝろ》を忘《わす》れ、打《う》つ術略《じゆつりやく》を忘《わす》れ、而《しか》も敵《てき》に應《おう》じて神變不可思《しんぺんふかし》
議《ぎ》なる動作《どうさ》をすると云《い》ふことになるのであります。故《ゆゑ》に勇氣《ゆうき》を出《だ》すことが丹田《たんでん》に力《ちから》
を入《い》れろとか體《たい》に力《ちから》を入《い》れて打《う》てとか氣合《きあひ》であるとか、色々《いろいろ》に力瘤《ちからこぶ》を入《い》れて練習《れんしふ》す
るは眞《しん》の悟《さとり》を得《え》たのでありませぬ、氣《き》も忘《わす》れ心《こゝろ》も忘《わす》れ竹刀《しなひ》も忘《わす》れて思《おも》ふ事《こと》なく敵《てき》に
應《おう》ずるとき、滿身《まんしん》の力《ちから》となり氣《き》となり打《うち》とならねばならぬ、今書籍《いましよせき》を見《み》て居《ゐ》る友人《いうじん》
に、君《きみ》と呼《よ》べば、書籍《しよせき》を見《み》ながらにしてはいと答《こた》へる如《ごと》き無意識《むいしき》の作用《さよう》とならねば
ならぬ。竹刀《しなひ》を取《と》りて人《ひと》に勝《か》つとか引上《ひきあ》げを上手《じやうず》にやるとか誇《ほこ》るとか云《い》ふは心《こゝろ》に偏《へん》
し術《じゆつ》に倚《よ》ることがあるから眞劍《しんけん》のとき妄想《まうさう》起《おこ》り何《なん》の役《やく》にたゝぬのであります。彼《か》の

社會《しやくわい》の優勝劣敗《いうしようれつぱい》に觀《み》ても、心《こゝろ》に一物《もつ》ありて彼處《かしこ》に心《こゝろ》を奪《うば》はれ甲《かふ》に心《こゝろ》を奪《うば》はれて居《を》つては勝《か》つことが出來《でき》ない、己《おのれ》の所信《しよしん》に向《むか》つて一途《づ》に行《ゆ》くべき心《こゝろ》がなければならぬ、一途《づ》に行《ゆ》きて無意識《むいしき》の發作《ほつさ》となる時《とき》は、如何《いか》なる惡魔《あくま》も如何《いか》なる敵《てき》も侵《をか》すこと能《あた》はざるのであります、此《こゝ》に於《おい》て勝者《しようしや》たることを得《う》るのであります。所謂世《いはゆるよ》の中《なか》を渡《わた》るにも、豪膽即《がうたんすなは》ち白刄《はくじん》を踏《ふ》みて恐《おそ》れず、如何《いか》なる事《こと》に遭遇《さうぐう》しても自己《じこ》の所信《しよしん》に向《むか》つては平氣《へいき》に進《すゝ》むと云《い》ふことがなければ決《けつ》して一業《ひとわざ》たりとも成功《せいこう》すべきものでないのである、吾人《ごじん》の眼前《がんぜん》には敵《てき》あり常《つね》に眞劍勝負《しんけんしようぶ》ある以上《いじやう》は斯《こ》の心膽《しんたん》を練《ね》らねばならぬ。此《こ》の心膽《しんたん》を練《ね》る劍術《けんじゆつ》を採《さ》りて體育《たいいく》のためやる、人《ひと》から勸《すゝ》められたから遣《や》るでは心膽《しんたん》は出來《でき》るものでない、劍術《けんじゆつ》の打《う》ち合《あひ》を見《み》て痛《いた》いから嫌《きら》ひだと云《い》ふ人《ひと》もある、痛《いた》い苦《くる》しいから遣《や》るのだ、苦痛《くつう》を忍《しの》びてこそ大丈夫《だいぢやうぶ》の心膽《しんたん》も出來《でき》るのである、譬《たと》へば人《ひと》の何事《なにごと》をなすにも同《おな》じ理《わけ》で、農業《のうげふ》にせよ工業《こうげふ》にせよ學問《がくもん》を修《をさ》めるにせよ國家《こくか》の仕事《しごと》をするにせよ、苟《いや》しくも一人前《にんまへ》となるには苦痛《くつう》を忍《しの》びて始《はじ》めてなるのではないか。仕《し》事《こと》を成功《せいかう》しようと云《い》ふ吾々《われく》は其心膽《そのしんたん》を作《つく》るにはまだ皮相的《ひさうてき》の眼《め》を以《もつ》て嫌避《けんひ》してはならぬ、大《おほい》に劍《つるぎ》を採《と》りて吾人《ごじん》の本來《ほんらい》の目的《もくてき》を達《たつ》することに勤《つと》めねばならぬ。

第三節　膽力で戰へ

竹刀《しなひ》の打《う》ち合《あ》ひを觀《み》て一種《しゆ》の道樂技藝《だうらくぎげい》と見做《みな》し、又《また》は賊《ぞく》に出會《であ》つた時《とき》は賊《ぞく》をつかまへるには便利《べんり》であると云《い》ふ人《ひと》がある、斯《こ》の考《かんが》へで劍術《けんじゆつ》を練習《れんしふ》するは實《じつ》に誤《あやま》りである。人《ひと》を殺《ころ》し賊《ぞく》を倒《たふ》す爲《た》めに劍術《けんじゆつ》を遣《や》るのではありませぬ。

流汗《りうかん》ヤーエーと打《う》ち込《こ》む間《あひだ》には熟慮獨愼謙遜《じゆくりよどくしんけんそん》に富《と》み、而《し》かも一振《しん》一擊《げき》は膽力《たんりよく》を以《もつ》て戰《たゝか》ひ氣品《きひん》を以《もつ》て戰《たゝか》ふのであります、苟《いや》しくも人《ひと》と戰《たゝか》ふには擊滅《げきめつ》すると云《い》ふ確信《かくしん》がなければならぬのであります、若《も》し眼前《がんぜん》に死《し》が迫《せま》る時《とき》一刀兩斷《たうりやうだん》の心膽《しんたん》がなければ、悲慘《ひさん》なる目《め》に遇《あ》うて、遂《つひ》に世間《せけん》からけ落《おこ》されてしまふではありませんか。生命《せいめい》を賭《さ》する劍術試合《けんじゆつしあひ》に於《おい》て心麻《こゝろあさ》の如《ごと》く亂《みだ》れたるものは、每戰《まいせん》必《かな》らず敗《ま》ける故《ゆゑ》に、試合《しあひ》に臨《のぞ》みて彼《かれ》を斃《たふ》さずんば止《や》まざるの膽力《たんりよく》を以《もつ》て闘《たゝか》ふのである、然《し》かるに此頃世間《このごろせけん》の人《ひと》は兎角皮相《とかくひさう》の感《かん》を以《もつ》て劍術《けんじゆつ》を見《み》るの弊《へい》があります、過日《くわじつ》も或《あ》る大會《たいくわい》にて組合《くみあは》せをするから加勢《かせい》をしろと、遠慮會釋《ゑんりよゑしやく》なく人《ひと》を散々《さんぐ》使《つか》つて禮《れい》などは云《い》はぬと云《い》ふ始末《しまつ》、實《じつ》に非道《ひだう》なもので、武道《ぶだう》の何《なに》たるかも解《かい》せずに、飛《と》ぶ鳥《とり》も落《おと》す勢《いきほひ》に任《まか》して非道《ひだう》のことをやると、世間《せけん》から怨《うら》み惡《にく》まれ、遂《つひ》には一身《しん》の破綻《はたん》を來《きた》すのであります。斯《かく》の如《ごと》き皮相《ひさう》の感《かん》を抱《いだ》く者《もの》の多《おほ》きは實《じつ》に慨嘆《がいたん》の至《いた》りであります。

茲《こゝ》に於《おい》て言《い》はんとして言《い》はざるを得《ゑ》んのは即《すなは》ち武術《ぶじゆつ》の眞髓《しんずゐ》である。劍術《けんじゆつ》は竹刀《しなひ》の音《おと》を聞《き》くにあらずして、膽力氣品《たんりよくきひん》を以《もつ》て戰《たゝか》ひ、不朽《ふきう》なる心《こゝろ》を養《やしな》ふのを目的《もくてき》として居《ゐ》るのである。怒氣滿面《ごきまんめん》、睨《にら》み附《つ》けて大喝《だいくわつ》し、一旦《たん》辱《はづ》かしめらるれば劍《つるぎ》を拔《ぬ》いて起《た》ち身《み》を擲《なげ》んで、闘《たゝか》ふと云《い》ふのでない、人《ひと》の忍《しの》ぶ能《あた》はざる處《ところ》を耐《こら》へるのが其眞髓《そのしんずゐ》である。劍《けん》を採《と》りヤーエーと云《い》ふ聲《こゑ》の内《うち》には正當《せいたう》の熟慮《じゆくりよ》によりて沈着《ちんちやく》なる人格《じんかく》を磨《みが》くのである、所謂天稟《いはゆるてんぴん》なる偉器《ゐき》の光《ひかり》を放《はな》つのである。即《すなは》ち沈思苦慮幾百回練習《ちんしくりよいくくわいれんしふ》する内《うち》には靈《れい》感《かん》により一道《だう》の光明《くわうみやう》を認《みと》め、益々《ます〳〵》確乎《かくこ》たる信念《しんねん》を胸中《きやうちう》に築《きづ》き、美徳《びとく》を燦然《さんぜん》たらしむるを得《う》るのであります。修養者《しうやうしや》は能《よ》く此點《このてん》を翫味《ぐわんみ》して劍道《けんだう》を練習《れんしふ》せられんことを切《せつ》に望《のぞ》むのであります。

第十一章　奮闘努力の十年

第一節　精勵の二字

明治《めいぢ》二十七年《ねん》七月《ぐわつ》十四日《か》、東京《とうきやう》は麻布《あざぶ》仲之町《なかのちやう》渡邊子爵邸内《わたなべしゝやくていない》の道場《だうぢやう》、微神堂《びしんだう》に入門《にふもん》したときは、私《わたし》がまだ十一歳《さい》の洟垂《はなた》れ小僧《こぞう》時代《だい》でありました。其當時《そのたうじ》の私《わたし》は非常《ひじやう》な病身《びやうしん》で、劍術《けんじゆつ》を稽古《けいこ》すること抔《など》は出來《でき》ないと思《おも》はれましたが、併《しか》し私《わたし》はこれが三度《ど》の食事《しよくじ》よりも好物《かうぶつ》である處《ところ》から、毎日《まいにち》切り返《かへ》しを繰返《くりかへ》して夢中《むちう》に遣《や》つて居《ゐ》ました。最初《さいしよ》は中々《なか〳〵》骨《ほね》が折《を》れたが、それを意《い》とせず、日々《ひゞ》劍術《けんじゆつ》の道具《だうぐ》を荷《にな》ひ道場《だうぢやう》にと出掛《でか》けては一生懸命《しやうけんめい》に遣《や》りました。或人《あるひと》は私《わたし》の身體《からだ》の爲《た》め大《おほ》いに督勵《さくれい》し、將來有望《しやうらいいうばう》であるから遣《や》れと云《い》はれました。人間《にんげん》と云《い》ふものは皆慾心《みなよくしん》のあるもの、お世辭《せじ》にでも有望《いうはう》であると謂《い》はれると、尚《なほ》一生懸命《しやうけんめい》になる樣《やう》に、私《わたし》も一意專心稽古《いせんしんけいこ》を遣《や》つたのでありました。

月日《つきひ》に關守《せきもり》なく、斯《か》うして約《やく》一ヶ年《ねん》を過《すご》して少《すこ》しは竹刀《しなひ》も振《ふ》れる、人《ひと》の頭《あたま》も打《う》つことが出來《でき》る樣《やう》になつたが、かうなるとその次《つぎ》は稽古《けいこ》をしても打《う》たれたくない、敵《てき》を打《う》ちたいといふ慾心《よくしん》が起《おこ》るものであります。短日月《たんじつげつ》では人《ひと》に打《う》ち勝《か》つことは容易《ようい》でないが、打《う》たれるときは力《ちから》の足《た》らぬことは忘《わす》れて誠《まこと》に殘念《ざんねん》でならないものであります。遂《つひ》には我慢《がまん》をしても打《う》たれることを避《さ》けて、自分《じぶん》で打《う》つことのみ心《こゝろ》がけると云《い》ふ樣《やう》になり、從《したが》つて熱心《ねつしん》の度《ど》も強《つよ》くなつて來《き》ました。

此時分《このじぶん》、幹事《かんじ》の連中《れんちう》は徒然《つれ〴〵》の折々《をり〳〵》に、九郎判官義經《くらうはうぐわんよしつね》は鞍馬山《くらまやま》にて武《ぶ》を磨《みが》き、伊東《いとう》彌《や》五郎《らう》一刀齋《たうさい》は福井《ふくゐ》の山中《さんちう》に遁世《さんせい》して其玄妙《そのげんめう》に達《たつ》したとかいふ武勇傳《ぶゆうでん》を聞《き》かせるので、深《ふか》く心《こゝろ》に感《かん》じ、自分《じぶん》も其名人《そのめいじん》の如《ごと》く、劍術《けんじゆつ》を磨《みが》けば、上手《じやうず》になれぬことはないと、時々《とき〴〵》勇《いさま》しい武勇傳《ぶゆうでん》を想像《さうぞう》しては、庭《には》に出《い》で大樹《だいじゅ》に向《むか》ひ木劍《ぼくけん》を以《もつ》て打《う》ち込《こ》んだりしたこともありました。

かくて、遂《つひ》に一年《ねん》は夢《ゆめ》と過《す》ぎ、二年目《ねんめ》となりましたが、それは明治《めいぢ》二十九年《ねん》であります。その七月某日《ぐわつぼうじつ》、たま〳〵渡邊先生《わたなべせんせい》から一寸來《ちよつとこ》いとのことで、取次《とりつぎ》の案内《あんない》にまかせ、おそる〳〵先生《せんせい》の居間《ゐま》へ通《とほ》つて見《み》ると、居間《ゐま》は壯麗目《さうれいめ》も驚《おどろ》く許《ばか》り、先生《せんせい》は其處《そこ》に鼻下《びか》の髭《ひげ》を撫《な》でつゝ端坐《たんざ》して私《わたし》を熟視《じゆくし》し、何《なん》の言葉《ことば》もかけられないのでありました。私《わたし》は何《なん》の用事《ようじ》かしらと思《おも》ひつゝ、只《たゞ》、じつと其《そ》の指圖《さしづ》を待《ま》つのみでありました。すると先生《せんせい》は數刻《すうこく》の後靜《のちしづか》に口《くち》を開《ひら》いて傍《かたはら》の道具《だうぐ》一具《ぐ》と袴《はかま》とを私《わたし》の目前《もくぜん》に差出《さしだ》して謂《い》ふには、『貴樣《きさま》は熱心《ねつしん》である、日々《にち〳〵》精勵《せいれい》するから之《これ》は其賞《そのしやう》として汝《なんぢ》に與《あた》へる、益々《ます〳〵》精勵《せいれい》せよ』と云《い》はれました。私《わたし》は賞《しやう》を押頂《おしいたゞ》き其《そ》の有難《ありがた》い訓戒《くんかい》、精勵《せいれい》の言葉《ことば》が子供《こども》ながら骨髓《こつずゐ》に徹《てつ》し感奮激勵《かんぷんげきれい》益々熱心《ます〳〵ねつしん》に稽古《けいこ》せねばならぬと心《こゝろ》が勵《はげ》んで來《き》たのでありました。此精勵《このせいれい》の二字《じ》によつて其後《そのご》は日夜《にちや》苦心慘憺《くしんさんたん》。極寒極暑《ごくかんごくしよ》を物《もの》ともせず、大《おほい》に奮發《ふんぱつ》して稽古《けいこ》をしたが、然《しか》し業《わざ》は一向《かう》にあがつた樣《やう》な心持《こゝろもち》がしません。これでは先生《せんせい》に賞與《しやうよ》せられ、然《し》かも訓戒《くんかい》せられた御言葉《おことば》に對《たい》しても面目《めんぼく》ないと、愈《いよ〳〵》稽古《けいこ》に精《せい》勵《れい》して只管《ひたすら》上手《じやうず》になるべきことに努《つと》め、練習《れんしふ》に全力《ぜんりよく》を傾倒《けいたう》して、人《ひと》の稽古時《けいこどき》でも謹《つゝし》んで拜見《はいけん》し、良《よ》い方法《はうはふ》は眞似《まね》をするやうにしたのでありました。

當時《たうじ》は三級《きふ》の先生《せんせい》で津田《つだ》一敬《けい》と云《い》ふ久留米藩《くるめはん》の人《ひと》が幹事《かんじ》で、此人《このひと》からは特別親切《とくべつしんせつ》に教養《けうやう》されました、然《しか》しそれでも中々《なか〳〵》業《わざ》が進《すゝ》まず、遂《つひ》に自分《じぶん》は劍術《けんじゆつ》は駄目《だめ》だとまで思《おも》つたのでありました、で此時《このとき》は竹刀《しなひ》をメチヤ〳〵に折《を》り捨《す》て、是迄辛抱《これまでしんばう》したことがうらめしくも殘念《ざんねん》になつたが、人《ひと》の爲《な》すべき事《こと》が出來《でき》ぬとは餘《あま》りの不甲斐《ふがひ》なさに自分《じぶん》の身《み》がなさけなく、涙潸然《なみださんぜん》として一夜《や》を明《あか》したのでありました。此非常切迫《このひじやうせつぱく》の時《とき》にも先生《せんせい》の教《をしへ》が骨髓《こつずゐ》より離《はな》れない、再《ふたゝ》び心《こゝろ》を飜《ひるがへ》し心《こゝろ》に誓《ちか》ひ、男子志《だんしこゝろざし》を立《た》てゝ功《こう》成《な》らずんば死《し》すとも還《かへ》らずと云《い》ふことを固《かた》く決心《けつしん》して再《ふたゝ》び刀《かたな》を持《も》つことにしたのでありました。

第二節　神へ誓願

こんな次第《しだい》で悲觀斷念《ひくわんだんねん》した私《わたし》も色々《いろ〳〵》の訓戒《くんかい》やら格言《かくげん》を繰《く》り返《かへ》して心《こゝろ》を取《と》り直《なほ》し、小《ちひ》さい頭《あたま》を絞《しぼ》つて考《かんが》へた末《すゑ》神樣《かみさま》に心願《しんぐわん》すれば必《かな》らず上手《じやうず》になれるに違《ちが》ひないと獨《ひと》りで定《き》め、武《ぶ》の神《かみ》たる氷川神社《ひかはじんじや》に誓願《せいぐわん》をして其《そ》の神力《しんりき》によりて上手《じやうず》にならうと當夜《たうや》は勇《いさ》んで寢《しん》に就《つ》いたのでした。明《あ》けて翌日《よくじつ》、十二月二日《ぐわつか》であります。家人《かじん》には祕密《ひみつ》に四時《じ》に起床《きしやう》し、勇《いさま》しく戸《と》を開《あ》けて外《そと》に出樣《でやう》とすると、こはそも如何《いか》に一面《めん》の銀世界《ぎんせかい》寒風《かんぷう》は肌《はだへ》を裂《さ》くばかり、思《おも》はず二足三足後《ふたあしみあしあと》へ退《しりぞ》いたが、いや待《ま》て暫《しば》し、昨日《きのふ》の決心《けつしん》はどうであつたか、苟《いや》しくも不決不斷《ふけつふだん》であるときは神《かみ》の罰《ばち》が當《あ》る。之《こ》れは男子《だんし》として取《と》る可《べ》き處《ところ》でないと大《おほい》に心《こゝろ》に耻《は》ぢ、何《なに》これしきの雪《ゆき》、何事《なにごと》かあらんと意《い》を決《けつ》して、鵞毛《がもう》の如《ごと》く散亂《さんらん》する雪《ゆき》の中《なか》を袷《あはせ》一枚《まい》の寢卷姿《ねまきすがた》に素足《すあし》で氷川神社《ひかはじんじや》に向《むか》つて飛出《とびだ》しました。神社《じんじや》は自宅《じたく》より十五町《ちやう》、山又山晝尙寂々《やまゝたやまひるなほせき〳〵》たる山上《さんじやう》にあるのでした。

或《あるひ》は上《のぼ》り或《あるひ》は下《くだ》り險道惡路《けんだうあくろ》、無論《むろん》一人《ひとり》の人《ひと》の往來《わうらい》さへありません。只耳《たゞみゝ》にするは遠《とほ》く野犬《やけん》の叫《さけ》ぶばかり。其物凄《そのものすご》き處《ところ》も夢中《むちう》であるから打《う》ち忘《わす》れて遂《つひ》に神社《じんじや》に着《つ》き愈《いよ》々《いよ》神《かみ》に誓《ちか》ひを立《た》てたが、夫《そ》れからは毎日《まいにち》々々《〳〵》極寒極暑《ごくかんごくしよ》を厭《いと》はず一念心願《ねんしんぐわん》をして遂《つひ》に滿《まん》三個年《かねん》。此意氣込《このいきごみ》は眞《しん》に我《われ》ながら壯快《さうくわい》なものでありました。光陰矢《くわういんや》の如《ごと》しの語《ご》、誠《まこと》に我《われ》を欺《あざむ》かず、早《はや》くも三年經《ねんた》つて私《わたし》は十六歳《さい》の秋《あき》を迎《むか》へました。或《あ》る日《ひ》先生《せんせい》より天覽試合《てんらんじあひ》の爲《ため》宮内省《くないしやう》へ出仕《しゆつし》を命《めい》ぜられたので、早速命《さつそくめい》に從《したが》つて出仕《しゆつし》する事《こと》となつたが何《なに》しろ初陣《うひぢん》のことであるから、非常《ひじやう》な決心《けつしん》を以《もつ》て宮内省《くないしやう》の道場《だうぢやう》に這入《はひ》つたのであります。道場《だうぢやう》の正面《しやうめん》は畏《おそ》れ多《おほ》きことながら　今上陛下《きんじやうへいか》(御《おん》七歳《さい》)にあらせられ、金殿燦《きんでんさん》として壯麗目《さうれいめ》を奪《うば》ひ、魂《たましひ》も消《き》え、暫《しば》し呆然夢幻《はうぜんむげん》の境《さかひ》を行《ゆ》く心地《こゝち》でありました。時《とき》に拍子木《ひやうしぎ》が打《う》ちならされたが、是《これ》ぞ即《すなは》ち仕合開始《しあひかいし》を報《はう》ずるのであります。其《そ》ハ響《ひゞき》に漸《やうや》く我《われ》に還《かへ》つて身支度《みじたく》を爲《な》し、再《ふたゝ》び場内《ぢやうない》に着座《ちやくざ》すれば出演《しゆつゑん》の面々《めん〳〵》何《いづ》れも晴《はれ》の場所《ばしよ》と燦《さん》然《ぜん》たる道具《だうぐ》を附《つ》けて居並《ゐなら》んでゐるのであります。蓋《けだ》し是《こ》れたゞ武術家《ぶじゆつか》の光榮《くわうゑい》ばかりでなく、一門《もん》の名譽《めいよ》であるから、其意氣《そのいき》や旺盛《わつせい》にして猛獸《まうじう》も挫《くじ》かん勢《いきほひ》であります。龍攘虎搏《りうじやうこはく》の二三番《ばん》の試合《しあひ》が終《をは》ると愈々《いよ〳〵》私《わたし》の番《ばん》となつた。東西《こうざい》より靜《しづか》に御前《ごぜん》に進《すゝ》む時《とき》の扮裝《いでたち》は互《たがひ》に黑《くろ》の裝胴《さうどう》の胸《むね》に金絞《かなしぼ》りを着《つ》け、彼《か》の一の谷《たに》に於《お》ける敦盛《あつもり》と熊谷《くまがや》の戰《たゝかひ》も偲《しの》ばれて、互《たがひ》に戰《たゝか》ふ電光石火《でんくわうせきくわ》と受《う》けては打《う》ち、打《う》ちては受《う》ける。其早業《そのはやわざ》互《たがひ》に爭《あらそ》ふ技《わざ》と技《わざ》、其內《そのうち》に審判官《しんぱんくわん》が勝負《しようぶ》ありと聲《こゑ》を掛《か》けたので、互《たがひ》に試合《しあひ》をやめて座《ざ》に下《さが》つたが、さて勝負《しようぶ》は何《いづ》れにあつたか、自分《じぶん》には一向《かう》に解《わか》らない。控場《ひかへぢやう》で聞《き》けば嬉《うれ》しや私《わたし》の勝《かち》であると。私《わたし》も初《はじ》めての出陣《しゆつぢん》に勝《かち》を得《え》たのであるから欣喜雀躍凱歌《きんきじやくやくがいか》を奏《そう》して引《ひき》上《あ》げました。

私《わたし》の此時代《このじだい》には理《り》とか智識《ちしき》とか云《い》ふ分別《ふんべつ》がなく、只《た》だ無我無心《むがむしん》に打《う》ち込《こ》んだものであるから、勝《か》つて見《み》ると不思議《ふしぎ》の感《かん》が起《おこ》るのであります。どうして勝《か》つことが出《で》來《き》たのであらう、其眞理《そのしんり》が全《まつた》く解《わか》らぬのでありました。併《しか》し今日《こんにち》つら〳〵考《かんが》へると一心《しん》に神《かみ》に念《ねん》じたから神《かみ》の力《ちから》で試合《しあひ》に勝《か》たしてくれたので、上達《じやうたつ》するも矢張神《やはりかみ》の御《お》蔭《かげ》に相違《さうゐ》はないのであります。私《わたし》は毎朝《まいあさ》神《かみ》に向《むか》つて合掌《がつしやう》し一心《しん》に誓願《せいぐわん》しましたが、この神誓《しんせい》が私《わたし》に取《と》りては千古《こ》不《ふ》磨《ま》の大文字《だいもんじ》であつたのであります。私《わたし》はかくして劍《けん》術家《じゆつか》にならうと決心《けつしん》の臍《ほぞ》を堅《かた》めたのであります。

第三節　懐しき師恩

私《わたし》の少年時代《せうねんじだい》即《すなは》ち廢藩後《はいはんご》、劍術《けんじゆつ》は全《まつた》く衰《おとろ》へた時《とき》でありますから、纔《わつか》に警視廳宮内《けいしちやうくない》省警察部《しやうけいさつぶ》などに形《かたち》を存《そん》してをると云《い》ふ實《じつ》に憐《あは》れな有様《ありさま》でありました。此《こ》の頽廢《たいはい》した時代《じだい》、劍術《けんじゆつ》が世《よ》の中《なか》に蔑視《べつし》されて居《を》りますときに、たゞ一人《ひとり》白髪《はくはつ》の老人《らうじん》が寝食《しんしよく》を忘《わす》れて劍道《けんだう》を唱道《しやうだう》し、且《か》つ奬勵《しやうれい》の策《さく》を講《かう》じつゝあつたがそれは何人《なんぴと》であるかと云《い》ふと故正《こしやう》二位《ゐ》勳《くん》一等子爵《とうししやく》渡邊昇先生《わたなべのぼるせんせい》でありました。先生《せんせい》は明治《めいぢ》二十八年《ねん》京都《きやうと》に武徳會《ぶとくくわい》起《おこ》るや、役員《やくゐん》の一人《ひとり》として立《た》ち、明治《めいぢ》三十二年《ねん》には自《みづか》ら數萬金《すうまんきん》の巨額《きよがく》を投《とう》じて、全國《ぜんこく》を漫遊《まんいう》し一意專心武徳會《いせんしんぶとくくわい》の發展《はつてん》に腐心《ふしん》せられたのであります。之《こ》れが爲《た》め全國《ぜんこく》は一齊《せい》に武徳會《ぶとくくわい》の趣旨《しゆし》を賛成《さんせい》し、十有餘年間《いうよねんかん》にして武徳會支部《ぶとくくわいしぶ》も全國《ぜんこく》に建設《けんせつ》されるに至《いた》つたのであります。今日《こんにち》の武道《ぶだう》の盛大《せいだい》なるも、實《じつ》に先生《せんせい》の功績《こうせき》の賜《たまもの》と云《い》ふも、敢《あへ》て差支《さしつか》へないと思《おも》ふのであります。斯《かく》の如《ごと》く廢絶《はいぜつ》せる武道《ぶだう》を天下《てんか》に起《おこ》したばかりでなく、先生《せんせい》は私邸《してい》に道場《だうぢやう》を開設《かいせつ》し、自《みづか》ら古聖賢《こせいけん》の道《みち》を實踐《じつせん》し、數《すう》千人《にん》の多《おほ》き門下《もんか》を教養《けうやう》せられたのであります。當時道場《たうじだうぢやう》の壁書《へきしよ》として門下《もんか》の日々《ひゞ》服膺嚴守《ふくようげんしゆ》した條項《でうかう》は左《さ》の如《ごと》きものであります。

徽神堂壁書

此門《このもん》に入《い》るの士《し》は廉節《れんせつ》を尙《たつと》び文武《ぶんぶ》を以《もつ》て一身《しん》の素行《そかう》を修《をさ》め質素《しつそ》を旨《むね》とし忍耐《にんたい》以《もつ》て一家《か》の業《げふ》を勵《はげ》み事《こと》に臨《のぞ》んで身《み》を捨《す》て、義《ぎ》を取《と》るの心膽《しんたん》を練磨《れんま》し、左《さ》の三章《しやう》を確守《かくしゆ》すべし。

一、劍道《けんだう》は獨《ひと》り一身《しん》を護《ご》するに止《とゞま》らず國家用武《こくかようぶ》の資《し》たり同門《どうもん》の士《し》は互《たがひ》に其蘊奥《そのうんあう》を講《かう》じ誓《ちかつ》て忠節《ちうせつ》を君國《くんこく》に盡《つく》すべし。

二、勝敗《しようはい》は死生《しせい》の岐《わか》るゝ所《ところ》榮辱《ゑいじよく》の係《かゝ》る所《ところ》たり一擧《きよ》一動《ごう》必《かなら》ず之《こ》れを愼《つゝし》み勝《かち》を誇《ほこ》り敗《はい》を憾《うら》むの醜《しう》を爲《な》すこと勿《なか》れ。

三、強《きやう》を恐《おそ》れず弱《じやく》を侮《あなど》らず眼《め》に親疎《しんそ》を視《み》ず一誠《せい》以《もつ》て之《これ》を貫《つらぬ》き勇武《ゆうぶ》を禮儀《れいぎ》の間《かん》に養《やしな》ひ常《つね》に幹事《かんじ》の示諭《じゆ》を重《おもん》じ終始《しうし》渝《かは》ること勿《なか》れ。

我々《われ〳〵》の劍道《けんだう》は右《みぎ》の如《ごと》き先生《せんせい》の示諭《しゆ》に基《もとづ》いて粉骨碎身《ふんこつさいしん》修養《しうやう》したので微力《びりよく》なりと雖《いへど》も吾人《ごじん》は亦《また》先生《せんせい》の遺業《ゐげふ》を子々《しゝ》孫々《そん〳〵》永久《ゑいきう》に傳《つた》へ此道《このみち》を鍛錬《たんれん》せしめたいと思《おも》ふのであります。又《また》私《わたし》は薄學《はくがく》菲才《ひさい》唯《たゞ》武骨《ぶこつ》一片《ぺん》の頑固《ぐわんこ》な者《もの》であるが、先生《せんせい》の御恩《ごおん》の萬分《まんぶん》の一に報《むく》い此精神《このせいしん》を以《もつ》て我國民《わがこくみん》に武道《ぶだう》を推奨《すゐしやう》したい心《こゝろ》であります。

微神堂《びしんだう》は今日《こんにち》でも依然《いぜん》として盛《さか》んであるが、私《わたし》の教養《けうやう》せられた時代《じだい》は今日《こんにち》とは意《い》氣込《きごみ》が違《ちが》つて居《を》りました。先《ま》づ入門《にふもん》した以上《いじやう》は克己《こくき》大《おほい》に勉勵《べんれい》し、決《けつ》して中絶《ちうぜつ》すると云《い》ふ薄志弱行《はくしじやくかう》の心《こゝろ》のあつたものがない、若《も》しあるとすれば實《じつ》に一身《しん》の恥辱《ちじよく》としたもので實《じつ》に心《こゝろ》が固《かた》かつたのであります。寔《まこと》に當時《たうじ》の意氣込《いきごみ》は今日《こんにち》青年輩《せいねんはい》の想像《さうぞう》もつかぬことであります。稽古者《けいこしや》の活氣《くわつき》は非常《ひじやう》に充溢《じういつ》して居《を》つたもので、毎日門下生《まいにちもんかせい》は稽《けい》古時間《こじかん》二時間前《じかんまへ》から押《お》し掛《か》けて、稽古道具《けいこだうぐ》は專有物《せんいうぶつ》である樣《やう》な顏《かほ》つきをして得々《とく〳〵》として稽古《けいこ》を勵《はげ》む。誰《たれ》でも人《ひと》より以上《いじやう》に使《つか》ふことに心掛《こゝろが》けたのであります。斯樣《かやう》の有《あり》樣《さま》で、時間《じかん》となると廣《ひろ》い道場《だうぢやう》も充滿《じうまん》して稽古中隣《けいこちうとなり》に稽古《けいこ》をして居《ゐ》る人《ひと》の頭《あたま》を後《うしろ》から叩《たゝ》くと云《い》ふ樣《やう》に雜沓《ざつたふ》して火《ひ》の出《で》るやうでありました。當時《たうじ》の遣手《つかひて》は久留米藩《くるめはん》の津田《つだ》一傳流《でんりう》の名人津田《めいじんつだ》一敬《けい》、大村藩《おほむらはん》の久保田《くぼた》一郎《らう》、其他喜多《そのたきた》、多羅尾《たらを》、市川等《いちかはなど》と云《い》ふ三級以上《きふいじやう》の先生《せんせい》が道場《だうぢやう》の世話役《せわやく》をして居《を》つたのであつて其混雜猛烈《そのこんざつまうれつ》の中《なか》でも極《きは》めて禮《れい》儀《ぎ》が正《たゞ》しく子供《こども》としては實《じつ》に苦《くる》しかつたものであります。斯《かく》の如《ごと》く嚴格《げんかく》でありましたから如何《いか》に雜沓中《ざつたふちう》でも能《よ》く秩序《ちつじよ》も立《た》ち、竹刀《しなひ》を踏《ふ》んだり道具《だうぐ》を跨《また》いだり投《な》げ出《だ》したりするものは一人《ひとり》としてない。吾々《われ〳〵》も決《けつ》して出來《でき》ぬものと心得《こゝろえ》て居《な》りました。又《また》上下《じやうげ》の禮儀作法《れいぎさはふ》の點《てん》は嚴正《げんせい》に行《おこな》はれ、誰一人《たれひとり》として無禮《ぶれい》の行動《かうどう》や卑劣《ひれつ》の動作《どうさ》のあるものがない。畢竟謙遜禮讓《ひつきやうけんそんれいじやう》の道《みち》を盡《つく》したものであると思《おも》ひます。斯《かく》の如《ごと》き秩序《ちつじよ》の下《もと》に而《しか》も猛烈《まうれつ》に教養《けうやう》せられたので、各自《かくじ》の頭腦《づなう》には自然《しぜん》勇猛果敢《ゆうまうくわかん》の中《うち》に崇高《すうかう》な心《こゝろ》が養《やしな》はれたのであります。されば信義《しんぎ》を重《おも》んじて虛言《きよげん》を吐《は》かず、一擧《きよ》一動《どう》一言《げん》一行正直《かうせいちよく》を主《しゆ》としその潔白《けつぱく》なことは現今《げんこん》の比《ひ》ではありません。若《も》し信義《しんぎ》などを違《ちが》へると一應《おう》世話掛《せわがゝり》から注意《ちうい》がある。再《ふた》び違犯《ゐはん》すると門下《もんか》の多勢《たぜい》が集《あつ》まつて袋叩《ふくろだゝ》きと云《い》ふ嚴格《げんかく》の制裁《せいさい》があつたのであります。斯樣《かやう》の修業《しうげふ》であつたから平素《へいそ》の行動行爲《かうどうかうゐ》の上《うへ》に粗暴《そはう》不謹愼《きんしん》のものは少《すく》ないと云《い》ふより、少《すこ》しもないといつてよい程《ほど》であります。言語規律《げんごきりつ》其《その》一擧《きよ》一動《どう》が嚴正《げんせい》であると自然《しぜん》精神《せいしん》が嚴格《げんかく》となるから尊敬《そんけい》の念《ねん》が厚《あつ》くなる。禮儀《れいぎ》が厚《あつ》ければ先輩《せんぱい》を敬《うやま》ひ、教師《けうし》を尊《たつと》ぶと云《い》ふことが自然《しぜん》の間《あひだ》に養《やしな》はれます。心誠《こゝろまこと》なれば正氣《せいき》發《はつ》するの譬《たと》へで下腹《かふく》から大聲《たいせい》が出《で》るやうになり、身體《しんたい》の活動《くわつどう》も正々堂々《せい〳〵だう〳〵》勇《いさま》しくなるものであります。私《わたし》の少年《せうねん》時代《じだい》には劍術《けんじゆつ》は五常《じやう》の道《みち》即《すなは》ち人倫《じんりん》の大本《たいほん》を教《をし》へるものであると謂《い》はれて居《ゐ》ました。又《また》自分達《じぶんたち》も其覺悟《そのかくご》で心底《しんてい》から練《ね》つたものであるから眞劍的《しんけんてき》の心氣《しんき》も練《ね》れる、技能《ぎのう》も從《したが》つて上達《じやうたつ》することが早《はや》いのであります。今日《こんにち》の修《しう》養《やう》は夢《ゆめ》の様《やう》なもので、實《じつ》に雲泥《うんでい》の差《さ》があります。劍術《けんじゆつ》を學《まな》ぶものは先《ま》づ此精神《このせいしん》を深《ふか》く心得《こゝろえ》て修養《しうやう》に勤《つと》めねばならぬのであります。殊《こと》に自分《じぶん》の子供時代《こどもじだい》の印象《いんしやう》で深《ふか》く腦《なう》に入《はひ》つたことは師弟《してい》の間柄《あひだがら》で、今日《こんにち》の人《ひと》の想像《さうぞう》にも及《およ》ばぬことであります。當時《たうじ》のことを追懷《つゐくわい》すること師《し》の恩《おん》の有難《ありがた》いことは覺《おぼ》えず潸然《さんぜん》として涙《なみだ》の落《お》ちる程《ほど》であります。私《わたし》は今日《こんにち》でも朝夕《てうせきし》師の寫眞《しやしん》を飾《かざ》り神《かみ》として拜《はい》し其恩《そのおん》を忘《わす》れたことはありません。先生《せんせい》は慈愛心深《じあいしんふか》く只劍道《たゞけんだう》の教養《けうやう》のみに骨《ほね》を折《を》つたばかりでなく實《じつ》に一身上《しんじやう》の事迄色々《ことまでいろ〳〵》と世話《せわ》をして呉《く》れました。或《あるひ》は貧者《ひんしや》を助《たす》け文道《ぶんだう》を奬勵《しやうれい》し、或《あるひ》は衣服迄施《いふくまでほどこ》し我子《わがこ》の如《ごと》く血《ち》と涙《なみだ》とを以《もつ》て門下《もんか》を教訓《けうくん》せられたのであります。武士《ぶし》に情《なさけ》ありとは、此事《このこと》で、弱《よわき》を助《たす》けるといふ仁俠《にんけふ》の念《ねん》に富《と》んで居《を》つたのであります。我々《われ〳〵》の無邪氣《むじやき》な子供《こども》の時《じ》分《ぶん》にも、先生《せんせい》の云《い》ふことは何事《なにごと》でも守《まも》り、神《かみ》の如《ごと》く崇敬《すうけい》し、親《おや》の如《ごと》く仕《つか》へ三尺去《じやくさ》つて師《し》の影《かげ》を踏《ふ》まずと云《い》ふことをそのまゝ實行《じつかう》して居《を》りました、又《また》一面《めん》には世《よ》の中《なか》に先《せん》生程恐《せいほどこは》いものはないと云《い》ふ觀念《くわんねん》が深《ふか》く、子弟《してい》たるものには先生《せんせい》の爲《ため》には死生《しせい》を忘《わす》れて働《はたら》かうといふ考《かんがへ》があつたのであります。一朝先生《てうせんせい》が病臥《びやうぐわ》すると枕頭《ちんとう》に坐《ざ》して、或《あるひ》は平癒《へいゆ》を神佛《しんぶつ》に祈願《きぐわん》し看護《かんご》したのであります。斯《かく》の如《ごと》く師弟《してい》の關係《くわんけい》の密《みつ》にして眞情《しんじやう》の深《ふか》かつたことは、言語《げんご》にも筆紙《ひつし》にも盡《つく》し限《き》れぬのであります。之《こ》れは誠《まこと》に武《ぶ》の德《とく》であります。今日《こんにち》一般教育界《はんけういくかい》に於《を》ける師弟《してい》の間柄《あひだから》には斯樣《かやう》の美點《びてん》は見《み》られません。殊《こと》に青年者《せいねんしや》は師《し》を尊敬《そんけい》するの念薄《ねんうす》く、自然輕薄《しぜんけいはく》に流《なが》れ生意氣《なまいき》な心《こゝろ》となるのであります。人《ひと》は輕薄《けいはく》や生意氣《なまいき》な心《こゝろ》があつては何事《なにごと》も成就《じやうじゆ》するものではありません。

今日《こんにち》では劍術《けんじゆつ》を見《み》るのに、テーブルの上《うへ》に菓子《くわし》を載《の》せ、机《つくゑ》によりかゝり、或《あるひ》は茶《ちや》を呑《の》む辨當《べんたう》を喰《くら》ふ、と云《い》ふ有樣《ありさま》で、實《じつ》に武道《ぶだう》の尊嚴《そんげん》を無視《むし》して居《を》ります。實《じつ》に痛嘆《つうたん》に堪《た》へぬことと思《おも》ひます。斯樣《かやう》の有樣《ありさま》であるから、演武者《ゑんぶしや》が之《こ》れを輕視《けいし》して、禮《れい》などと云《い》ふこともなく、一向無《かうむ》頓着出鱈目《とんちやくでたらめ》に試合《しあひ》をすると云《い》ふも無理《むり》ならぬことであります。斯《かゝ》る演武《ゑんぶ》では肝心《かんじん》の精神《せいしん》を忘却《はうきやく》して只形式《たゞけいしき》ばかりであるから、德操《とくさう》を練磨《れんま》することの出來樣筈《できやうはず》がありません。劍術《けんじゆつ》は道德的訓練法《だうとくてきくんれんはふ》であります。机上《きじやう》一片《ぺん》の理《り》窟《くつ》では何《なん》の效《かう》もありません。過日《くわじつ》或學校《あるがくかう》の劍術《けんじゆつ》の教師《けうし》が、生徒《せいと》に對《たい》して學科《がくくわ》の先生《せんせい》或《あるひ》は監督者《かんとくしや》から奬勵《しやうれい》して貰《もら》はねば、盛《さか》んにならぬと云《い》うたと新聞《しんぶん》に書《か》いてあるを見《み》ました。武術《ぶじゆつ》の教師《けうし》が夫《そ》れ程迄《ほどまで》權威《けんゐ》を落《おと》すとは情《なさけ》ない話《はなし》であります。教育《けういく》と云《い》ふ上《うへ》からこの言《こと》を聞《き》くと冠履轉倒《くわんりてんたう》した話《はなし》であると思《おも》ひます。武術《ぶじゆつ》を教育《けういく》するは其教師《そのけうし》の任《にん》にあるゝで、況《いは》んや之《これ》を奬勵《しやうれい》するに際《さい》して、他人《たにん》の力《ちから》を借《か》りるべきではありません。先鞭大義《せんべんたいぎ》を唱《とな》へ身《み》を國家《こくか》の犧牲《ぎせい》に供《きよう》するの教育者《けういくしや》として、武術《ぶじゆつ》を餘《あま》り安《やす》く見《み》られたものであると思《おも》ひます。嚴肅《げんしゆく》なる武道《ぶだう》の訓練者《くんれんしや》よ、青年《せいねん》を教養《けうやう》する武術家諸君《ぶじゆかしよくん》よ、精神《せいしん》を失却《しつきやく》してはならぬ。勤《つと》めよや〳〵。

第四節　猛烈の實行

一旦竹刀《たんしなへ》を採《と》つて敵《てき》に向《むか》ふのは、殺《ころ》さるゝか殺《ころ》すかと云《い》ふ實《じつ》に危急存亡《きゝふそんばう》の時《とき》で、彼《かれ》を倒《たふ》さずんば我彼《われかれ》に倒《たふ》さると云《い》ふ精神《せいしん》が凝《こ》るものであります。故《ゆゑ》に一呼吸《こきふ》の間油《かんゆ》斷《だん》も弛《ゆる》みもない、此心《このこゝろ》で敵《てき》に對《たい》するから死生《しせい》の境涯《きやうがい》を忘《わす》れ、白刃《はくじん》を踏《ふ》んで凜然《りんぜん》として敵《てき》に打《う》ち勝《か》つことが出來《でき》るのであります。死生《しせい》の際《さい》に働《はたら》くときは、沈着不動《ちんちやくふどう》の心《こゝろ》を有《いう》するは勿論《もちろん》、禮讓信義剛直《れいじやうしんぎがうちよく》の諸德《しよとく》を存《そん》するもので、實《じつ》に練磨《れんま》の結果《けつくわ》より生《しやう》ずるの外《ほか》はないと思《おも》ひます。此《こ》れを考《かんが》へると劍道《けんだう》も誠《まこと》に愉快《ゆくわい》に感《かん》じます。此《こ》れは私一人《わたしひとり》でなく劍術《けんじゆつ》を練習《れんしふ》する人《ひと》は皆死地《みなしち》を忘《わす》るゝ沈毅大膽《ちんきだいたん》な氣象《きしやう》を樂《たの》しんで居《ゐ》るに相違《さうゐ》がなからうと思《おも》ひます。

私《わたし》の修養中《しうやうちう》に次《つぎ》のやうな面白《おもしろ》い話《はな》しがありました。時《とき》は明治《めいぢ》三十二年《ねん》九月《ぐわつ》、子爵《しゝやく》渡邊先生《わたなべせんせい》が武德會擴張《ぶとくくわいくわくちやう》の爲《た》め全國《ぜんこく》を漫遊《まんいう》せらるゝのに、私《わたし》も隨行《ずゐかう》して各縣《かくけん》を歩《ある》いた。その頃《ころ》は、まだ至《いた》る處《ところ》に舊藩士《きうはんし》の劍術遣《けんじゆつつか》ひが殘《のこ》つて居《ゐ》ました。私共《わたしども》は最初京都《さいしよきやうと》の武德殿落成式演武大會《ぶとくでんらくせいしきえんぶたいくわい》に出席《しゆつせき》の上《うへ》、引《ひ》き續《つゞ》き四國《こく》九州山陰山陽東海道《しうさんいんさんやうとうかいだう》を廻《めぐ》り、東京《とうきやう》を經《へ》て北海道《ほくかいだう》に渡《わた》りました。そして函館《はこだて》に到《いた》つた時《とき》、大黑座《だいこくざ》と云《い》ふ土地《とち》の劇場《げきぢやう》で、演武會《えんぶくわい》が開《ひら》かれましたが、此《こ》の時《とき》は演武者《えんぶしや》の勇氣《ゆうき》も滿場《まんぢやう》に溢《あふ》れ、活氣充溢《くわつきじういつ》して健兒《けんじ》三百といふ盛況《せいきやう》でありました。此外《このほか》彼の日本《にほん》の精鋭《せいねい》の稱《しよう》ある屯田兵《とんでんへい》の銃劍術《じうけんじゆつ》の選手《せんしゆ》も加《くは》つたので、彌々《いよ〳〵》盛《さかん》になりました。何《なん》にせよ一行《かう》五名《めい》で三百人以上《にんいじやう》の人《ひと》を相《あひ》手《て》に稽古《けいこ》を遣《や》るのであるから並大抵《なみたいてい》ではない。若手連《わかてれん》は實《じつ》に責任《せきにん》が重《おも》いのであります。私《わたし》の如《ごと》きは年僅《としわづか》に二十六歳《さい》であつたが、大膽《だいたん》にも之《こ》れ等《ら》の人《ひと》の仲間入《なかまいり》をして稽《けい》古《こ》をしたのであります。今考《いまかんが》へれば稽古《けいこ》する氣《き》は寧《むし》ろ無智《むち》無謀《むぼう》であつたかも知《し》れなかつたのであります。さて愈々《いよ〳〵》試合《しあひ》となると火花《ひばな》を散《ち》らす有樣《ありさま》で、殊《こと》に銃劍術《じうけんじゆつ》ときては中々《なか〳〵》氣込《きご》みが違《ちが》つて面白《おもしろ》い。その試合振《しあひぶ》りと來《き》ては攻撃進取《こうげきしんしゆ》の氣象《きしやう》を發揮《はつき》して猛烈《まうれつ》に突《つ》いてくる、突《つ》きかはすれば臺尻《だいじり》で叩《たゝ》く、終《をは》りには組《く》み付《つ》いて投《な》げると云《い》ふ其氣慨《そのきがい》の壯烈《さうれつ》さには我々《われ〳〵》一行《かう》の連中《れんちう》も辟易《へきえき》した。今日此《こんにちこ》の試合《しあひ》を追懷《つゐくわい》すると、臺尻《だいじり》で叩《たゝ》いて來《く》る奴《やつ》を物《もの》ともせず、叩《たゝ》きまくつたと云《い》ふことは、かなり無謀《むぼう》な事《こと》で、恐《おそ》ろしい樣《やう》な心持《こゝろも》ちがします。しかし實《じつ》に痛快《つうくわい》に堪《た》へぬことでありました。其《そ》の後札《ごさつ》幌《ほろ》小樽《をたる》旭川《あさひがは》十津川《つがは》室蘭《むろらん》を廻《まは》つて、青森《あをもり》に來《き》ました。青森《あをもり》では中學校《ちうがくかう》が會場《くわいぢやう》で、當時《たうじ》は伊《い》藤常《とうつね》八但木《たゞぎ》などと云《い》ふ先生《せんせい》が盛《さか》んに稽古《けいこ》をせられた時代《じだい》でありました。私《わたし》は伊《い》藤常《とうつね》八氏《し》と稽古《けいこ》をしましたが、伊藤氏《いとうし》は東北地方《とうほくちはう》での腕力家《わんりよくか》であり、私《わたし》は少年時代《せうねんじだい》で到底腕力《たうていわんりよく》では同氏《どうし》の敵《てき》ではありません。私《わたし》は稽古《けいこ》中氏《ちうし》から投《な》げられたが、夫《そ》れを見《み》た小美田《こみた》主公《しゆこう》は切齒《せつし》して私《わたし》の意氣地《いきぢ》なさを叱咜《しつた》し、更《あらた》めて小美田《こみた》が伊藤氏《いとうし》と稽古《けいこ》をして、今度《こんど》は伊藤氏《いとうし》を投《な》げたのでありました。如何《いか》に健腕《けんわん》の伊藤氏《いとうし》も小美田《こみた》の主《しゆ》公《こう》には敵《てき》し難《がた》かつたのであります、腕力爭《わんりよくあらそ》ひの青森縣《あをもりけん》を去《さ》つて、數日《すうじつ》の後吾々《のちわれ〳〵》は秋田縣秋田市《あきたけんあきたし》へと到着《たうちやく》しました。秋田《あきた》には庄内《しやうない》と云《い》ふ處《ところ》があるが、此庄内武士《このしやうないぶし》は剛《がう》情《じやう》の性質《せいしつ》で昔《むかし》から修行者《しゆぎやうしや》の難地《なんち》といはれた處《ところ》であります。當時《たうじ》は尚《な》ほこの剛情《がうじやう》の古《こ》武士《ぶし》も殘《のこ》つて居《を》つて、演武會《えんぶくわい》にも多數集《たすうあつま》つて來《き》ました。一行《かう》も此人々《このひと〴〵》と稽古《けいこ》や試合《しあひ》をしたが、果《はた》せるかな剛情我慢《がうじやうがまん》で、叩《たゝ》かれても負《ま》けない。飽迄激烈《あくまでげきれつ》で終《をは》りには睾丸《かうぐわん》を突《つ》きまくると云《い》ふ有樣《ありさま》で油斷《ゆだん》をすると一命《めい》に關《くわん》する危險《きけん》な目《め》に遇《あ》ひました。武者修《むしやしゆ》行《ぎやう》も實《じつ》につらいものですとこの時《とき》熟々《つら〳〵》思《おも》ひました。しかし幸《さひは》ひにも無事《ぶじ》に終《をは》つて續《つゞ》いて奥州《あうしう》地方《ちはう》の仙臺福島盛岡《せんだいふくしまもりをか》を廻《まは》り、越後《ゑちご》を經《へ》て東京《とうきやう》に歸《かへ》つたのでありました。全《ぜん》國漫遊隨行中《こくまんいうずゐかうちう》は暴風《ばうふう》の中《なか》を帆船《はんせん》に乘《の》つて居《ゐ》る樣《やう》な目《め》に遇《あ》つたことが何遍《なんべん》あつたか分《わか》りません。斯樣《かやう》な修行《しゆぎやう》をして、七ケ年程私《ねんほどわたし》は渡邊先生《わたなべせんせい》に隨伴《ずゐはん》して全國《ぜんこく》を歩《ある》いたのであります。其間先生《そのあひだせんせい》から業《わざ》の説明《せつめい》は聞《き》いたこともなく先生《せんせい》も何《なん》にも御教訓《ごけうくん》がありませんでした。たゞ一擧《きよ》一動先生《ごうせんせい》の眞似《まね》をして、稽古《けいこ》に勵《はげ》んだので、他目《よそめ》から見《み》たら實《じつ》に可笑《をか》しかつたことであらうと思《おも》ひます。當時《たうじ》のことを考《かんが》へると赤面《せきめん》の至《いた》りに堪《た》へません。師《し》の事《こと》を眞似《まね》るうちに不知不識《しらず〳〵》の間《あひだ》に先生《せんせい》の稽古振《けいこぶ》りから聲《こゑ》の出《だ》し工合《ぐあひ》迄《まで》も似《に》て來《き》て以心傳心《いしんでんしん》とも云《い》はうか先生《せんせい》の通《とほ》りになるのであります。私《わたし》は修行中《しゆぎやうちう》は議論《ぎろん》とか理論《りろん》とかを云《い》ふことはなく實行的方面《じつかうてきはうめん》ばかりでありました。此實行的修行《このじつかうてきしゆぎやう》をして東京《とうきやう》に歸《かへ》ると、不思議《ふしぎ》なことに今迄《いままで》打《う》てぬ人《ひと》も打《う》てるし又面白《またおもしろ》いやうに相手《あひて》の機先《きせん》を制《せい》して自由《じいう》に打《う》つことが出來《でき》るやうになりました。畢竟理論《ひつきやうりろん》よりも實行《じつかう》でなければならぬことが證明《しようめい》されるのであります。劍道《けんだう》は其人《そのひと》の修養《しうやう》さへ積《つ》めば不知《しらず》不識《しらず》の間《ま》に攻《せ》める業《わざ》も打《う》ち込《こ》む業《わざ》も出來《でき》る様《やう》になるのであります。實行《じつかう》と云《い》ふことは我慢《がまん》も要《い》るし、苦痛《くつう》も多《おほ》い。慘憺《さんたん》な目《め》にも遇《あ》ふ。其《そ》のかはり勇猛《ゆうまう》の氣《き》が出來《でき》、又《また》半面《はんめん》には面白《おもしろ》いことを感《かん》ずる。人《ひと》は何事《なにごと》でも實行《じつかう》でなければ成就《じやうじゆ》せぬと思《おも》ひました。私《わたし》が修行中《しゆぎやうちう》は常《つね》に不言實行《ふげんじつかう》と云《い》ふことを遵守《じゆんしゆ》して修行《しゆぎやう》しました。其後《そのご》各處《かくしよ》を廻《まは》りまして稽古《けいこ》をするときは假令《たとへ》自分《じぶん》より技《わざ》の上《うへ》の人《ひと》でも彼《かれ》の氣《き》を呑《の》んでかゝるやうにしました。そして時《とき》には上手《じやうず》の機先《きせん》を制《せい》することが出來《でき》ました。此の氣《き》の内《うち》には自信《じしん》と云《い》ふ確固不動《かくこふどう》の心《こゝろ》が養《やしな》はれ、誰《た》れでも相手《あひて》となつて稽古《けいこ》をしても負《ま》けぬと云《い》ふ氣《き》になるもので、此氣《このき》が術《じゆつ》を上達《じやうたつ》せしむる第《だい》二歩《ほ》の基《もと》であります。道理《だうり》を說《と》くは易《やす》く行《おこな》ふは難《かた》しと云《い》ふ格言《かくげん》があります。言《い》つて未《いま》だ行《おこな》はれざれば美行《びかう》も美《び》にあらず、善《ぜん》業《げふ》も善《ぜん》にあらず、其成績《そのせいせき》を認《みと》むるはたゞ實行《じつかう》にあるばかりであります。即《すなは》ち先生《せんせい》の行《おこな》ふ所《ところ》を見《み》て、之《これ》に習《なら》ひさへすれば、撃《う》つことも防《ふせ》ぐことも自然《しぜん》に覺《おぼ》えるのであります。形式《けいしき》や智識《ちしき》に偏《へん》し實行《じつかう》を蔑《さげ》すむものは眞《しん》の精神《せいしん》を體得《たいとく》することが出來《でき》ません。

私《わたし》なども先生《せんせい》に就《つ》いて實行《じつかう》したから實力《じつりよく》も出來《でき》、又沈毅大膽《またちんきだいたん》と云《い》ふ妙味《めうみ》を味《あぢは》ふことが出來《でき》たので、修養者《しうやうしや》は專心實行《せんしんじつかう》に努力《どりよく》することが肝心《かんじん》であります。

先生《せんせい》の青年時代《せいねんじだい》の逸話《いつわ》に一十百千萬と云《い》ふことを机上《きじやう》に掛《か》けて勤勉《きんべん》したと云《い》ふ話《はなし》があります。人《ひと》が一度《ど》するとき自分《じぶん》は十度《ど》する、他人《たにん》が十度《ど》すれば自分《じぶん》は百度《ど》する、他人《たにん》が百度《ど》すれば自分《じぶん》は千度《ど》やる、所謂之《いはゆるこ》れが實行《じつかう》の本旨《ほんし》であります。苟《いや》しくも一つの技《ぎ》に達《たつ》しようとするには、此《かく》の如《ごと》く實行《じつかう》を主《しゆ》とせねばなりません。

第五節　肉彈となれ

前章《ぜんしやう》では實行主義《じつかうしゆぎ》を述《の》べましたが、誠《まこと》に實行《じつかう》こそ、萬事《ばんじ》を達《たつ》するの基《もと》であると思《おも》ひます。本節《ほんせつ》では尚進《なほすゝ》んで實驗《じつけん》から御話《おはなし》を致《いた》したいと存《ぞん》じます。それは題目《だいもく》の如《ごと》く肉彈《にくだん》と云《い》ふことがあります。稽古《けいこ》をする修行《しうぎやう》をすると云《い》ふことは人《ひと》の出來《でき》ない苦痛《くつう》をすることであります。然《しか》るに稽古時《けいこじ》に苦痛《くつう》を感《かん》じない樣《やう》に同《おな》じ程度《ていど》の人《ひと》とやることを好《この》み、其樂《そのらく》を主《しゆ》として面白《おもしろ》いなどと云《い》ふ人《ひと》があります。それも敢《あへ》て練習《れんしふ》の上《うへ》で惡《わる》いと云《い》ふではありませんが、それでは決《けつ》して眞物《ほんもの》になれない。樂《らく》なことには精神《せいしん》上何等影響《じやうなんらゑいきやう》する處《ところ》がないから、己《おの》れの爲《な》す處誇放過言《ところこはうくわごん》に流《なが》るるを免《まぬ》かれないのであります。畢竟精神《ひつきやうせいしん》が練《ね》れない、之《これ》は眞《しん》の實行《じつかう》でない、遊戯《いうぎ》に過《す》ぎない。又眞《またしん》の實行《じつかう》的《てき》でないものは上達《じやうたつ》もせぬ。私《わたし》は實行中《じつかうちう》に竊《ひそか》に肉彈的猛烈《にくだんてきまうれつ》な稽古《けいこ》をすると云《い》ふことを頭《あたま》から離《はな》さなかつたのであります。此決心《このけつしん》があれば心《こゝろ》に恐怖《きようふ》が起《おこ》らない。殺《ころ》されても構《かま》はない。敵《てき》と充分《じつぶん》な稽古《けいこ》をする位《くらゐ》になる、此心《このこゝろ》でこそ氣樂《きらく》な眞似《まね》も出來《でき》ず一生《しやう》懸命《けんめい》になり、遂《つひ》には非凡《ひぼん》の業跡《げふせき》を認《みと》めることが出來《でき》る。斯様《かやう》な風《ふう》で常《つね》に上手《じやうず》の人《ひと》に向《むか》つて稽古《けいこ》をして貰《もら》ひました。稽古中數回板《けいこちうすうくわいいた》の間《ま》に叩《たゝ》き附《つ》けられて氣絶《きぜつ》したこともありますが、素《もと》より死《し》を決《けつ》し肉彈的《にくだんてき》に稽古《けいこ》するのであるから平氣《へいき》なものでした。此《この》氣《き》で稽古《けいこ》を致《いた》しますと心《こゝろ》に一寸《ちよつと》の隙《すき》も油斷《ゆだん》もない、全力全氣力《ぜんりよくぜんきりよく》を擧《あげ》て一生懸命《しやうけんめい》に打《う》たう突《つ》かうと腐心《ふしん》する業《わざ》が一心《しん》になるのである。此《こゝ》で心《こゝろ》と術《じゆつ》とが調和《てうわ》して面《めん》を打《う》つも突《つ》くも總《すべ》て業《わざ》が實著的習行《じつちやくてきしふかう》となり密《ひそ》かに天禀《てんぴん》の聲思《せいし》を四方《はう》に通《つう》ずるに至《いた》るのである。此天禀《このてんぴん》を受《う》けて業《わざ》も種々《しゆ〳〵》に變化《へんくわ》し、受《う》けては打《う》ち攻《せ》めては突くと云《い》ふ密《みつ》な業《わざ》となる、敵《てき》の來《く》るに應《おう》じ而《しか》も心《こゝろ》を以《もつ》て心《こゝろ》を斷《き》ると云《い》ふ肉彈的神秘《にくだんてきしんぴ》を使《つか》ふとが出來《でき》るのである。上達《じやうたつ》するとか成就《じやうじゆ》すると云《い》ふことは、心《こゝろ》が樂《らく》だとか油斷《ゆだん》があるとか或《わるひ》は隙《すき》があるとかしてはだめであります。先《ま》づ眼《め》は飛《と》び出《で》る、頭《あたま》は無《な》くなる樣《やう》の思《おも》ひをしてこそ眞《しん》に進《すゝ》むのであります、進《すゝ》むと云《い》ふは稽古《けいこ》に肉彈的《にくだんてき》に身《み》を捨《す》てる實行《じつかう》を重《かさ》ねた結果《けつくわ》に過《す》ぎないのであります。之《こ》れを思《おも》ふと先輩《せんはい》とか先生《せーせー》と云《い》ふ人《ひと》が、苦《くる》しい思《おも》ひをしたのは心底《しんそこ》から欽慕《きんぼ》し大《おほい》に尊敬《そんけい》せねばならぬことゝ思《おも》ひます。艱難汝《かんなんなんぢ》を玉《たま》にすといふ諺《ことわざ》の通《とほ》り物《もの》になるのは艱難辛苦《かんなんしんく》にあるのであります。

第六節　笑うて血を啜る

他年《たねん》の稽古《けいこ》によりて、私《わたし》も人《ひと》の頭《あたま》の一つぐらゐは打《う》てる樣《やう》になつたので、大《おほい》に喜《よろこ》び勇《いさ》んで居《を》りました。丁度《ちやうど》十七歳《さい》の春《はる》五月《ぐわつ》、京都《きやうと》の武徳會《ぶとくゝわい》が發會式《はつくわいしき》を擧《あ》げると云《い》ふので、渡邊先生《わたなべせんせい》も出場《しゆつぢやう》せられ、私《わたし》もそれに随行《ずゐかう》をすることに成《な》りました。當時《たうじ》の劍客《けんかく》は九州《しう》では柴江《しばね》運《うん》八郎《らう》、淺野《あさの》一摩《ま》、中國《ちうごく》では阿部《あべ》衛守《ゑもり》、眞村左近太《しんむらさこんだ》、四國《こく》では石山孫六《いしやまゝご》、畿内《きない》では三《み》橋鑑《はしかん》一郎《らう》、小關敎道《こぜきけうだう》、香川喜《かがはき》三郎《らう》、東海道《とうかいだう》では得能關《とくのうせき》四郎《らう》、根岸信《ねぎしのぶ》五郎《らう》の諸大家《しよたいか》を筆頭《ひつとう》に幾《いく》千人《にん》といふ劍士《けんし》が全國《ぜんこく》から參集《さんしふ》して、龍攘虎搏《りうじやうこはく》の盛《さか》んな演武會《ゑんぶくわい》がありました。會《くわい》の終了後《しうれうご》に先生《せんせい》と、小美田隆義《こみたたかよし》(元利義《もとゝしよし》)、津田《つだ》一敬《けい》、武《たけ》部修《べしう》、守津義作《もりつぎさく》それに私《わたし》を加《くは》へた一行《かう》六人《にん》は、五月《ぐわつ》十一日《にちきやうと》京都を出發《しゆつぱつ》して四國《こく》の德《とく》島《しま》にと向《むか》ひました。海上無事《かいじやうぶじ》德島《とくしま》に着《つ》いて、同所《どうしよ》で盛《さか》んな稽古《けいこ》をしたのを初《はじ》めとして、香川《かがは》、愛媛《ゑひめ》、九州地方《しうちはう》と、順次先生《じゆんじせんせい》に從《したが》つて武者修行《むしやしゆぎやう》をやつたのであります。そして各縣到《かくけんいた》る處《ところ》何《いづ》れも血湧《ちわ》き肉躍《にくをど》る心持《こゝろも》ちの良《よ》い稽古《けいこ》をしました。一行《かう》も意氣衝《いきしよう》天《てん》の勢《いきほひ》であつたが、多勢《たぜい》に無勢《ぶぜい》、中々《なか〳〵》稽古《けいこ》には骨《ほね》が折《を》れました。殊《こと》に當時《たうじ》の人《ひと》には元《もと》の武士《ぶし》が多《おほ》かつたから活氣充溢《くわつきじういつ》して居《を》りました。斯《か》う云《い》ふ人々《ひとびと》と稽古《けいこ》するときは一層《そう》に苦《くる》しい思《おも》ひをしたものでありました。突《つ》きを突《つ》くに腹《はら》を突《つ》く、甚《はなはだ》しき時《とき》は睾丸《こうぐわん》を突《つ》くと云《い》ふ、猛烈《まうれつ》な有樣《ありさま》でありました。之《これ》は少《すこ》しく亂暴《らんばう》な話《はなし》であります。斯樣《かやう》の有樣《ありさま》で其勝負等《そのしようぶなど》ときては、負《ま》ければ一身《しん》一家《か》の不名譽《ふめいよ》また友人《いうじん》に對《たい》して不面目《ふめんぼく》と考《かんが》へたので、勝負《しようぶ》は中々《なか〳〵》の問題《もんだい》でありました。若《も》しかなはぬと思《おも》へば、如何《いか》なる亂暴《らんばう》をも敢《あへ》てしたもので、所謂《いはゆる》死を決《けつ》してやつたものであります。斯《かく》の如《ごと》き氣概《きがい》を以《もつ》て行動《かうどう》し、勝敗《しようはい》を決《けつ》すると云《い》ふのでありますから、なか〳〵並大抵《なみたいてい》の苦《くる》しみではありません。まだ割據時代《かつきよじだい》の氣風《きふう》が殘《のこ》つて居《ゐ》たから、人《ひと》の心《こゝろ》が極《きは》めて狹少《けふせう》であつた爲《た》め、一層此氣《そうこのき》は盛《さか》んであつたかも知《し》れませぬ。しかし斯樣《かやう》の氣概《きがい》は劍道《けんだう》の試合《しあひ》になくてはならないものと私《わたし》は信《しん》じます。我々《われ〳〵》一行《かう》も隨分亂暴《ずゐぶんらんばう》な稽古《けいこ》を致《いた》しました。然《しか》し一行《かう》の人々《ひと〳〵》は皆相當《みなさうたう》の年輩《ねんぱい》で、力《ちから》もあり、又技能《またぎのう》の點《てん》は二級《きふ》三級《きふ》今日《こんにち》の九段《だん》十段《だん》と云《い》ふ腕前《うでまへ》の人計《ひとばか》りで、敵《てき》の氣合《きあひ》に苦痛《くつう》などは感《かん》ずる氣色《けしき》はありませんでした。然《しか》し私《わたし》は僅《わづか》に十七歳《さい》の少年《せうねん》で、腕力《わんりよく》もなし、技倆《ぎりやう》に至《いた》つては極《きは》めて若《わか》いのでありました。然《しか》るに一行《かう》の先生《せんせい》と同《おな》じ様《やう》に稽古《けいこ》するので、實《じつ》に慘憺《さんたん》たる目《め》に遇《あ》ひました。如何《いか》に劍客《けんかく》は無頓着無遠慮《むとんちやくぶゑんりよ》と云《い》ふもの丶、少年《せうねん》を酷《ひど》く打《う》つとは馬鹿《はか》な奴《やつ》と、心中殘念《しんちうざんねん》で堪《たま》らなかつたのであります。修行中《しゆぎやうちう》は毎日《まいにち》の様《やう》に肘《ひぢ》や足《あし》から血《ち》が流《なが》れて居《を》りました。今日考《こんにちかんが》へますと、其《そ》の血《ち》の流《なが》れて平然《へいぜん》として居《を》つた氣概《きがい》が最《もつと》も私《わたし》の技《ぎ》を進達《しんたつ》せしめた原因《げんいん》である様《やう》に考《かんが》へます。夫《それ》は如何《いか》なる譯《わけ》であるかと申《まを》しますに、一種《しゆ》力《ちから》のある氣概《きがい》には我慢《がまん》がある。骨《ほね》を折《を》られても大丈夫《だいぢやうぶ》の心《こゝろ》あるから猛烈《まうれつ》に敵《てき》に打《う》ち込《こ》むのであります。そして心《こゝろ》を敵一《てきひと》つに傾倒《けいたう》し全力《ぜんりよく》を注《そゝ》いでやるからで、其時《そのとき》は非常《ひじやう》に體力氣力《たいりよくきりよく》が顯《あら》はれるものと思《おも》ひます。此間《このかん》防《ふせ》ぎ拂《はらひ》或《あるひ》は打《う》つと云《い》ふ活動《くわつどう》が自然《しぜん》の間《あひだ》心身《しんしん》に慣《な》れてしまふ。斯様《かやう》にして一回毎《くわいごと》に爽快《さうくわい》を覺《おぼ》え、敵《てき》の動作《どうさ》は知覺《ちかく》に注入《ちうにふ》せられるのであります。物《もの》を覺《おぼ》え理《り》を極《きは》めるは、血《ち》を啜《すゝ》る苦《くる》しい思《おも》ひの時《とき》に其力《そのちから》を顯《あらは》し又《また》能々《よく〳〵》注入《ちうにふ》されるのであることを深《ふか》く感《かん》じたのであります。斯様《かやう》に何處《どこ》までも練習《れんしふ》に心《こゝろ》を注《そゝ》いだので遂《つひ》には猛烈《まうれつ》の人《ひと》と對《たい》しても苦《く》を忘《わす》れ痛《いた》さを感《かん》せず、試合《しあひ》が面白《おもしろ》くなつて來《き》たのであります。そして今度《こんど》は如何《いか》に亂暴《らんばう》な奴《やつ》が出《で》て來《き》ても踏《ふ》みつぶす。と謂《い》ふ自負自尊《じふじそん》の念《ねん》が起《おこ》るやうになりました。サテ斯《か》うなると血《ち》が流《なが》れ出《で》ても、笑《わら》うて平然《へいぜん》たるものであります。此氣《このき》で專修致《せんしういた》すこと滿《まん》七年《ねん》、稍《や》や竹刀《しなひ》が動《うご》いて來《き》ました。此等《これら》の練習《れんしふ》は私《わたし》計《はか》りでなく、今日《こんにち》の名人大家《めいじんたいか》は皆此《みなこ》の樣《やう》な辛苦《しんく》を嘗《な》め盡《つく》して來《き》たに相違《さうゐ》ないのであります。又之《またこ》れでなければ上達《じやうたつ》すべきものではありません。

第七節　叱咤せらる

事《こと》に觸《ふ》れ、物《もの》に感《かん》じ、言葉《ことば》の花《はな》に匂《にほ》ひ出《で》るも、質實《しつじつ》を尊《たつと》び、浮華《ふくわ》を嫌《きら》ひ、特《とく》に虚《きよ》飾《しよく》を惡《にく》むは劍道《けんだう》の本旨《ほんし》であります。然《しか》し業《わざ》が少《すこ》し出來《でき》ると、唯我獨尊《ゆゐがどくそん》で自《みづか》ら先生《せんせい》となり、天狗《てんぐ》となるは劍客《けんかく》の常《つね》であります。鼻《はな》が高《たか》くなると高慢《かうまん》となり上《うへ》の人《ひと》も目下《めした》に見下《みおろ》し、敬意《けいい》を失《うしな》ひ道義《だうぎ》を忘《わす》れてしまふものであります。當時《たうじ》先生《せんせい》から業《わざ》の巧者《かうしや》となるよりも精神修養《せいしんしうやう》に勤《つと》めろと日々《ひび》の樣《やう》に訓諭《くんゆ》せられました。之《これ》が大《おほい》に心底《しんそこ》に徹《てつ》したが、三歳《さい》の童子《どうじ》之《こ》れを知《し》るも七十の翁《おきな》行《おこな》ひ難《かた》しで、中々《なか〳〵》出來《でき》ないものでありました。殊《こと》に生意氣《なまいき》盛《ざか》りであるし、總《すべ》ての行動《かうどう》が惡《わる》かつたのでありませう。先生《せんせい》から頭《あたま》を叩《たゝ》かれて鞭撻《べんたつ》せられたこともありました。稽古《けいこ》は日夜《にちや》焦心《せうしん》大《おほい》に勵《はげ》んで居《ゐ》るが、其道念《そのだうねん》と云《い》ふことになると暗黑同樣皆目解《あんこくどうやうかいもくわか》らないのであります。乃《そこ》で日夜《にちや》先生《せんせい》の身《しん》邊《べん》に在《あ》つて、人《ひと》に接《せつ》する方法《はうはふ》、禮《れい》の仕方《しかた》、或《あるひ》は四書《しよ》五經《きやう》の講義《かうぎ》を聞《き》いて、解《わか》らない内《うち》でも禮讓人倫《れいじやうじんりん》の道《みち》に心《こゝろ》を入《い》れて、努《つと》めるやうにして來《き》ました。かくて日常《にちじやう》怠《おこた》らず勵《はげ》みつゝ遂《つひ》に明治《めいぢ》三十三年《ねん》となつたが、その八月《ぐわつ》の極暑尚盛《ごくしよなほさか》んな十五日《にち》でありました。長崎縣《なかさきけん》は大村町《おほむらまち》・舊藩主大村主《きうはんしゆおほむらしゆ》は七萬石《まんごく》、藩《はん》は小《ちひさ》いが流石《さすが》は藩主《はんしゆ》が文武《ぶんぶ》の道《みち》を獎勵《しやうれい》せられただけに、立派《りつぱ》な人物《じんぶつ》が澤山《たくさん》居《を》りました。先年故人《せんねんこじん》になられたが、その舊藩士《きうはんし》で正五位《しやうゐ》柴江《しばえ》運《うん》八郎《らう》と云《い》ふ武術《ぶじゆつ》の大家《たいか》が居《を》りました。早速先生《さつそくせんせい》の處《ところ》へ修行《しゆぎやう》に出掛《でか》けて稽古《けいこ》を請《こ》ふと、幸《さいは》ひに快諾《くわいだく》され、座敷《ざしき》へ通《とほ》れとのことなので、私《わたし》は足《あし》をそゝいでから座敷《ざしき》へ恐《おそ》る〳〵通《とほ》つて先生《せんせい》に拜顔《はいがん》しました。先生《せんせい》は白髮烱眼《はくはつけいがん》、鼻下《びか》には鬚《ひげ》を貯《たくは》へ其威儀《そのゐぎ》人《ひと》を射《い》るばかり、實《じつ》に凜々《りゝ》しく感《かん》じられました。私《わたし》は平身低頭《へいしんていとう》して挨拶《あいさつ》を濟《す》ました後《のち》、先《ま》づ稽古《けいこ》を乞《こ》ふと、先生《せんせい》は早速支度《さつそくしたく》をせられて、教授《けうじゆ》して吳《く》れました。やがて稽古《けいこ》も終《をは》り、種々《しゆ〴〵》の教訓《けうくん》を受《う》けて先生《せんせい》の宅《たく》を辭《じ》したのは深更《しんかう》の頃《ころ》でありました。先生《せんせい》の私邸《してい》から私《わたし》の宿迄《やどまで》は三里《り》ばかりあるが、えゝまゝよ修行《しゆぎやう》の中《うち》は、艱難辛苦《かんなんしんく》は覺悟《かくご》の前《まへ》、何時《いつ》でも構《かま》ふことはないと、重《おも》い道具《だうぐ》や竹刀《しなひ》を荷《にな》うて、ぶら〳〵歸《かへ》つて來《き》たのが、村《むら》から村《むら》の畦道《あぜみち》、道《みち》の半里《はんみち》も來《く》ると、やがて森林鬱蒼《しんりんうつさう》として眞暗《まつくら》な路《みち》にさしかゝりました。全《まつた》く方向《はうかう》さへも分《わか》らぬ處《ところ》であつたが、彼方《かなた》と思《おも》ふ方向《はうかう》を目《め》ざして進《すゝ》んで行《ゆ》くと墓地《ほち》があつて、薄暗《うすぐら》い處《ところ》に白《しろ》い提灯《てうちん》が風《かぜ》にゆら〳〵動《うご》いて居《を》ります。深夜《しんや》に提灯《ちやうちん》などを見《み》るは心持《こゝろもち》のよいものでありません。薄氣味《うすきみ》わるく思《おも》ひながら暗黑《あんこく》の墓地《ほち》の間《あひだ》を急《いそ》いでやつて行《い》つた處《ところ》が、足元《あしもと》に異樣《いやう》の青火《あをび》がもえて、自分《じぶん》の體《からだ》に火《ひ》が飛《と》びつくやうな心持《こゝろもち》がします。かうなると身《み》も魂《たましひ》も拔《ぬけ》殼《がら》となつて一所懸命《しよけんめい》急《いそ》いだが、いくら歩《ある》いても進《すゝ》む樣《やう》な氣《き》がしません。一ツ處《ひとところ》に居《ゐ》る樣《やう》な氣《き》がしてならなかつたのでした。しかし恐《おそ》ろしいながらも、何《なん》だ萬物《ばんぶつ》の靈長《れいちやう》たる人間《にんげん》が狐《きつね》やたぬきの獸類《じうるゐ》に弄《もてあそは》れてたまるものかと、臍《ほぞ》の緒《を》を固《かた》めて、路《みち》を探《さぐ》り探《さぐ》りして一歩《ぽ》一歩《ぽ》やつて來《き》たが、如何《いかん》せん青火《あをび》が恐《おそろ》しく、遂《つひ》に勇氣《ゆうき》も挫《くじ》けて、周章狼狽《しうしやうらうばい》一目散《もくさん》に走《はし》りて家《いへ》に歸《かへ》つたやうな次第《しだい》でありました。そして翌朝《よくてう》になつたが家人《かじん》には前晩《ぜんばん》のことは話《はな》さずに居《ゐ》ると、柴江先生《しばゑせんせい》が午後《ごご》から尋《たづ》ねて來《き》て、前晩《ぜんばん》の事《こと》を云《い》はれたので、私《わたし》は赤面《せきめん》しながら隱《かく》す所《ところ》なく其夜《そのよ》の話《はなし》をした處《ところ》、そんな腐《くさ》れた精神《せいしん》では、只《た》だ竹刀《しなひ》を使《つか》ふのが上手《じやうず》といふ丈《だけ》で、眞《しん》の劍術《けんじゆつ》でない、眞劍《しんけん》を恐《おそ》れぬものが青火《あをび》を見《み》て恐《おそ》るゝといふのは、實《じつ》に精神《せいしん》の至《いた》らないのであると大《おほい》に叱咤《しつた》せられたのであります。昔《むかし》の武勇《ぶゆう》優《すぐ》れし人々《ひとびと》の膽勇《たんゆう》を聞《き》いて、自分《じぶん》の事《こと》を顧《かへり》みると、幼年《ようねん》ではあれ、私《わたし》の餘《あま》りに意氣地《いくぢ》ないことがなさけなくなりました。夫《そ》れからと云《い》ふものは、沈思默考《ちんしもくかう》膽力養成《たんりよくやうせい》に意《い》を注《そゝ》いで、やがて一《ひと》つの靈妙不可思議《れいめうふかしぎ》なる力《ちから》を知覺《ちかく》することが出來《でき》たのであります。

第八節　劍膽を感ず

私《わたし》の先生《せんせい》の壯年時代《さうねんじだい》の逸話《いつわ》に、先生《せんせい》が勤王《きんわう》の說《せつ》を唱《とな》へて、京地《けいち》に流浪《るらう》した當時《たうじ》、幕政《はくせい》は頗《すこぶ》る紊《みだ》れ、鎖國攘夷《さこくじやうい》の議論《ぎろん》は囂々《がう〳〵》として、民心恟々《みんしんきよう〳〵》天下鼎《てんかかなへ》の沸《わ》くが如《ごと》くでありました。勤王《きんわう》の同志《どうし》は此機《このき》を窺《うかゞ》ひ、生野銀山《いくのぎんざん》の快擧《くわいきよ》を謀《はか》つて、幕府《ばくふ》の隙《すき》を覗《うかゞ》つて居《ゐ》たが、幕府《ばくふ》は之《これ》を知《し》つて、或《あるひ》は捕縛《ほばく》し或《あるひ》は斬首《ざんしゆ》にしたので、同志《どうし》は寔《まこと》に白刄《はくじん》を踏《ふ》むが如《ごと》き有樣《ありさま》でありました。或《あ》る日《ひ》先生《せんせい》は京都《きやうと》の北野天神《きたのてんじん》に、同志《どうし》の評議《ひやうぎ》があつたので、田舍武士《ゐなかざむらひ》に裝《よそほ》うて、出《で》かけたが、既《すで》に幕吏《ばくり》はこれを知《し》つて、三條大橋《でうおほはし》から先生《せんせい》の跡《あと》を尾行《びかう》するのでありました。しかし先生《せんせい》は素知《そし》らぬ體《てい》で、天神指《てんじんさ》して急《いそ》いだのであります。當時《たうじ》の天滿天神《てんまてんじん》の道《みち》は、鬱蒼《うつさう》たる松樹《しようじゆ》が千古《こ》の綠《みどり》を湛《たゝ》へて、晝尙暗《ひるなほくら》き處《ところ》でありました。一町餘《ちやうあま》り來《く》ると、松樹《しようじゆ》の小陰《こかげ》から二人《ふたり》の武士《ぶし》が『渡邊待《わたなべま》てッ』と大喝《だいかつ》一聲《せい》、頭上《づじやう》にひらめく白刄《はくじん》の稻妻《いなづま》は、二《ふた》つになれよとばかり勢《いきほ》ひするどく斬《き》り込《こ》みました。アッと思《おも》ふまもなく、先生《せんせい》は體《たい》を斜《なゝめ》に交《かは》して、拔《ぬ》く手《て》も見《み》せずチャリンと受《う》け止《と》めたが、今《いま》は此《こ》れまでと思《おも》つたから、透《すか》さず曲者《くせもの》の横面《よこめん》に切《き》りつけました。電光影裡《でんくわうえいり》の内《うち》に敵《てき》の一人《ひとり》の首《くび》は飛《と》んで、四邊《あたり》は鮮血淋漓《せんけつりんり》たる有樣《ありさま》。同志《どうし》の倒《たふ》れるを見《み》ると、他《た》の一人《ひとり》の武士《ぶし》は忽《たちま》ち一目散《もくさん》に逃《に》げ出《だ》したので、先生《せんせい》は靜《しづ》かに刀《かたな》を納《をさ》めて、宿《やど》に歸《かへ》つたと云《い》ふ話《はなし》がありました。後年先生《こうねんせんせい》は此時《このとき》を追懷《つゐくわい》して、時々茶話《ときどきちやはなし》にされたものであります。

先生《せんせい》は門人《もんじん》に向《むか》つては假令《たとひ》常《つね》の稽古《けいこ》でも眞劍《しんけん》と思《おも》つて、一《ひと》つ打《う》つにも大事《だいじ》をとり弛《ゆる》みなく油斷《ゆだん》なくせねばならぬと敎訓《けうくん》せられました。先生《せんせい》が奸佞《かんねい》なる幕吏《ばくり》を斃《たふ》し、死生《しせい》の境《さかひ》に往來《わうらい》して天業《てんげふ》の素志《そし》を貫《つらぬ》いたといふのも、實《じつ》に平素鍛錬《へいそたんれん》せられた所《ところ》を遺《ゐ》憾《かん》なく發揮《はつき》せられたからであります。之《これ》を以《もつ》ても稽古《けいこ》の上《うへ》に油斷《ゆだん》なく、弛《ゆる》みなきやう努《つと》めなければならぬといふことが解《わか》ります。油斷《ゆだん》がなければ自然《しぜん》敵《てき》に對《たい》しても刄《やいは》を忘《わす》れ、而《し》かも敵《てき》の業《わざ》にして敵《てき》と和《わ》すやうになれるので、不思議《ふしぎ》とか妙《めう》とか云《い》ふのは此處《こゝ》であります。

斯《か》くの如《ごと》くにして、はじめて物《もの》に接《せつ》しても恐《おそ》れず、事《こと》に當《あた》りてもよく安靜《あんせい》の心《こゝろ》を以《もつ》て處置《しよち》することが出來《でき》るのであります。私共《わたしども》が稽古《けいこ》を致《いた》します時《とき》に、强剛《きやうがう》の心《こゝろ》を以《もつ》て敵《てき》を倒《たふ》す底《てい》の猛氣《まうき》を振《ふる》ひ起《おこ》し、種々《しゆく》と處作《しよさ》があるものであります。故《ゆゑ》に肘《ひぢ》から血《ち》の流《なが》れる位《くらゐ》は辛抱《しんはう》するが、之《こ》れは敵《てき》に勝《か》つ氣《き》の一時《じ》の辛抱《しんはう》で、心《こゝろ》に障《さは》りがあるものので、眞《しん》に安靜《あんせい》に死《し》するといふ境地《きやうち》には入《はひ》り得《え》ぬときであります。青火《あをび》を見《み》、墓地《ぼち》の燈火《ともしび》を見《み》て、如何《いか》に氣《き》を勵《はげ》ましても心《こゝろ》に恐怖《きようふ》を生《しやう》ずるのもこれと同《おな》じ理《り》でありま す。之《こ》れでは白刄頭上《はくじんづじやう》に下《くだ》るときは腰《こし》も拔《ぬ》けん計《はか》りに驚《おどろ》いてしまふのであります。

そこで私《わたし》は自己《じこ》を忘《わす》れると云《い》ふことに就《つ》いて色々《いろく》と研究《けんきう》を致《いた》しました。私《わたし》が或《あ》る時《とき》賊《ぞく》に出會《でくは》したときに、賊《ぞく》は突然白刄《とつぜんはくじん》を閃《ひらめ》かし一刀兩斷《たうりやうだん》の勢《いきほひ》を以《もつ》て打込《うちこ》んで來《き》ました。しかし私《わたし》は油斷《ゆだん》なく其賊《そのぞく》の處作《しよさ》を凝視《ぎようし》して賊《ぞく》の刀《かたな》が正《まさ》に我頭《わがかうべ》を兩斷《りやうだん》せんとする刹那《せつな》、體《たい》を變《かは》すと同時《どうじ》に賊《ぞく》の刀《かたな》を前《まへ》に投《な》げ出《だ》しました。そして賊《ぞく》が再《ふたゝ》び刀《かたな》を拾《ひろ》はうとする時《とき》、賊《ぞく》の頭《あたま》を叩《たゝ》くと、賊《ぞく》は忽《たちま》ち其處《そこ》に倒《たふ》れたので、苦《く》もなく賊《ぞく》を捕縛《ほばく》したことがあります。この時賊《ときぞく》に對《たい》し從容《しようよう》として熟視《じゆくし》することが出來《でき》たのは、心《こゝろ》が安靜《あんせい》であつたからで、敵《てき》の打《う》つや體《たい》を變《へん》じて手《て》を打《う》つたのは、心《こゝろ》も術《じゆつ》も忘《わす》れて、而《しか》も自然《しぜん》に敵《てき》の處作《しよさ》に應《おう》じたのであります。これは白刃下《はくじんか》に於《おい》て今《いま》一杯《はい》の茶《ちや》を飲《の》まんとし、手《て》は自然《しぜん》に器《うつは》をとつて、口《くち》に茶《ちや》を運《はこ》び、三寸舌頭《さんぜつとう》にて其美味《そのびみ》を不知《しらず》不識《しらず》の間《あひだ》に覺《おぼ》ゆるが如《ごと》きであります。此心《このこゝろ》の働《はたら》きが我《われ》を忘《わす》れて働《はたら》くと云《い》ふものであります。凡《およ》そ大《だい》丈夫《ぢやうぶ》が事《こと》に當《あた》りて平然《へいぜん》と處置《しよち》するのはみな之《これ》に依《よ》るのであります。强敵《きやうてき》に向《むか》つて驚《おどろ》かず、敵《てき》の處作《しよさ》に感《かん》じて應《おう》ずる之《こ》れを道《みち》と云《い》ふ、之《こ》れを劍心《けんしん》と謂《い》つて、即《すなは》ち劍術《けんじゆつ》の精神《せいしん》であると私《わたし》は固《かた》く信《しん》ずるのであります。斯道《しだう》の練習者《れんしふしや》が凡《すべ》て此《こ》の眞意《しんい》を悟入《ごにふ》し其美《そのび》を味《あぢは》はれんことを私《わたし》は心《しん》から希《こひねが》ふのであります。

第九節　劍術と處世

渡邊先生《わたなべせんせい》は眞《しん》に劍術《けんじゆつ》の眞意《しんい》を悟入《ごにふ》した御方《おかた》でありましたから、自《おのづか》ら威《ゐ》風堂《ふうだう》々《く》として光彩《くわうさい》を放《はな》ち、對者《たいしや》を戰慄《せんりつ》せしめたのであります。先生《せんせい》の打《う》ち込《こ》みは、白龍跳《はくりうをど》り萬《はん》雷轟《らいとゞろ》くの概《がい》がありました。私共《わたしども》も稽古場《けいこば》で立《た》ち合《あ》つて、先生《せんせい》の指導《しだう》を受《う》けるときは頭《あたま》から一種異樣《しゆいやう》の恐怖《きようふ》を感《かん》じて、恰《あだか》も死地《しち》に遭遇《さうぐう》したかの如《ごと》く感《かん》ずるのでありました。斯樣《かやう》な先生《せんせい》から稽古《けいこ》せられた御蔭《おかげ》で、長《なが》い月日《つきひ》の中《うち》には其泰然《そのたいぜん》たる態度《たいど》、打《う》ち込《こ》む氣合《きあひ》などが以心傳心《いしんでんしん》に養成《やうせい》されたのでありまず。其證據《そのしようこ》には他人《たにん》と試合《しあひ》する（昔《むかし》の他流試合《たりうじあひ》）の度毎《たびごと》に、自己《じこ》の業《わざ》が敵《てき》の肺肝《はいかん》を挫《くじ》くが如《ごと》き感《かん》が起《おこ》るのでもわかります。此《こ》の練習《れんしふ》が度重《たびかさ》なつて、はじめて眞面目《まじめ》の試合《しあひ》が出來《でき》るのであります。眞面目《まじめ》であれば、精神《せいしん》が竹刀《しなひ》に凝《こ》り、敵氣《てきゝ》を制《せい》して、敵《てき》を未然《みぜん》に制《せい》することが出來《でき》るのであります。古來劍道《こらいけんだう》の教《をし》へに一圓心無《ゑんしんむ》二無別《むべつ》と云《い》ふことがあります。圓《ゑん》は丸《まる》い宇宙《うちう》に象《かたど》り、竹刀《しなひ》で打《う》つことを其圓心《そのゑんしん》とします。宇宙《うちう》は解《かい》す可《べ》くして解《かい》すべからざる絶大《ぜつだい》のものであります。故《ゆゑ》に劍術《けんじゆつ》に體《たい》あり、形《けい》あり、法《はふ》あり、敵《てき》あり、我《われ》ありと色《いろ》色《いろ》に區《く》別《べつ》致《いた》しますが、歸《き》する所《ところ》は心《こゝろ》に外《ほか》ならぬのであります。所謂《いはゆる》圓《ゑん》であつて、宇《う》宙《ちう》の眞相《しんさう》の境涯《きやうがい》となるのであります。色々《いろ〳〵》の法形《はふけい》を心《こゝろ》に悟《さと》り、心《こゝろ》が一切《さい》の差《さ》別《べつ》なく働《はたら》く：之《こ》れを無《む》二無《む》別《べつ》と云《い》ふのであります。

私《わたし》も多《た》年《ねん》の修行《しゆぎやう》によつて精神作用《せいしんさよう》は心靈的作用《しんれいてきさよう》であることを知《し》つたのであります突然《とつぜん》の事《こと》に遭遇《さうぐう》して狼狽《らうばい》しては仕事《しごと》が出來《でき》ないもので、況《いは》んや劍道以外《けんだういぐわい》に偶然《ぐうぜん》の事《こと》に遭遇《さうぐう》した時《とき》はたゞ此心《このこゝろ》の處作《しよさ》に俟《ま》つ外《ほか》はありません。彼《か》の柴江《しばえ》先生《せんせい》の精神修養上《せいしんしうやうじやう》の訓話《くんわ》も此意味《このいみ》であつたに相違《さうゐ》はないと、今《いま》にして思《おも》ふのであります。先生《せんせい》は先年《せんねん》故人《こじん》になられたが、進《すゝ》んで教《をしへ》を受《う》けなかつたことを私《わたし》は一生《しやう》の恨事《こんじ》と致《いた》す次第《しだい》であります。

實地《じつち》修行《しゆぎやう》十有餘年《いうよねん》の奮闘努力《ふんとうどりよく》の話《はなし》もこれで略盡《ほゞつ》きました。尚《なほ》一言申したいとは、私《わたし》の中年《ちうねん》の頃《ころ》に種々《いろ〳〵》と心《こゝろ》の亂《みだ》れたときのことであります。此當時《このたうじ》は劍《けん》を採《と》りてもよく敗《やぶ》れましたが、それは皆心《みなこゝろ》が亂《みだ》れてゐたせいであります。劍道《けんだう》は只《た》だ手腕劍術《しゆわんけんじゆつ》のみに於《お》ける修養《しうやう》ではなく日常《にちじやう》の行爲《かうゐ》品性《ひんせい》と密接《みつせつ》なる關係《くわんけい》を有《いう》して居《ゐ》ることを私《わたし》はその時深《ときふか》く感《かん》じました。そして處世《しよせい》と劍術《けんじゆつ》とは離《はな》る可《べ》からざる關係《くわんけい》がある、否同一《いなどう》の樣《やう》に痛切《つうせつ》に感《かん》じたのであります。刀《かたな》を採《と》るに當《あた》つて心亂《こゝろみだ》るゝ時《とき》は其術《そのじゆつ》を失《うしな》ひ、世《よ》に處《しよ》するに當《あた》つて心《こゝろ》が亂《みだ》るゝときは、自身《じしん》を過《あやま》ち社會《しやくわい》の劣敗者《れつはいしや》となる。故《ゆゑ》に處世《しよせい》と云《い》ひ、劍道《けんだう》と云《い》ひ、心《こゝろ》の一絲《し》も亂《みだ》れないやうに修養《しうやう》することが何《ど》うしても肝要《かんえう》であります。劍道《けんだう》を修養《しうやう》して、其主眼《そのしゆがん》とする境涯《きやうがい》を悟《さと》ることが出來《でき》たならば、不斷自身《ふだんじしん》を亂《みだ》すこともなく、品性《ひんせい》と云《い》ひ、行動《かうどう》と云《い》ひ、寸毫《すんがう》も亂《みだ》すことがないのであります。故《ゆゑ》に吾人《ごじん》の心《こゝろ》にも、行動《かうどう》にも、品性《ひんせい》にも、事業《じげふ》にも劍道《けんだう》の境涯《きやうがい》があつてよく自身《じしん》を過《あやま》らぬのであります。彼《か》の劍道《けんだう》に殺人劍活人劍《さつじんけんくわつじんけん》といふことがあるが、吾人《ごじん》の迷夢《めいむ》を破《やぶ》るのが殺人劍《さつじんけん》で、吾人《ごじん》の一身《しん》を修《をさ》め品性《ひんせい》を作《つく》るのが活人劍《くわつじんけん》であります。吾人《ごじん》が劍術《けんじゆつ》を練《ね》り高《たか》く淸《きよ》き氣節《きせつ》を以《もつ》て百事《じ》の行動《かうどう》と融和《ゆうわ》する時《とき》は品性《ひんせい》も行動《かうどう》も亂《みだ》るゝことがありません。故《ゆゑ》に私《わたし》は此眞法《このしんぱふ》を感《かん》じ、益々《ますます》劍道《けんだう》の神境《しんきやう》に入《い》ることを日夜勤《にちやつと》めて居《ゐ》る次第《しだい》であります。

第十節　一喝の氣合を與ふ

一口《ひとくち》に武道《ぶだう》と言《い》つても、私《わたし》の主眼《しゆがん》とする所《ところ》は無論《むろん》劍道《けんだう》に在《あ》るのですから其心算《そのつもり》で聞《き》いて頂《いたゞ》きたい。劍道《けんだう》の本領《ほんりやう》とする處《ところ》は、前《まへ》にも述《の》べた如《ごと》く單《たん》に技術《ぎじゆつ》の妙《めう》を極《きは》め、體育《たいいく》の向上《かうじやう》を期《き》するのでは無《な》くて、練習中《れんしふちう》不知不識《しらずしらず》の裡《うち》に崇高《すうかう》な男性的《だんせいてき》の氣品《きひん》を涵《かん》養《やう》するにあるので、數多《かずおほ》き研究者中《けんきうしやちう》にも茲《こゝ》に思《おも》ひ到《いた》る者《もの》があれば、其人《そのひと》は最《も》う立派《りつぱ》な劍士《けんし》と言《い》つて差支《さしつか》へ無《な》いのであります。私《わたし》が眞摯《しんし》な劍道研究者《けんだうけんきうしや》を指《さ》して、時弊《じへい》救《きう》濟《さい》の士《し》といふのは、是《こ》れ程《ほど》一擧《きよ》一動《どう》眞面目《まじめ》な者《もの》は無《な》いので、通常體育法《つうじやうたいいくはふ》を云々《うんぬ》する體操《たいさう》の如《ごと》きは、唯《た》だ四肢《し》の運動《うんどう》を均齊《きんせい》ならしむる丈《だけ》で、心身《しんしん》一體合致《たいがつち》の妙味《めうみ》を見出《みだ》す事《こと》は出來《でき》ないからであります。劍道《けんだう》は一度《ひとたび》竹刀《しなひ》を把《と》つて立《た》ち上《あが》れば已《すで》に懸命《けんめい》の白《はく》刃下《じんか》にある覺悟《かくご》を以《もつ》て爲《な》すのであります。敵《てき》も味方《みかた》も一擧手《きよしゆ》一投足《とうそく》に全運命《ぜんうんめい》を司配《しはい》さるゝ所《ところ》に男兒《だんじ》の意氣《いき》があり、男兒《だんじ》の方略《はうりやく》があるのであります。古《むかし》の武士《ぶし》が戰場《せんぢやう》に殪《たふ》れた死屍《しゝ》の創口《きずぐち》を見《み》て、鬪者《とうしや》の性格《せいかく》を推斷《すゐだん》し得《え》たといふのも、畢竟《ひつきやう》は此處《こゝ》に在《あ》るので、敵《てき》の虚《きよ》を突《つ》くにも正道《せいだう》に鑑《かんが》み、定規《ぢやうき》に順《したが》つて毫末《がうまつ》も不法《ふはふ》の行爲《かうゐ》があつてはならないのであります。最近紳士《さいきんしんし》道《だう》とか、武士道《ぶしだう》とか、口先《くちさき》ばかりの嚴《きび》しいのは、反對《はんたい》に此《こ》の道《みち》の衰頽《すゐたい》を立證《りつしよう》して居《ゐ》るのであります。假令《たとへ》人格《じんかく》ある少數《せうすう》の教育者等《けういくしやなど》が如何《いか》に聲《こゑ》を大《だい》にして世相《せさう》の腐敗《ふはい》を叫《さけ》んでも、個々人《こゝじん》に是《これ》を感得《かんとく》させ得《え》ないのでは何《なん》の得《う》る所《ところ》も無《な》いのであるから、斯《か》かる無用《むよう》の努力《どりよく》に疲《つか》れんよりは、私《わたし》は自分《じぶん》の奉《ほう》ずる聖《せい》劍道《けんだう》の一喝《かつ》の氣合《きあひ》に依《よ》つて漸次《ぜんじ》思潮改善《しかうかいぜん》の地盤《ぢばん》を造《つく》り上《あ》げたい考《かんが》へであります。心《こゝろ》だに誠《まこと》の道《みち》にかなひなば、と古人《こじん》も言《い》つて居《ゐ》る、男兒《だんじ》たる者《もの》は何事《なにごと》にも眞劍《しんけん》で無《な》ければならないのであるが、動《やゝ》もすれば時代推移《じだいすゐい》の當然《たうぜん》の現象《げんしやう》なりなど〻生半可《なまはんか》な辭《ことば》を振《ふ》り廻《まは》す者《もの》のみ多《おほ》くて、時々刻々《じゞこく〳〵》に墮落《だらく》の淵《ふち》に沈《しづ》み、安逸《あんいつ》を貪《むさぼ》らうとし、禮節《れいせつ》は虚僞《きよぎ》の具《ぐ》に、衣食《いしよく》は驕奢《けうしや》の贅《ぜい》に資《し》せられ、萬人競《ばんじんきそ》うて一日《にち》の安《あん》を偸《ぬす》む事《こと》に汲々《きふ〳〵》として、偶々《たまたま》人倫《じんりん》の大道《だいだう》を口《くち》にする者《もの》は疎《うと》んぜられて省《かへり》みられずといふ風《ふう》、之《これ》を稱《しよう》して文明《ぶんめい》の精華《せいくわ》とは何《なん》たる情《なさけ》ない有樣《ありさま》でありませう。私《わたし》が此隙《このすき》だらけの世態《せたい》の虚《きよ》を衝《つ》かうとして居《ゐ》る竹刀《しなひ》三尺《じやく》は時《とき》に激越《げきえつ》な調子《てうし》が出《で》るかも知《し》れぬが、國技《こくぎ》の眞髓《しんずゐ》は法則《はふそく》に據《よ》る眞摯《しんし》な競爭《きやうさう》を指《さ》すのであります。兩國橋東幾萬《りやうごくけうとういくまん》の衆人環視《しうじんくわんし》の裡《うら》に正々堂々《せいせいだうだう》優劣《いうれつ》を爭《あらそ》ふ相撲《すまふ》が國技《こくぎ》ならば、一騎の竹刀《しなひ》を霜呼《しもよ》ぶ白刄《はくじん》に擬《なぞ》へて身命《しんめい》を的《まと》に輸贏《しゆえい》を爭《あらそ》ふ者國技《ものこくぎ》の料《れう》として敢《あへ》て決《けつ》して劣《おと》る所《ところ》は無《な》いのであります。即《すなは》ち劍術《けんじゆつ》が其特長《そのとくちやう》とする處《ところ》は眞《しん》に心身合致《しんしんがふち》の最《もつと》も充實《じうじつ》した正善動作《せいぜんどうさ》であつて、決《けつ》して上《うは》つ調子《てうし》の倫理《りんり》講義《かうぎ》や放縱僞善《はうじうぎぜん》敎《けう》の說法《せつぱふ》の如《ごと》き者《もの》でないのであります。畏《おそ》れ多《おほ》くも　先帝陛下《せんていへいか》の御勅語《おちよくご》中《ちう》にも「義勇公《ぎゆうこう》に奉《ほう》じ」とある御義《おんぎ》を拜察《はいさつ》すれば此大精神《このだいせいしん》こそ現代人《げんだいじん》の遵奉《じゆんぽう》すべき好適《かうてき》の武士道《ぶしだう》であると共《とも》に吾《わ》が劍道《けんだう》の精神《せいしん》とする處《ところ》であると思《おも》ひます。然《しか》るに動《やゝ》もすれば劍道《けんだう》は昔《むかし》の武士《ぶし》が刀《かたな》の手前《てまへ》引《ひ》き込《こ》む譯《わけ》に行《ゆ》かぬといふ樣《やう》な所《ところ》から、互《たがひ》に猪突《ちよとつ》の勇《ゆう》を揮《ふる》つて鬪《はた》し合《あ》ふ樣《やう》に成《な》つた變態《へんたい》を指《さ》し、野蠻時代《やばんじだい》の遺風《ゐふう》であるなどゝ一笑《せう》に附《ふ》し或《あるひ》は又《また》眞摯《しんし》なる可《べ》き劍士《けんし》が自己《じこ》の生活上《せいくわつじやう》の慾望《よくばう》を充《み》たしたい計《はか》りに一種《しゆ》の遊戯《いうぎ》の如《ごと》く心得《こゝろえ》て武術《ぶじゆつ》を藝術《げいじゆつ》に通《かよ》はして居《ゐ》るが如《ごと》きは誠《まこと》に苦々《にがにが》しい事《こと》であります。武家《ぶけ》の作法上《さはふじやう》劍《けん》は如何《いか》に取扱《とりあつか》はれて居《ゐ》たかと言《い》へば、劍《けん》は決《けつ》して私情《しじやう》から玩《もてあそ》ぶ可《べ》き者《もの》で無《な》く、彼《か》の殿中等《でんちうなど》に於《おい》て鯉口《こひぐち》三寸寛《ずんくつろ》げても、直《たゞち》に家《いへ》は斷絶《だんぜつ》身《み》は切腹《せつぷく》と法度《はつと》されて居《ゐ》たのでも、其《その》一斑《はん》は察《さつ》し得《え》らる可《べ》きでありませう。好《よ》く活人劍《くわつにんけん》と云《い》ふ事《こと》を言《い》ふが此《この》一語《ご》は最《もつと》も眞《しん》を穿《うが》つた者《もの》であります。ヘーゲルは嘗《かつ》て智識《ちしき》をして智識《ちしき》たる事《こと》を得《え》せしむるには、別《べつ》に一種《しゆ》の力《ちから》を要《えう》すと言《い》つた事《こと》があるが、偉《ゐ》大《だい》なる精神《せいしん》を保有《ほいう》するには、何等《なんら》か他《た》の助力《じよりよく》を必要《ひつえう》とするものであります。目標《もくへう》なき猪突《ちよとつ》や疾走《しつそう》は中途《ちうと》に疲《つか》るゝのみで、何者《なにもの》か努力《どりよく》に伴《ともな》ふ助動《じよどう》の要《えう》は必然《ひつぜん》の事《こと》であります。道徳《だうとく》の敷衍《ふえん》が神又《かみまた》は佛《ほとけ》を標榜《へうばう》する如《ごと》く、私《わたし》は煩瑣《はんさ》な諸生活《しよせいくわつ》の進展《しんてん》に對《たい》して、劍法《けんぽふ》の大精神《だいせいしん》を體《たい》してこれに臨《のぞ》んだならば、最《もつと》も健實《けんじつ》な公正《こうせい》な人格《じんかく》を發現《はつげん》せしむる事《こと》が出來《でき》ると信《しん》ずるのであります。

附録

全國武者修行記

時《とき》は、明治《めいぢ》三十二年《ねん》四月《ぐわつ》卅日《にち》、渡邊先生《わたなべせんせい》には、總裁宮殿下《そうさいのみやでんか》の御令旨《ごれいし》を奉體《ほうたい》して全《ぜん》國《こく》に武徳會《ぶとくくわい》の擴張《くわくちやう》と、且《かつ》斯道《しだう》の普及《ふきふ》を計《はか》るため、漫遊《まんいう》されることになりました。私《わたし》も其隨行《そのずゐかう》の光榮《くわうゑい》に浴《よく》し、明治年代《めいぢねんだい》の日本國中《にほんこくちう》の武者修行者《むしやしゆぎやうしや》として、レコードを破《やぶ》つたのであります。漫遊中《まんいうちう》には彼《か》の昔し水戸《みと》の光圀卿《みつくにきやう》の、全國漫遊談《ぜんこくまんいうだん》の如《ごと》く、充分《じうぶん》奇談《きだん》もある。又當時《またたうじ》は一時《じ》武道《ぶだう》も衰頽《すゐたい》した際《さい》でありますから、全國《ぜんこく》の耳目《じもく》を聳動《しようどう》せしめ武道《ぶだう》の必要《ひつえう》なる感《かん》を喚《よ》び起《おこ》さしめたのであります。道具《だうぐ》を肩《かた》に背負《せお》ひ、猛虎《まうこ》一聲山川搖《せいさんせんゆる》ぐが如《ごと》き勢《いきほひ》で、五月一日《ぐわつじつ》新橋《しんばし》を出發《しゆつぱつ》した。此時私《このときわたし》は十六歳《さい》の春でありました。汽笛《きてき》一聲《せい》御機嫌《きげん》ようと、別《わか》れを惜《をし》みて、發車《はつしや》してから、品川大森《しながはおほもり》神奈川《かながは》横濱《よこはま》と段々《だん／＼》通過《つうくわ》して、午後《ごご》七時《じ》に國府津《こふづ》に着《つ》いた。此處《ここ》より箱根《はこね》八里《り》の險艱要路《けんかんえうろ》であります。昔《むかし》なら非常《ひじやう》に苦《くる》しむ行程《かうてい》の處《ところ》であります。五分間停車《ふんかんていしや》して再《ふたゝ》び發車《はつしや》した。山溪《さんけい》相迫《あひせま》る坂《さか》を登《のぼ》り山腹《さんぷく》を鑿《うが》つ隧道《とんねる》を潜《くゞ》る。進《すゝ》むにつれて、車外《しやぐわい》は轟々《ぐう〳〵》たる恐《おそ》ろしい音《おと》を殘《のこ》して進《すゝ》む、初《はじめ》ての旅《たび》見《み》るもの聞《き》くもの珍《めづ》らしい。幸《さいは》ひ當夜《たうや》は一輪《りん》の明月《めいげつ》皎々《かう〳〵》として居《ゐ》る、車窓《しやそう》から頭《あたま》を出《だ》して、四方《はう》の風景《ふうけい》を望《のぞ》むのでありました。箱根《はこね》山貌《さんばう》は實《じつ》に畫人《ぐわじん》の筆墨《ひつぼく》によりて書《か》れたる如《ごと》く、群峯《ぐんぽう》甚《はなは》だ奇峭《きせう》である、此奇景《このきけい》を眺《なが》め、或《あるひ》は全《ぜん》石破裂《せきはれつ》して洞穴《どうけつ》を爲《な》すもの、或《あるひ》は一橋《けう》より數千丈《すうせんぢやう》の溪谷《けいこく》の水《みづ》の流《なが》れ、何《いづ》れも眼《め》に映《えい》じ、一睡《すゐ》もせずして山景《さんけい》を見物《けんぶつ》するのでありました。汽車《きしや》は沼津《ぬまづ》を過《す》ぎた、夜《よ》は深《しん》更《かう》で肌《はだへ》を刺《さ》すが如《ごと》き冷氣《れいき》を覺《おぼ》ゆるのである。ケットを頭《あたま》から被《かぶ》つて寒《さむさ》を凌《しの》ぐ。私《わたし》と同《おな》じ樣《やう》な初旅行者《はつりよかうしや》もあると見《み》えて、囁《さゝ》やきて夜《よ》を徹《てつ》する人《ひと》もあつた。

五月《ぐわつ》二日《か》　不眠《ふみん》にて一夜《や》を車中《しやちう》であかし、朝《あさ》五時《じ》名古屋《なごや》に着《つ》いた。車窓《しやそう》より北方《ほくはう》を望《のぞ》めば、名古屋城《なごやじやう》の金《きん》の鯱《しやち》に朝日《あさひ》に反射《はんしや》して、燦爛《さんらん》として眼《め》も覺《さ》める許《ばか》りであります。呆然《はうぜん》として車窓《しやそう》に倚《よ》りて立《た》つて居《ゐ》た。すると車窓下《しやそうか》に辨當《べんたう》新聞《しんぶん》と異樣《いやう》の賣子《うりこ》の呼《よ》び聲《こゑ》、狼狽《あわ》てゝ辨當《べんたう》を買《か》ひ求《もと》めた。停車《ていしや》すること十分《ぶん》、再《ふたゝ》び黑煙長蛇《こくゑんちやうだ》の如《ごと》く進行《しんかう》した。關《せき》ヶ原《はら》の古戰場《こせんぢやう》、彦根《ひこね》の城《しろ》、近江《あふみ》の湖水《こすゐ》、或《あるひ》は山城《やましろ》の稻荷山《いなりやま》を仰《あふ》ぎ見《み》つゝ、遂《つひ》に午前《ごぜん》九時《じ》無事《ぶじ》京都驛《きやうとゑき》に着《つ》きました。此處《こゝ》より車《くるま》に投《とう》じ、春風《しゆんぷう》嫋々《でう〳〵》として吹《ふ》きわたる京都市内《きやうとしない》を西《にし》或《あるひ》は東《ひがし》に走《はし》りて、三條下《でうさが》る網手《あみて》の泰山堂《たいざんだう》と云《い》ふ小旅舍《せうりよしや》に止宿致《しゝゆくいた》しました。

五月三日《ぐわつか》　午前《ごぜん》十時瓦町警察署《じかはらまちけいさつしよ》に向《むか》うて出掛《でか》けた。道場《だうぢやう》は五間《けん》に八間《けん》、かなり大《おほ》きい。各府縣《かくふけん》の老若《らうにやく》の劍士《けんし》黑《くろ》の袴《はかま》に五つ所紋《ところもん》の羽織《はおり》を形《かた》の如《ごと》く着流《きなが》し、威儀嚴然《ゐぎげんぜん》として控《ひか》へてをる。此《こ》の先生方《せんせいがた》と二時間《じかん》も盛《さか》んなる稽古《けいこ》をした。辭《じ》し去《さ》つて歸宿《きしゆく》したのが午後《ごご》二時頃《じごろ》であつた。此日《このひ》は夕刻《ゆふこく》より鴨川京極《かもがはきやうごく》に散歩《さんぽ》しました。人《ひと》は浩然《かうぜん》の氣《き》を養《やしな》ふも養生《やうじやう》の一《ひと》つであります。

五月四日《ぐわつか》　泰山堂《たいざんだう》の主人《しゆじん》は、數年奮闘《すうねんふんとう》して巨萬《きよまん》の利《り》を博取《はくしゆ》して、商賣《しやうばい》も堂々《だう〳〵》たるものであつたが、偶々《たま〳〵》病氣《びやうき》の冒《をか》す處《ところ》となり、遂《つひ》に憾《うら》みを呑《の》んで永久《ゑいきう》の旅人《たびゞと》となつた。

陽氣《やうき》な生活《せいくわつ》が一刻《こく》にして悲哀《ひあい》の裡《うち》に包《つゝ》まれ、悲嘆《ひたん》の涙《なみだ》にくれる人多《ひとおほ》く集《あつま》り、昨日《きのふ》の陽氣《やうき》な座敷《ざしき》も陰鬱《いんうつ》として聲《こゑ》がない。私共《わたしども》は之《これ》には閉口《へいこう》した。遂《つひ》に祇園町華《ぎをんまちはな》の峯《みね》に轉《てん》宿《しゆく》すること丶なりました。儘《まゝ》ならぬ浮世《うきよ》だ。昨日《きのふ》の榮華《ゑいぐわ》は今日《けふ》の夢《ゆめ》と云《い》ふ樣《やう》なもので、旅《たび》で人《ひと》の死《し》を送《おく》り、線香《せんかう》を立《た》てるなどゝは、實《じつ》に無常《むじやう》な浮世《うきよ》だ。

五月《ぐわつ》五日《か》　華《はな》の峯《みね》は、我《わが》一行《かう》を珍客萬來《ちんきやくばんらい》と云《い》ふ風《ふう》で、喜《よろこ》んで居《ゐ》る。サスガ成金黨《なりきんたう》の親方《おやかた》は違《ちが》ふ。大《おほい》に好遇《かうぐう》をしてくれた。書生《しよせい》ハン〳〵と云《い》ふのは少《すこ》し氣《き》に掛《かゝ》つた。朝《あさ》五時半頃《じはんころ》天地《てんち》に轟然《がうぜん》たる音《おと》、熟睡《じゆくすゐ》の私《わたし》も眼《め》が醒《さ》めた。心《こゝろ》の狹《せま》い京都人《きやうとじん》は魂《たましひ》もきえいる如《ごと》く驚《おどろ》いた。何《なん》であるかと聞《き》くと、武徳會大會開始《ぶとくくわいたいくわいかいし》の合圖《あひづ》の花火《はなび》を打上《うちあ》げたのであると云《い》ふことである。早々《さう〳〵》に起《お》き下女《げぢよ》の持《も》つて來《き》てくれた洗面器《せんめんき》で、急《いそ》いで顏《かほ》を洗《あら》ひ、食事《しよくじ》を濟《す》まして道具《だうぐ》を背負《せお》ひ、武徳會本部《ぶとくくわいほんぶ》にと出掛《でか》けた、本年《ほんねん》は落成式《らくせいしき》を擧行《きよかう》するので、前景氣《まへげいき》がよい。正門《せいもん》には大緑門《おほあーち》に「祝落成《しゆくらくせい》」と大書《たいしよ》した額《がく》と、國《こく》旗《き》を交叉《かうさ》した。殿《でん》の內外《ないぐわい》は紅白《こうはく》の幕《まく》を張《は》り、門外《もんぐわい》には樂隊《がくたい》を編成《へんせい》して、盛《さか》んに演奏《えんそう》して居《ゐ》る、神殿《しんでん》は金色燦爛《こんじきらんらん》として本部旗《ほんぶき》を飜《ひるがへ》し。其光景目《そのくわうけいめ》も覺《さ》める許《はか》りである。全《ぜん》國《こく》から勇躍《ゆうやく》して參集《さんしふ》する武術家約《ぶじゆつかやく》千人《にん》の多《おほ》きを數《かぞ》ふ。威武屈《ゐぶくつ》する能《あた》はざる狀《さま》は、眞《しん》に痛快《つうくわい》に堪《た》へぬ。午前《ごぜん》九時《じ》式《しき》を擧《あ》げた。其間小松宮總裁殿下《そのあひだこまつのみやそうさいでんか》には御臺臨《ごだいりん》あらせられ幾萬《いくまん》の健兒《けんじ》は、宮《みや》を奉迎《ほうげい》し、茲《こゝ》に尊嚴《そんげん》なる祭典《さいてん》を終《をは》つたのであります。式終《しきをは》りて、血湧《ちわ》き肉躍《にくをど》る柔道《じうだう》の試合《しあひ》を參觀《さんくわん》して午後《ごご》六時《じ》歸宿《きしゆく》しました。

五月《ぐわつ》六日《か》　午前《ごぜん》九時《じ》鴨川岸《かもがはぎし》の松原警察署《まつはらけいさつしよ》に稽古《けいこ》にと出掛《でか》けました。署《しよ》の先生《せんせい》は小《を》關教道翁《ぜきけうだうをう》であつた。翁《をう》は筋肉卓絶《きんにくたくぜつ》し、又人格《またじんかく》の崇高《すうかう》な人《ひと》であつた。流《りう》は山岡流《やまをかりう》で籠《こ》手田子爵《てだしゝやく》の知遇《ちぐう》を受《う》けた名人《めいじん》で、偉丈夫《ゐぢやうぶ》な先生《せんせい》である。自分《じぶん》に教導《けうだう》をしてくれた。中々《なか〳〵》親切《しんせつ》な人《ひと》である、一見《けん》怖《おそ》ろしい恐《こは》い顏付《かほつき》であるが、中々情《なか〳〵なさ》け深《ぶか》い人《ひと》である。當《たう》署《しよ》を辭《じ》して歩《ほ》を轉《てん》じ、武德會《ぶとくくわい》の馬術競爭《ばじゆつきやうさう》と弓術射法《きうじゆつしやはふ》とを參觀《さんくわん》にと出掛《でか》けた。競爭射《きやうさうしや》法《はふ》も面白《おもしろ》く、思《おも》はず肩凝《かたこ》り手《て》に汗握《あせにぎ》りて、興《きよう》に乘《じよう》じ、日《ひ》の暮《く》れて行《ゆ》くのも知《し》らなかつた。

五月七日《ぐわつか》　今朝《けさ》も花火《はなび》が轟々《ぐわう〳〵》として天空《てんくう》に響《ひゞ》いた。前日《ぜんじつ》と違《ちが》ひ實《じつ》に勇《いさま》しく感《かん》じた。今日《けふ》こそは敵《てき》を踏《ふ》み破《やぶ》りて、勝《かち》を一擧《きよ》に決《けつ》せんと神《かみ》に祈《いの》りつゝ、演武場《えんぶぢやう》にと乘《の》り込《こ》んだ。此時既《このときすで》に全國《ぜんこく》の大家《たいか》を始《はじ》め、老若《らうにやく》の劍士《けんし》、其《そ》の數實《すうじつ》に千人《にん》の多《おほ》きに達《たつ》して居《ゐ》た。皆腕《みなうで》を撫《ぶ》して意氣《いき》盛《さか》んである。定刻《ていこく》に入《い》るや、試合《しあひ》が始《はじ》まる。相互《さうご》の奮闘猛烈《ふんとうまうれつ》で、實《じつ》に我國特有《わがくにとくいう》の元氣《げんき》は斯《か》くあるものと感《かん》じた。私《わた》も當日試合《たうじつしあひ》に出《で》て大捷《たいせう》した。終日劍道《しうじつけんだう》の痛快《つうくわい》たる試合《しあひ》を參觀《さんくわん》し、夕刻武德會《ゆふこくぶとくゝわい》を退辭《たいじ》した。

京都《きやうと》の知名《ちめい》の劍客《けんかく》内藤高治《ないとうたかぢ》、渡邊邦治《わたなべくにぢ》、小關敎道《をぜきけうだう》、同敎政《どうけうせい》、太田彌龍《おほたやりう》の諸氏《しよし》。

五月八日《ぐわつか》　前日《ぜんじつ》に引《ひ》き續《つゞ》き、武德會《ぶとくゝわい》で劍道《けんだう》の試合《しあひ》を參觀《さんくわん》した、當日《たうじつ》は大家《たいか》の試合《しあひ》もありまして、劍術《けんじゆつ》の眞髓《しんずゐ》を後進者《こうしんしや》に示《しめ》し、實《じつ》に活模範《くわつもはん》でありました。終了後《しうれうご》は萬《ばん》歳聲裡《ざいせいり》に落成演武會《らくせいえんぶくわい》も無事《ぶじ》に終《をは》り、一同《どう》歡喜《くわんき》し、天幕内《てんまくない》に祝杯《しゆくはい》を擧《あ》げ、夫《そ》れ〴〵宿《やど》に引《ひ》き取《と》つたのであります。

五月九日《ぐわつか》　午前《ごぜん》九時《じ》から、武德殿《ぶとくでん》に全國《ぜんこく》の劍士《けんし》二百餘名《よめい》の地稽古《ぢげいこ》があつた。如何《いか》に宏大《くわうだい》なる道場《だうぢやう》も破《やぶ》る丶許《ばか》りでありました。此盛《このさか》んな稽古場《けいこぢやう》に出《で》ると、平素臆病《へいそおくびやう》のものでも、恐《おそろ》しいと云《い》ふことを忘《わす》れて奮闘《ふんとう》する、確《たしか》に劍術《けんじゆつ》の稽古《けいこ》は精神修養《せいしんしうやう》であることが解《わか》る。内藤先生《ないとうせんせい》の髮《かみ》ボウ〳〵たる顏色《かんしよく》は、鬼神《きじん》をも恐《おそ》れしむる容色《ようしよく》であるが、一旦竹刀《たんしなひ》を捨《す》てて談話《だんわ》をするときは、實《じつ》に優《やさ》しい懷《なつか》しい愛情《あいじやう》がある。私共《わたしども》は大《おほい》に指導《しだう》を受《う》けたのである。先生《せんせい》は大家《たいか》にして其技量《そのぎりやう》は強《つよ》い、其陰《そのかげ》には偉大《ゐだい》なる人格《じんかく》があるのだ。此《こ》の非凡《ひぼん》なる先生《せんせい》に習《なら》はねばならぬと深《ふか》く感《かん》じたのである。

五月《ぐわつ》十日《か》　一日《にち》宿《やど》にて休養《きうやう》。

五月《ぐわつ》十一日《にち》　京都市《きやうとし》東南《とうなん》に青雲《せいうん》の如《ごと》く見《み》える山が伏見《ふしみ》の稲荷《いなり》である、毎年《まいねん》五月《ぐわつ》十一日《にち》に大祭《たいさい》を催《もよほ》されることを聞《き》いた、當日《たうじつ》も各町民《かくちやうみん》が動搖《どうえう》して中々《なか〳〵》賑《にぎは》しい。友人《いうじん》四五名《めい》と五條《でう》大橋《おほはし》に見物《けんぶつ》に出懸《でか》けた。御輿《みこし》五社《しや》は、若《わか》い連中《れんちう》にかつがれて、本社《ほんしや》に歸《かへ》る處《ところ》であつた。其前後《そのぜんご》には葦原將軍《あしはらしやうぐん》の姿《すがた》もあれば、男《をとこ》が藝者姿《げいしやすがた》にバケル者《もの》もある何《いづ》れも異様《いやう》百出《しゆつ》の姿《すがた》の行列《ぎやうれつ》がついて、各町《かくちやう》を練《ね》り廻《まは》して歸《かへ》るのである、此《こ》の姿《すがた》の滑《こつ》稽《けい》は狂者然《きやうしやぜん》たるもので、之《こ》れも目《め》の養生《やうじやう》と思《おも》つた。

五月《ぐわつ》十二日《にち》　當日《たうじつ》は出發《しゆつぱつ》準備《じゆんび》に早朝《さうてう》から忙《せは》しい、荷物《にもつ》は十行李《かうり》もある、貧乏人《びんぼふにん》の一世帶程《しよたいほど》である。慣《な》れし旅舍《りよしや》に別《わか》れを惜《をし》みて、午後《ごご》一時《じ》二十四分《よん》七條停車場《でうていしやぢやう》を發《はつ》した。一寸《ちよつと》一服《ぷく》の暇《ひま》に大阪驛《おほさかえき》に着《つ》いて、驛《ゑき》から凡《およ》そ八町川口町《ちやうかはぐちちやう》の中川屋《なかがはや》と云《い》ふ宿《やど》に着《つ》いた。大阪《おほさか》は京都《きやうと》より商業《しやうげふ》の盛《さか》んな所《ところ》で、川岸《かはぎし》の混雜《こんざつ》は一種別天地《しゆべつてんち》の樣《やう》な心持《こころも》ちがした。午後《ごご》九時《じ》中川丸《なかがはまる》に乘《の》り込《こ》み、十時《じ》川口《かはぐち》を出帆《しゆつぱん》したのである、午後《ごご》十二時《じ》神戸《かうべ》港《かう》に寄港《きかう》し、神戸《かうべ》から西《にし》に向《むか》つて茫々《はう〳〵》たる紀州灘《きしうなだ》にかゝる。船中《せんちう》は乘合《のりあひ》であるから中々《なか〳〵》珍談《ちんだん》も多《おほ》い。抱腹絶倒時《はうふくぜつたうとき》の過《す》ぐるも知《し》らなかつた。

五月《ぐわつ》十三日《にち》　此日《このひ》天霽《てんは》れ、東風和《とうふうやはらか》し。烟波《ゑんぱ》汪洋《わうやう》として環玦紡《くわんけつぱう》の如《ごとし》である、甲板《かんぱん》に出《い》づれば右《みぎ》は中國《ちうごく》の山景青雲《さんけいせいうん》の如《ごと》く、前方《ぜんぱう》は四國《こく》の山嶺《さんれい》を連《つら》ぬ。其佳致《そのかち》を賞《しやう》しつゝ、汽船《きせん》は豫定《よてい》の如《ごと》く午前《ごぜん》六時《じ》東岸《とうがん》の赭壁屏《しやへきへい》の如《ごと》き德島港《とくしまかう》に着《つ》いた。波止場《はとば》には縣知事《けんちじ》警察部長《けいさつぶちやう》を始《はじ》め、民間有志《みんかんいうし》剣客《けんかく》約《やく》二百餘人《よにん》の歡迎《くわんげい》を受《う》けて上陸《じやうりく》した。宿《やど》は福島町《ふくしまちやう》中通《なかどほ》り平龜屋《ひらかめや》に止宿《しゆく》することになつた。着後《ちやくご》知事《ちじ》の案内《あんない》により、公園見物《こうゑんけんぶつ》に出懸《でか》けました。公園《こうゑん》は餘《あま》り廣《ひろ》く大《おほ》きいと云《い》ふのでないが、四方《はう》の風景《ふうけい》を望觀《ばうくわん》するに尤《もつと》も好《かう》地《ち》である。園内《ゑんない》には春日神社《かすがじんじや》が祀《まつ》られ、其周圍《そのしうゐ》には花園《くわゑん》がある、花《はな》は滿開《まんかい》である。東風嫋々《とうふうでう〲》花《はな》に和《わ》し、其心持《そのこゝろも》ちは天女宮《てんぢよきう》でも逍遙《せうやう》する樣《やう》な夢《ゆめ》の境涯《きやうがい》であつて、實《じつ》に道《だう》中《ちう》の疲《つか》れを忘《わす》れたのであります。

　五月《ぐわつ》十四日《か》　午前《ごぜん》八時車《じくるま》に投《とう》じ德島町《とくしまちやう》より一里《り》半《はん》にして、某村《ぼうそん》に着《つ》いた。演武《ゑんぶ》の會場《くわいぢやう》は、遲川《おそがは》の上流《じやうりう》の東《ひがし》に面《めん》する砂利場《じやりば》で小石《こいし》が多《おほ》く並《なら》んで居《ゐ》る。此處《こゝ》に天幕《てんまく》を張《は》り、極《きは》めて簡單《かんたん》の會場《くわいぢやう》でありました。集合《しふがふ》したものは凡《およ》そ五千人《にん》の數《すう》を算《さん》した此人々《このひと〲》が草鞋《わらぢ》に脚絆《きやはん》と云《い》ふ出《い》で立《た》ちで道具《だうぐ》を着《つ》け、威勢《ゐせい》を作《つく》りて居《ゐ》る。昔浦賀《むかしうらが》に米《べい》艦《かん》が來《き》たときに、幕府《ばくふ》の役人《やくにん》が槍《やり》をしごいて、其黑船《そのくろふね》を一突《つき》に刺《さ》さうと云《い》ふ勢《いきほひ》で出陣《しゆつぢん》した樣《やう》に思《おも》はれる。此人々《このひと〲》が我《わが》一行《かう》五人《にん》に打《う》ちかゝつてくるのである。實《じつ》に物《もの》凄《すご》く感《かん》ずるのである。さて人《ひと》と云《い》ふものは愈々眼前《いよ〱がんぜん》に物《もの》が迫《せま》ると、思《おも》つたより勇躍《ゆうやく》するものである。敵《てき》は無暗無法《むやみむはふ》に叩《たゝ》いて來《く》る。足《あし》は石《いし》の爲《た》めに痛《いた》い。さて試合《しあひ》する内《うち》には敵《てき》の多勢《たぜい》も痛《いた》い苦《くる》しいことも忘《わす》れて相手《あひて》となり、一生懸命《しやうけんめい》闘《たゝか》うたのである。龍虎《りうこ》の戰《たゝかひ》をした敵《てき》も味方《みかた》も一同《どう》に相會《あひくわい》し談笑心打解《だんせうこゝろうちと》けて、萬歳聲裡《ばんざいせいり》に會場《くわいぢやう》を午《ご》後《ご》七時《じ》に去《さ》つた。歸途《きと》中兩國橋岸《ちうりやうごくけうがん》なる料理店《れうりてん》に知事《ちじ》の招待《せうだい》により、晩餐會《ばんさんくわい》があつて意氣相投《いきあひとう》ずる同志《どうし》と懇談《こんだん》し、酒《さけ》を酌《く》み他日《たじつ》を約《やく》して別《わか》れた。

五月十五日《ぐわつにち》　德島市《とくしまし》は舊蜂須賀公《きうはちすかこう》の城地《じやうち》である、昔舊主《むかしきうしゆ》は城内《じやうない》に道場《だうぢやう》を建設《けんせつ》して劍術《けんじゆつ》を奬勵《しやうれい》した、其道場《そのだうぢやう》の影《かげ》は依然《いぜん》として今殘《いまのこ》つて居《ゐ》る。私《わたし》の全國《ぜんこく》を遍歴《へんれき》した内《うち》に道場《だうぢやう》の昔《むかし》より殘《のこ》つて居《を》つた處《ところ》は、水戸《みと》と此處《こゝ》だけである。誠《まこと》に武士《ぶし》の面影《おもかげ》を深《ふか》からしめ剛毅《がうき》の氣《き》が自《おのづか》ら強《つよ》い樣《やう》に感《かん》ずるのである。其道場《そのだうぢやう》にて午前《ごぜん》八時《じ》から大會《たいくわい》を開《ひら》いた。先生《せんせい》は不相變熱烈《あひかはらずねつれつ》なる武德會《ぶとくくわい》の趣旨《しゆし》に付《つ》きての演説《えんぜつ》をなされる、會同《くわいどう》するものの肉躍《にくをど》り血湧《ちわ》き、一言《げん》一句《く》醉《よ》はざるものがない。先生《せんせい》の遺憾《ゐかん》のない講演終《かうえんをは》りて、直《たゞ》ちに演武《えんぶ》が始《はじ》まつた。幕府時代《ばくふじだい》より練《ね》り鍛《きた》へた老人《らうじん》は、今日《こんにち》こそと猛然《まうぜん》として腕《うで》を振《ふる》ふのである、笑《わら》ふもあり怒《いか》るもあり、實《じつ》に喧々《けんけん》として賑《にぎ》はしい。我《わが》一行《かう》も勇戰突撃猛《ゆうせんとつげきまう》烈《れつ》なる稽古《けいこ》をするのである、終日殺氣充溢《しうじつさつきじうい》の内《うち》に過《す》ぎた。

五月《ぐわつ》十六日《にち》　午前《ごぜん》七時《じ》德島市民《とくしましみん》の送別《そうべつ》を受《う》けて、平龜屋《ひらかめや》を出發《しゆつぱつ》した、四國街道《こくかいだう》を一直線《ちよくせん》に三時間《じかん》車《くるま》で走《は》しつて、着いたのが撫養《むや》と云《い》ふ處《ところ》である、撫養《むや》は山西邸《やまにしてい》に休《きう》憩《けい》した、此《こ》の邸《やしき》の川岸《かはぎし》より船《ふね》に乘《の》り鳴戸《なると》見物《けんぶつ》にと出懸《でか》けた、乘船場《じようせんば》より十町餘《ちやうよ》にして向岸《むかふぎし》に上陸《じやうりく》して、砂原《すなはら》を歩行《ほかう》すること一里餘《りよ》、鳴戸《なると》村《なら》に着《つ》いた。此村《このむら》は相當《さうたう》の米《べい》穀《こく》は收穫《しうくわく》されて、一村丈樂天地《そんだけらくてんち》である。村地《そんち》を逍遙《せうえう》して鳴戸《なると》のうづ卷《まき》を見物《けんぶつ》した。海水《かいすゐ》の勢《いきほひ》も實《じつ》に驚嘆《きやうたん》した。見物《けんぶつ》しながら阿波《あは》の鳴門《なると》の十郎兵衞《らうべゑ》と云《い》ふ物語《ものがた》りを思《おも》ひ出《だ》し、そゞろ涙《なみだ》に咽《むせ》び、歷史的《れきしてき》の話《はなし》も盛《さか》んに聞《き》いたのである。色々《いろいろ》な先生《せんせい》の話《はなし》に我身《わがみ》を忘《わす》れて、感《かん》に堪《た》へたのである。見物《けんぶつ》も終《をは》り四方《よも》の景色《けしき》を賞《しやう》しながら、再《ふたゝ》び砂《すな》原《はら》を蹴《け》りて、太陽西《たいやうにし》に舂《うすづ》く時山西邸《ときやまにしてい》に歸宿《きしゆく》した。

五月《ぐわつ》十七日《にち》　午前《ごぜん》三時山西《じやまにし》を辭《じ》して、汽船《きせん》に乘《の》り撫養港《むやみなと》を出帆《しゆつぱん》した、靜浪疊《せいらうたゝみ》を敷《し》けるが如《ごと》く、午前《ごぜん》十一時《じ》十五分《ふん》香川縣《かがはけん》津田村《つだむら》に上陸《じやうりく》した。波止場《はとば》前《まへ》の國屋旅館《くにやりよくわん》に休《きう》憩《けい》して、再《ふたゝ》び車上《しやじやう》の人《ひと》となり、四國街道《こくかいだう》を走《はし》つた。山又山《やまゝたやま》で車夫《しやふ》の骨《ほね》が折《な》れることは同感《どうかん》に堪《た》へなかつた。無恙《つゝがなく》十二里《り》の道《みち》を走《はし》り着《つ》けて、午後《ごご》四時《じ》高松市《たかまつし》角田屋《かどたや》に着《つ》いた。此時《このとき》に面白《おもしろ》い話《はな》しがあつた。一行《かう》は徳島市《とくしまし》にて先生《せんせい》を始《はじ》め一同《どう》阿波《あは》の名産《めいさん》、阿波縮《あはちゞ》みを買《か》ふと、着物《きもの》は白《しろ》、羽織《はおり》は黒《くろ》にして筒袖姿《つゝそですがた》にして、恰《あたか》も金比羅《こんぴら》參《まゐ》りの姿《すがた》でありました。同縣警察部《どうけんけいさつぶ》では人《ひと》を以《もつ》て津田港《つだかう》に派遣《はけん》し子爵《しゝやく》を迎《むか》ふべく準備《じゆんび》をしたのである。然《しか》るに當日《たうじつ》には何等《なんら》の報告《はうこく》もない、再々《さい〲》電話《でんわ》を掛《か》けて問《と》ふけれど、船《ふね》には子爵《しゝやく》が乗《の》つて居《を》らぬと答《こた》へる。處《ところ》が我々《われ〱》はそんな事《こと》は知《し》らぬから、縣知事《けんちじ》へ電話《でんわ》で着《つ》いたことを知《し》らせると、大變《たいへん》なさわぎとなつたと云《い》ふことである。翌日《よくじつ》出迎《でむかへ》の人《ひと》は一行《かう》の姿《すがた》を見《み》て金比羅參《こんぴらまゐ》りかと思《おも》うたと自白《じはく》した。先生《せんせい》の粗衣粗食《そいそしよく》を意《い》とせず武徳會《ぶとくくわい》に盡《つく》されたる心事《しんじ》は實《じつ》に感心《かんしん》した。私《わたし》は其雄姿《そのゆうし》に離《はな》れず一生懸命《しやうけんめい》に剣道《けんだう》に勵《はげ》んだのである。

五月十八日《ぐわつにち》　身装《みなり》が揃《そろ》うた一行《かう》は、益々《ますます》活動《くわつどう》の歩《ほ》を進《すゝ》め、勇氣《ゆうき》愈々《いよいよ》加《くは》はるのである。午後零時《ごごれいじ》から高松警察署《たかまつけいさつしよ》の演武大會《えんぶたいくわい》に出掛《でか》けた。演武者《えんぶしや》は二百有餘名《いうよめい》、日々《ひゞ》の稽古《けいこ》で筋肉《きんにく》も緊張《きんちやう》して居《ゐ》る。一行《かう》は多數《たすう》の人《ひと》を向《むか》ふへ廻《まは》し熱烈《ねつれつ》なる奮鬪振《ふんとうぶ》りを見《み》せた。

演武者《えんぶしや》も意氣《いき》大《まい》に昂《あが》りて更《さら》に愉快《ゆくわい》に稽古《けいこ》をしたのであります。

五月十九日《ぐわつにち》　高松中學校《たかまつちうがくかう》にて民間合同《みんかんがふどう》の大演武會《だいえんぶくわい》が午前《ごぜん》八時《じ》から開《ひら》かれた。先生《せんせい》の武德《ぶとく》の講演《かうえん》も滿場《まんぢやう》の耳目《じもく》を聳動《しようどう》し、講演終《かうえんをは》りて後《のち》、五百有餘《いうよ》の人《ひと》が入《い》り亂《みだ》れ稽古《けいこ》をした。後萬歲《のちばんざい》の聲《こゑ》の裡《うち》に中學《ちうがく》の會場《くわいぢやう》を辭《じ》し、歸途《きと》高松公園《たかまつこうゑん》の東海道《とうかいだう》五十三次《つぎ》の園内《ゑんない》を遊覽《いうらん》して歸宿《きしゆく》した。

五月二十日《ぐわつにち》　午前《ごぜん》六時《じ》高松停車場《たかまつていしやぢやう》を發《はつ》し、丸龜《まるがめ》に着《つ》いた。同警察署《どうけいさつしよ》は驛《えき》より三町《ちやう》同署《どうしよ》の樓上《ろうじやう》に休息《きうそく》をして、午前《ごぜん》十一時《じ》から有志合同《いうしがふどう》七十餘名《よめい》と體操場《たいさうば》で稽古《けいこ》をし、流汗淋漓《りうかんりんり》たる儘《まゝ》、茶菓《ちやくわ》の馳走《ちそう》になつて、午後《ごご》四時《じ》丸龜《まるがめ》を再《ふたゝ》び汽車《きしや》にて出發《しゆつぱつ》、琴平《ことひら》に着《つ》いた、驛《えき》より十三町《ちやう》にして琴平神社《ことひらじんじや》がある。本廟《ほんべう》は宏麗壯嚴《くわうれいさうごん》なる靈社《れいしや》である、社《しや》内《ない》は數《すう》千年來《ねんらい》よりの竹茂《たけしげ》り、松《まつ》は天《てん》を衝《つ》き、四望風景快言《ばうふうけいくわいい》ふべからず、日《ひ》既《すで》に沒《ぼつ》し歩《ほ》を後《うしろ》に轉《てん》じ、繁榮《はんゑい》の琴平町《ことひらちやう》を逍遙《せうえう》して、再《ふたゝ》び琴平驛《ことひらゑき》に着《つ》いた。午後《ごゞ》の六時《じ》終列車《しうれつしや》にて琴平《ことひら》を發《はつ》し、多度津《たどつ》に着《つ》き、同町花菱屋《どうちやうはなびしや》を止宿《しゝゆく》した、午前《ごぜん》の四時《じ》に起床《きしやう》して乘《じやう》船《せん》の準備《じゆんび》にかゝる。

五月《ぐわつ》二十一日《にち》　稽古《けいこ》をする見物《けんぶつ》をする、實《じつ》に繁忙極《はんばうきは》めた二十日《はつか》も過《す》ぎて、午前《ごぜん》五時《じ》太田川丸《おほたがはまる》に乘船《じやうせん》し三津《つ》ケ濱《はま》に向《むか》つた。海上靜《かいじやうしづか》に鏡《かゞみ》の如《ごと》く前日《ぜんじつ》に比《くら》べると樂《らく》な旅行《りよかう》である。甲板上《かんぱんじやう》にては四國沿岸《こくゑんがん》の漁業《ぎよげふ》の盛況《せいきやう》が手《て》に取《と》る樣《やう》に見《み》える。色々《いろ〳〵》雜談《ざつだん》の中《うち》午前《ごぜん》十時半《じはん》三津《つ》ケ濱《はま》に着《つ》いた、波止場《はとば》より六町《ちやう》にして三津《つ》ケ濱停車場《はまていしやぢやう》がある。同場《どうぢやう》を十一時半發車《じはんはつしや》して、四十分《ぷん》にして松山驛《まつやまゑき》に着《つ》いた、停車場《ていしやぢやう》には多數《たすう》の歡迎人《くわんげいにん》があつた。歡喜《くわんき》の裡《うち》に下車《げしや》して、旅館龜屋《りよくわんかめや》に投宿《とうしゆく》した。

五月《ぐわつ》二十二日《にち》　午前《ごぜん》十時《じ》から松山市巡査敎習所《まつやましじゆんさけうしふじよ》の廣場《ひろば》の演武大會場《えんぶだいくわいぢやう》に招致《せうち》せられた。演武者《えんぶしや》は二百有餘名《いうよめい》、敎師《けうし》は奥田《おくだ》幸《かう》三郎《らう》、窪田加藤次《くぼたかとうじ》兩氏《りやうし》であつた。窪田氏《くぼたし》は體軀《たいく》大《おほ》きく、實業家《じつげふか》として松山《まつやま》の名物男《めいぶつをとこ》である。鐵《てつ》の如《ごと》き堅《かた》い演武者諸君《えんぶしやしよくん》と盛《さか》んに稽古《けいこ》をした。頗《すこぶ》る盛會《せいくわい》の裡《うら》に四時閉會《じへいくわい》をして階上《かいじやう》の慰勞宴《ゐらうえん》に招《まね》かれ、十二分《ぶん》の歡《くわん》を盡《つく》して同《ごう》五時《じ》退去《たいきよ》した。同夜《さうや》は武部《たけべ》修氏《しうし》と淡町定席《あはまちぢやうせき》に遊《あそ》び馬鹿《はか》物語《ものがたり》を聞《き》き、旅中《りよちう》の勞《つか》れを忘《し》れた。

五月《ぐわつ》二十三日《にち》　松山市内《まつやましない》の東方《とうはう》に一番町《ばんちやう》と云《い》ふ驛《ゑき》がある、此《こ》の驛《ゑき》は道後《だうご》に行《ゆ》く處《ところ》である。道後《だうご》は有名《いうめい》な溫泉場《をんせんば》である。午前《ごぜん》八時《じ》一番町《よんちやう》を發《はつ》し溫泉場《なんせんば》に行《いつ》た。浴場《よくじやう》は深山《しんざん》にある、全體《ぜんたい》の建設《けんせつ》は日本式《にほんしき》の三階《かい》となつて宏大《くわうだい》にして美麗《びれい》である、入浴《にふよく》し或《あるひ》は公園《こうゑん》に遊《あそ》びて、午前《ごぜん》十一時踵《じくびす》を返《かへ》して松山《まつやま》に歸《かへ》る、午後《ごご》一時《じ》から松山中學校《まつやまちうがくかう》の臨時演《りんじえん》武大會《ぶたいくわい》に車《くるま》で馳《は》せた、將來大《しやうらいだい》なる抱負《はうふ》ある生徒諸君《せいとしよくん》百餘名《よめい》と、全身《ぜんしん》にあせを流《なが》して二時間《じかん》も奮闘《ふんとう》した、稽古《けいこ》終《をは》りて松山城外《まつやまじやうぐわい》の濠《ほり》にそうて、松山女學校《まつやまぢよがくかう》に行《い》つた、門《もん》内《ない》には女生徒《ぢよせいと》が行儀《ぎやうぎ》よく、一行《かう》を迎《むか》へるのである。此處《こゝ》で女生徒《ぢよせいと》の長刀運動《なぎなたうんどう》を參觀《さんくわん》し、渡邊先生《わたなべせんせい》より武道《ぶだう》に關《くわん》し親《した》しく話《はな》しをされた。五時再《じふたゝ》び車《くるま》に投《とう》じて、梅《うめ》の屋《や》の招待會《せうだいくわい》に隨行《ずゐかう》した、紅裙《こうくん》の斡旋《あつせん》で、十分酒《じんさけ》を酌《く》み交《かは》し、蠻的《ばんてき》の歌箏を拜聽《はいちやう》し、目出《めで》度宿《たくやど》に引《ひ》き上《あ》げた。

五月《ぐわつ》二十四日《か》　歡聲《くわんせい》至《いた》る處《ところ》に湧《わ》きたる松山市《まつやまし》にも遂《つひ》に永《なが》き別《わか》れを惜《をし》みて多數《たすう》の送《そう》別者《べつしや》に送《おく》られて、午前《ごぜん》八時出發《じしゆつぱつ》した、三津《つ》ケ濱《はま》に四十分《ぶん》にて到着《たうちやく》、海岸窪田廻送店《かいがんくぼたくわいそうてん》にて休憩《きうけい》し、同《どう》十時《じ》から三津《つ》ケ濱寺《はまでら》と云《い》ふ由緒《ゆゐしよ》有《あ》る寺《てら》にて、同町《どうちやう》の有志《いうし》と稽古《けいこ》をした、奮戰振《ふんせんぶ》りも中々《なか〳〵》勇《いさま》しかつた。約《やく》一時間《じかん》の稽古《けいこ》終了後《しうれうご》、寺内《じない》で盛宴《せいゑん》があつた。宿《やど》に歸《かへ》るや、先生《せんせい》は不相變《あひかはらず》の揮毫《きがう》が始《はじ》まる、私《わたし》は書《しよ》の印《いん》を捺《お》すに忙《せは》しい、晝飯《ちうはん》もやらずに、一生懸命《しやうけんめい》に遣《や》つて居《ゐ》る、處《ところ》が十二時半《じはん》の汽船《きせん》が出《で》ると云《い》ふ、とう〳〵辨當持《べんたうぢ》參《さん》で船《ふね》に乘《の》つた、此時程狼狽《このときほどうろたへ》たことはない、船《ふね》は發《はつ》する、ハンカチや帽子《ぼうし》を振《ふ》りつゝ陸《りく》と海《うみ》で別《わか》れを惜《をし》み、三津《つ》ケ濱《はま》も遠《とほ》く離《はな》れた、海上無事《かいじやうぶじ》で午後《ごご》十時門司港《じもじかう》に上陸《じやうりく》して石田旅館《いしだりよくわん》に止宿《しゝゆく》。前後《ぜんご》も知《し》らず寢《しん》に就《つ》いた。

五月《ぐわつ》廿五日《にち》　午前《ごぜん》四時雷《じらい》でも鳴《な》る樣《やう》な聲《こゑ》で先生《せんせい》に起《おこ》された、出發《しゆつぱつ》の準備《じゆんび》を取急《とりいそ》ぎ同《どう》五時《じ》五十分《ぶん》門司《もじ》驛《えき》を出發《しゆつぱつ》して、長崎縣大村《ながさきけんおほむら》に向《むか》つた、九州《しう》の名所舊跡《めいしよきうせき》を車窓《しやそう》より眺《なが》めつゝ、午後《ごゞ》四時《じ》大村《おほむら》に着《つ》いた、大村《おほむら》は先生《せんせい》の生地《せいち》、舊藩士《きうはんし》は勿論《もちろん》、町《まち》の有志《いうし》約《やく》二千餘人《よにん》の出迎《でむか》へで停車場《ていしやぢやう》を埋《うづ》めて居《ゐ》る、實《じつ》に驚《おどろ》いた。下車《げしや》して歡迎《くわんげい》を受《う》けつゝ、本町乾物屋旅館《ほんちやうかんぶつやりよくわん》に着《つ》いた。

五月廿六日《ぐわつにち》　早朝《さうてう》から先生《せんせい》に挨拶《あいさつ》にくるもの引《ひ》きも切《き》らず、中々《なかなか》の雜沓《ざつたう》である。

午前《ごぜん》九時《じ》大村町《おほむらちやう》の南《みなみ》に鬱蒼《うつさう》たる一山《ざん》の森林《しんりん》がある、こゝぞ大村城《おほむらじやう》の舊城址《きうじやうし》である。城内《じやうない》には大村神社藩主《おほむらじんじやはんしゆ》を祀《まつ》られたる御靈社《みたまや》がある、之《こ》れに參拜《さんぱい》し、再《ふたゝ》び踵《くびす》を返《かへ》し城《じやう》内《ない》の園地《ゑんち》を逍遙《せうえう》して下山《げさん》し、中學校《ちうがくかう》へ行《い》つた。全校生《ぜんかうせい》は一行《かう》の來校《らいかう》を未曾有《みぞういう》の喜《よろこ》び事《こと》とし、歡迎《くわんげい》の眞情《しんじやう》を顯《あらは》して居《を》つた。先生《せんせい》の武道講演《ぶだうかうえん》も、彼《か》れ等《ら》の心底骨髓《しんていこつずゐ》に沁《し》みたであらう、又我々《またわれわれ》との稽古《けいこ》も大《おほい》に得《う》る事《こと》もあつたらうと思《おも》ふ、之《こ》れは想像《さうざう》であるが、實《じつ》に生徒《せいと》の靜肅《せいしゆく》な有樣《ありさま》を見《み》て只《た》だ感心《かんしん》するのみであつた。

五月廿七日《ぐわつにち》　午前《ごぜん》八時《じ》より單獨《たんどく》にて萱瀨村今里氏《かやせむらいまざとし》を訪問《はうもん》した、氏《し》は酒造家《しゆざうか》である。

氏《し》は徳高《とくたか》く、村内《そんない》に大《おほい》に尊敬《そんけい》せられて居《ゐ》る。余《よ》の修行《しゆぎやう》に大《おほい》に力《ちから》を與《あた》へてくれた。實《じつ》業家《げふか》である氏《し》は劍道《けんだう》の達人《たつじん》で、毎夕刻《まいゆふこく》より稽古《けいこ》して大《おほひ》に指導《しだう》を受《う》けた。當日《たうじつ》は同氏《ごうし》宅《たく》へ泊《とま》つた。

五月《ぐわつ》廿八日《にち》　今里氏《いまざとし》の高徳《かうとく》に敬服《けいふく》し、技量《ぎりやう》のあるには恐懼《きやうく》した。是非《ぜひ》本日《ほんじつ》も稽古《けいこ》を願《ねが》ひ度《た》いと申込《まをしこ》んだ、氏《し》は快《こゝろよ》く諾《だく》し、午前《ごぜん》九時兩人《じりやうにん》にて大村警察署《おほむらけいさつしよ》に稽古《けいこ》に行《い》つた。署長《しよちやう》も快《こゝろよ》く承《う》けて、署員《しよゐん》を奬勵《しやうれい》してくれた。二三本《ほん》叩《たゝ》くとすぐ止《や》める、役人《やくにん》も今日《こんにち》は東京《とうきやう》からの武者修行《むしやしゆぎやう》と云《い》ふので、猛烈《まうれつ》に稽古《けいこ》をする。又今里氏《またいまざとし》とも大《おほい》にぶつかつたのである、實《じつ》に壯快《さうくわい》の稽古《けいこ》でありました。只《たゞ》署員諸君《しよゐんしよくん》の痛《いた》い打《う》ち方《かた》には閉《へい》口《こう》した。警察署《けいさつしよ》を辭《じ》して歸《かへ》つたのが午後《ごご》の二時《じ》、再《ふたゝ》び萱瀬村《かやせむら》に踵《くびす》を返《かへ》し、其途《そのと》中日《ちうに》本《ほん》の大家《たいか》柴江運八郎先生《しばえうんぱちらうせんせい》の自邸《じてい》を訪問《はうもん》したのである。生憎先生《あひにくせんせい》には渡邊子爵《わたなべしゝやく》に招《まね》かれて不在中《ふざいちう》、訪問《はうもん》は他日《たじつ》を約《やく》して二里許《りばか》り道具《だうぐ》を背負《せお》ひて、今里氏宅《いまざとしたく》へ歸《かへ》つた。中《なか》々當日《なかたうじつ》は疲《つか》れた、夕刻《ゆふこく》から寢《しん》に就《つ》いた。

五月《ぐわつ》廿九日《にち》　劍術《けんじゆつ》の稽古《けいこ》で時々《ときぐ》痛《いた》い目《め》に遇《あ》ふが、氣《き》の勝《か》つ時《とき》は肉體上《にくたいじやう》には隙《すき》がない樣《やう》である。此練習《このれんしふ》の外更《ほかさら》に心配《しんぱい》はない、體《たい》が增大《ぞうだい》してくる、良《よ》く寢《ね》られる、身體《しんたい》は壯健《さうけん》となる、元氣《げんき》が充溢《じういつ》してくる。劍術《けんじゆつ》の德《とく》であると思《おも》つて稽古《けいこ》に勵《はげ》んだ。今日《こんにち》も午後《ごご》十二時《じ》から第《だい》四十六聯隊《れんたい》に遠征《ゑんせい》した、增生隊長が留守《るす》で目的《もくてき》がはづれ步《ほ》を轉《てん》じて、柴江《しはえ》先生《せんせい》の自宅《じたく》を訪問《はうもん》した。幸《さいは》ひ先生《せんせい》は在宅《ざいたく》で武道《ぶだう》の高說《かうせつ》も聞《き》いたり、稽古《けいこ》も願《ねが》うて指導《しだう》を受《う》けた。先生《せんせい》は實《じつ》に高潔無二《かうけつむに》、萬事《ばんじ》に飾《かざ》り氣《け》がなく、感服《かんぷく》の外《ほか》はない、その敎訓《けうくん》も一言《げん》一句《く》深《ふか》く感《かん》じた。稽古《けいこ》を受《う》けた人《ひと》は舊藩士《きうはんし》の連中《れんちう》が數名《すうめい》と今里《いまざと》氏《し》武部《たけべ》氏《し》であつた。稽古終《けいこをは》つてから粗宴《それん》と云《い》ふので我々《われ〲》の爲《た》め慰勞《ゐらう》をしてくれた。武士《ぶし》は質朴《しつぼく》で商人《しやうにん》の樣《やう》な性質《せいしつ》を持《も》たぬ、雜談中《ざつだんちう》も潔白《けつぱく》で實《じつ》に邪氣《じやき》がない、私共《わたしども》は酒《さけ》は飮《の》まぬが、先生《せんせい》は大酒家《たいしゆか》で盛《さか》んに飮《の》んで居《ゐ》る、話《はな》しに實《み》が入《はひ》つて深更迄《しんかうまで》飮《の》んだが、先生《せんせい》の一絲《し》亂《みだ》れずであるのに驚《おどろ》いた、胸襟《きようきん》を開《ひら》いて實《じつ》に痛快《つうくわい》であつたが、旣《すで》に深更《しんかう》となつたから、遠慮《ゑんりよ》をして先生《せんせい》の宅《たく》を辭《じ》し、二里《り》の道《みち》を岩船《いはふね》の渡邊子爵別邸《わたなべしゝやくべつてい》へ歸《か》へつたのである。

五月《ぐわつ》三十日《にち》　午前《ごぜん》八時《じ》大村中學校《おほむらちうがくかう》に出懸《でか》け、生徒《せいと》と盛《さか》んな稽古《けいこ》をした。歸途《きと》大村《おほむら》城内《じやうない》の茶店《ちやみせ》に中學教師《ちうがくけうし》八木氏《やぎし》と一夕《せき》の宴《ゑん》を催《もよほ》した。氏の豪傑肌《がうけつはだ》の話《はな》しに時《とき》を移《うつ》して歸宿《きしゆく》した、時既《ときすで》に十一時《じ》。

五月《ぐわつ》三十一日《にち》　午前《ごぜん》九時《じ》より伊勢町芝居小屋《いせちやうしばゐごや》にて、群雄相會《ぐんゆうあひくわい》しての大會《たいくわい》が開《ひら》かれた、武裝整正劍戟閃《ぶさうせいくけんげきひらめ》くと云《い》ふ樣《やう》な快觀、實《くわいくわんじつ》に舊藩時代《きうはんじだい》の盛武《せいぶ》の印象《いんしやう》を深《ふか》からしめた、當日此會《たうじつこのくわい》に參集《さんしふ》するもの十里《り》四方《はう》の町村《ちやうそん》の人《ひと》で、さすが大村《おほむら》一の劇場《げきぢやう》も立錐《りつすゐ》の餘地《よち》もなからしめて、刻《こく》一刻《こく》と殺氣充溢《さつきじういつ》して來《き》た。一試合每《ひとしあひごと》に百雷《らい》一時《じ》に落《お》つるが如《ごと》き喊聲《かんせい》が起《おこ》る、試合酣《しあひたけなは》となり、今將《いまゝさ》に數《すう》千の人《ひと》の肩凝《かたこ》り眼怒《めいか》り、手《て》に汗握《あせにぎ》りて勝負《しようぶ》如何《いかん》と眺《なが》めてゐる折柄《をりから》、正面棧敷《しやうめんさじき》が砲彈《はうだん》が破裂《はれつ》したる如《ごと》き音響《いんきやう》を以《もつ》て壞《くづ》れた、すわと云《い》ふ間《ま》に、棧敷《さじき》は兩斷《りやうだん》され、棧敷《さじき》に見物《けんぶつ》して居《を》つた人《ひと》は四方《はう》に轉《まろ》び落《お》ちる、實《じつ》に思《おも》ひもかけぬ一大珍事《だいちんじ》に、全場總立《ぜんぢやうそうだち》となり、其負傷者《そのふしやうしや》を助《たす》け、恰《あだか》も戰場《せんぢやう》の如《ごと》き有樣《ありさま》と化《くわ》したのである、之《こ》れが爲《た》め一時《じ》試合《しあひ》を中止《ちうし》したが、幸《さいは》ひ大《たい》した負傷者《ふしやうしや》もなく再《ふたゝ》び壯烈《さうれつ》なる試合《しあひ》が始《はじ》まり、京都出發以來《きやうとしゆつぱついらい》の盛《さか》んな大會《たいくわい》でありました。渡邊子爵《わたなべしゝやく》一行《かう》の爲《た》め斯《かゝ》る大會《たいくわい》を開《ひら》かれ此《こゝ》に試合《しあひ》することの出來《でき》た私《わたし》は、大《おほい》に光榮《くわうゑい》の次第《しだい》である。目出度《めでた》く大會《たいくわい》も終《をは》りを告《つ》げ、一同祝盃《ごうしゆくはい》を擧《あ》げ、渡邊子爵萬歳武徳會萬歳《わたなべしゝやくばんざいぶとくくわいばんざい》の聲《こゑ》の裡《うち》に散會《さんくわい》した。

六月一日《ぐわつじつ》　午後零時《ごれいじ》に大村《おほむら》を發《はつ》して長崎《ながさき》に向《むか》つた、長崎《ながさき》には午後《ごご》三時《じ》に着《つ》いた。停車場《ていしやぢやう》には知事《ちじ》を始《はじ》め民間有志《みんかんいうし》が數《すう》百人歡迎《にんくわんげい》した。大村町福島屋《おほむらちやうふくしまや》に安着《あんちやく》した。市《し》は九州第《しうだい》一の都會《とくわい》である、街路《がいろ》は石《いし》を以《もつ》て敷《し》きつめ、阪又坂《さかまたさか》で、西山東山《にしやまひがしやま》と、山又山《やまゝたやま》で市《し》を形成《けいせい》して居《ゐ》る。夜《よる》の市《し》の四方《はう》は、港《みなと》の船《ふね》の燈火《とうくわ》と星《ほし》の如《ごと》き電燈《でんとう》とで、壯觀《さうくわん》、實《じつ》に目《め》も醒《さ》める樣《やう》であつた、波止場《はとば》や東山《ひがしやま》を散歩《さんぽ》して其美《そのうつく》しい光景《くわうけい》を望《のぞ》みながら十二時過《じす》ぎ歸宿《きしゆく》した。

六月二日《ぐわつか》　午後《ごご》十二時《じ》から、長崎榮之喜座《ながさきゑのきざ》に於《おい》て、武徳會支部《ぶとくくわいしぶ》の臨時大會《りんじたいくわい》が開《ひら》かれた、演武者《ゑんぶしや》は三百有餘人《いうよにん》、商業地《しやうげふち》としては珍《めづ》らしい盛況《せいきやう》であつた、稽古《けいこ》にも大《おほい》に勇氣《ゆうき》が加《くは》はり、充分肉薄《じうぶんにくはく》して、叩《たゝ》かれ咽喉《のど》を突《つ》かれなどして稽古《けいこ》をしたのである。今日《けふ》の一日《にち》も此《こ》の晴《は》れの舞臺《ぶたい》で終《をは》り、午後《ごご》七時《じ》宿《やど》に引《ひ》き上《あ》げたのであります。

六月三日《ぐわつか》　午前《ごぜん》十時《じ》から長崎中學校《ながさきちうがくかう》に於《おい》て大會《たいくわい》を開《ひら》かれた。有志學生《いうしがくせい》百餘名《よめい》、奮進突擊《ふんしんとつげき》一齊射擊《せいしやげき》をくつた、實《じつ》に驚《おどろ》きました。流汗道具《りつかんだうぐ》を洗《あら》ふが如《ごと》くへとへとになつて歸宿《きしゆく》した。夕刻《ゆふこく》から岡山君《をかやまくん》の案内《あんない》で、居留地《きよりうち》へ見物《けんぶつ》に出懸《でか》けた。居留地《きよりうち》は外人《ぐわいじん》が多《おほ》く建物《たてもの》は立派《りつぱ》である、又總《またすべ》て裝飾《さうしよく》の點《てん》も能《よ》く出來《でき》て居《ゐ》る。實《じつ》に寶《たから》の山《やま》にでも登《のぼ》る心持《こゝろもち》がして、恰《あだか》も不意《ふい》を突《つ》かれ氣《き》を奪《うば》はれた有樣《ありさま》で見物《けんぶつ》をしたのであります。本町《ほんちやう》通《とほ》りを見物《けんぶつ》して十一時過《じす》ぎ歸宿《きしゆく》す。

六月四日《ぐわつか》　午前《ごぜん》五時半起床《じはんきしやう》、先生《せんせい》の揮毫《きがう》の手傳《てつだひ》の印捺《いんお》しに忙《せは》しい。漸《やうや》く取片付《とりかたづ》けて十一時《じ》から師範學校《しはんかくかう》の大會《たいくわい》に隨行《ずゐかう》した。前日《ぜんじつ》よりは武術家《ぶじゆつか》も多《おほ》く、骨《ほね》が折《を》れて苦《くる》しい、而《しか》し苦《くる》しい時《とき》には元氣《げんき》ある稽古《けいこ》が出來《でき》る樣《やう》な氣《き》がする、散々《さん〴〵》にはねて身體《からだ》は自分《じぶん》の物《もの》でない様《やう》に疲《つか》れし、四時歸宿《じきしゆく》した。本夕深山國會議員《ほんゆふふかやまこくくわいぎゐん》の邸《やしき》へと一同先生《どうせんせい》の供《とも》をして行《い》つた。邸宅《ていたく》は堂々《だうだう》たるもので快壯《くわいさう》である、私共《わたしども》も非常《ひじやう》の待遇《たいぐう》を受《う》けて盛《さか》んな饗應《きやうおう》を受《う》け、又先生《またせんせい》の昔話《むかしはなし》も聞《き》いて、愉快《ゆくわい》なる談笑《だんせう》の裡《うち》に十時《じ》も過《す》ぎ、再《ふたゝ》び宿《やど》に歸《かへ》つたのであります。

〇六月五日《ぐわつか》　午前《ごぜん》七時《じ》一分多數《ぶんたすう》の送別者《そうべつしや》が軍樂隊《ぐんがくたい》で盛《さか》んに見送《みおく》つてくれて、長崎驛《ながさきえき》を發《はつ》した。出發《しゆつぱつ》する時《とき》は一聲《せい》の汽笛《きてき》と共《とも》に、佩環《はいくわん》を鳴《な》すが如《ごと》き音樂《おんがく》を奏《そう》し出《だ》した。見送《みおく》りの一行《かう》は車窓《しやそう》に立《た》ちて御機嫌《ごきげん》良《よ》うと、盛《さか》んにあびせ、萬歳《ばんざい》々々の聲《こゑ》天地《てんち》も震《しん》動《どう》するが如《ごと》く、我々《われ〳〵》の姿《すがた》の見《み》えなくなる迄《まで》盛《さか》んに送《おく》つてくれた。實《じつ》に心持《こゝろも》ちよく勇《いさま》しく感《かん》じた、而《しか》し人《ひと》と別《わか》れるときは何《な》んとなく、哀別離苦《あいべつりく》の情《じやう》胸中《きようちう》にせまり、鬼《おに》をも挫《くじ》く勇士《ゆうし》も、不覺《ふかく》の涙《なみだ》に、默《もく》して聲《こゑ》がなかつた。午後《ごご》二時《じ》熊本《くまもと》に着《つ》いた。此《こ》の停車場《ていしやぢやう》にも多數《たすう》の歡迎人《くわんげいにん》が山《やま》をなし・御機嫌《ごきげん》ようと迎《むか》へられた。今朝《けふ》の悲《かな》しみは夕《ゆふべ》に勇壯《ゆうさう》となる。人《ひと》の境遇《きやうぐう》も色々《いろ〳〵》に變《かは》るものである、悲《かな》しみも忘《わす》れ此《こ》の勇《いさま》しい歡聲裡《くわんせいり》に下車《げしや》して研屋旅館《とぎやりよくわん》に止宿《しゆく》した。

六月《ぐわつ》六日《か》　熊本縣人《くまもとけんじん》は磊落《らいらく》である質朴《しつぼく》であると云《い》ふことは、兼《かね》てから話《はなし》に聞《き》いた實《じつ》に夫《そ》れに違《ちが》ひはない、何《なん》となく人《ひと》の姿《すがた》に殺伐《さつばつ》な様子《やうす》が見《み》える。午前《ごぜん》九時《じ》から武徳《ぶとく》會支部内《くわいしぶない》に於《おい》て大會《たいくわい》を開催《かいさい》され之《こ》れに臨席《りんせき》し、先生《せんせい》は滿腔《まんこう》の熱誠《ねつせい》を以《もつ》て武徳《ぶとく》の講演《かうゑん》を遣《や》つた。其《そ》の後《あと》では宮脇彈次《みやわきたんじ》、野田長三郎先生《のだちやうさぶらうせんせい》を始《はじ》めとして、皆々《みな〱》筋骨《きんこつ》が痛《いた》い程《ほど》稽古《けいこ》をした。當地《たうち》は演武者《ゑんぶしや》も多《おほ》く無慮《むりよ》千人《にん》も集《あつま》つたから、私《わたし》は全力全氣力《ぜんりよくぜんきりよく》を傾倒《けいたう》して稽古《けいこ》をした、大《おほい》に疲《つか》れはてゝ正《しやう》十二時《じ》歸宿《きしゆく》した。

六月《ぐわつ》七日《か》　午前《ごぜん》十一時《じ》から武徳會道場《ぶとくくわいだうぢやう》にて、先生《せんせい》の講話《かうわ》があり又稽古試合《またけいこしあひ》も前日《ぜんじつ》の如《ごと》く盛《さか》んに行《おこな》はれた。一行《かう》の奮闘振《ふんとうぶ》りも大《おほい》に耳目《じもく》を聳動《しようどう》した。終了後《しうれうご》、手取本町《てとりほんちやう》公會堂《こうくわいだう》に知事《ちじ》の招待《せうたい》を受《う》け、無慮《むりよ》三百餘人《よにん》の大宴會《だいゑんくわい》が開《ひら》かれた。士氣《しき》愈々《いよ〱》盛《さか》んに、談話《だんわ》盡《つく》る處《ところ》を知《し》らず、午後《ごご》九時《じ》別《わかれ》を惜《をし》んで退席《たいせき》した。

六月《ぐわつ》八日《か》　本町通《ほんちやうどほ》りを一直線《ちよくせん》に濟々校《せい〱かう》にと出懸《でか》けた、本校《ほんかう》に着《つ》いたのは午前《ごぜん》九時《じ》。

生徒《せいと》は、規律《きりつ》正《たゞ》しく玄關《げんくわん》にて歡迎《くわんげい》してくれた。校長《かうちやう》の案内《あんない》で道場《だうぢやう》に入《はひ》る。校生《かうせい》の袋《ふくろ》竹刀《じなひ》の試合《しあひ》を參觀《さんくわん》するのである。此《こ》れは初《はじ》めて驚嘆《きやうたん》した。面《めん》は腦天《なうてん》に蒲團《ふさん》がない。唯《たゞ》面金《めんかね》に細《ほそ》く顏《かほ》の入《はひ》るものを作《つく》り、甲手《こて》は拳丈《こぶしだけ》を防《ふせ》ぐものを使《つか》ひ、其他《そのた》胸《むね》とか垂《たれ》なぞはない。試合《しあひ》は竹刀《しなひ》試合《しあひ》の如《ごと》く打《う》ち突《つ》きも自由《じいう》にやる。袋竹刀《ふくろなじひ》にせよ防突《はうとつ》ある竹《しな》刀《ひ》の練習《れんしふ》より痛《いた》いには相違《さうゐ》ない。さすが元氣《げんき》に溢《あふ》るゝ熊本《くまもと》の青年《せいねん》である。實《じつ》に勇敢《ゆうかん》なる練習法《れんしふはふ》であると感服《かんぷく》した。中學《ちうがくじ》時代《だい》の鍛《きた》へが違《ちが》ふから豪傑《がうけつ》肌《はだ》の人物《じんぶつ》も養成《やうせい》される譯《わけ》である、試合《しあひ》を數番《すうはん》參觀《さんくわん》し、互《たがひ》に感賞《かんしやう》して學校《がくかう》を辭《じ》して水前寺《すゐぜんじ》に行《い》つた。同寺《どうじ》のこけ橋々《はしはしず》際《は》の水練場《すゐれんぢやう》にて船《ふね》に乘《の》つた。當日《たうじつ》は遠來《ゑんらい》の子爵《しゝやく》に水練術《すゐれんじゆつ》を見《み》せると云《い》ふのである、我々《われわれ》も參觀《さんくわん》することが出來《でき》た。水練術《すゐれんじゆつ》は實《じつ》に鮮《あざや》かである。立《たち》およぎ、拔《ぬき》手《て》など、實《じつ》に入神《にうじん》の技《ぎ》である。上陸《じやうりく》して宏大壯麗《くわうだいさうれい》なる水前寺《すゐぜんじ》の本廟《ほんべう》を拜《はい》し、其庭園《そのていゑん》を參觀《さんくわん》した。

六月九日《ぐわつか》　武道《ぶだう》の盛《さか》んなるた、感激《かんげき》し賞揚《しやうやう》した熊本《くまもと》も、今日《けふ》を名殘《なごり》に立《た》つのである。先生《せんせい》が許《ゆる》せば數日滯在《すうじつたいざい》して、修行《しゆぎやう》もしたかつたのであるが、隨行中我儘《ずゐかうちうわがまゝ》のとは許《ゆる》さぬことは解《わか》つて居《ゐ》るから、遺憾《ゐかん》ながら午前七時《ごぜんじ》七分熊本《ふんくまもと》を出發《しゆつぱつ》した。送別《そうべつ》の人《ひと》も多勢《たぜい》であつた、互《たがひ》に握手《あくしゆ》し名殘《なごり》を惜《をし》んで別《わか》れた。午後二時久留米驛《ごじくるめえき》に着《つ》いた。此處《こゝ》で熱誠《ねつせい》なる歡迎《くわんげい》を受《う》けて下車《げしや》し、遠《とほ》からぬ鹽屋旅館《しほやりよくわん》に向《むか》つた。各町《かくちやう》は日章旗《につしやうき》を門戸《もんこ》に掲《かゝ》げ、歡迎《くわんげい》の厚意《こうい》を表《へう》してくれた。實《じつ》に難有《ありがた》く忘《わす》られぬのであります。

六月十日《ぐわつか》　午前《ごぜん》八時車《じくるま》に投《とう》じて、水天宮《すゐてんぐう》の大廟《たいべう》、梅林寺《ばいりんじ》に參拜《さんぱい》すべく向《むか》つた。其《その》途中《とちう》には元寇《げんこう》の古戰場《こせんぢやう》もある。昔時《せきじ》の説明《せつめい》を聞《き》きつゝ川沿《かはぞ》ひ坂《さか》を過《す》ぎ、忠臣菅原道眞《ちうしんすがはらみちざね》の靈廟《れいべう》にと着《つ》いた。恩賜御衣今在此。捧持毎日拜餘香。と道眞公《みちざねこう》の至誠《しせい》は我《われ》の胸中《きようちう》を突《つ》き心魂《しんこん》を刺《さ》した。今《いま》も變《かは》らぬは世《よ》の有樣《ありさま》だ、姦佞邪人《かんねいじやじん》多《おほ》く私慾《しよく》に耽《ふけ》り不義《ふぎ》の富貴《ふうき》を希《こひねが》ふ輩《やはら》の絶《た》えない現今《げんこん》の世《よ》に、道眞公《みちざねこう》の至誠《しせい》の遺跡《ゐせき》を追想《つゐさう》すれば、眞《しん》に潸然《さんぜん》として涙《なみだ》に咽《なせ》ぶのでありました。感慨無量《かんがいむりやう》歸《か》へるを知《し》らず足《あし》を止《と》めて、世《よ》の有樣《ありさま》を憤慨《ふんがい》したのであります。時《とき》に呼《よ》ぶ人《ひと》あり、急《いそ》いで車《くるま》に乘《の》り、梅林寺《ばいりんじ》に車《くるま》を驅《は》せた。

寺内《じない》の中央《ちうあう》に梅《うめ》がある、今《いま》は花《はな》もないが、樹《き》は千古《こ》を經《へ》たかと思《おも》ふと故人《なきひと》の至誠《しせい》を此《こ》の世《よ》に見《み》る様《やう》な感《かん》じがする、茶店《ちやみせ》に腰打《こしう》ちかけて觀梅《くわんばい》しつゝ數杯《すうはい》の茶《ちや》を傾《かたむ》けて、そゞろに當時《たうじ》を偲《しの》ぶのであつた。暫時《ざんじ》休憩《きうけい》し再《ふた》ゝび車上《しやじやう》の人《ひと》となりて、久留米座《くるめざ》の演《ゑん》武會場《ぶくわいぢやう》に向《むか》つた、當日《たうじつ》は先生《せんせい》の演説《ゑんぜつ》と柔術《じうじゆつ》の紅白勝負《こうはくしようぶ》とがあつて、柔術《じうじゆつ》の愉快《ゆくわい》なる試合《しあひ》に終日《しうじつ》を暮《くら》した。

六月《ぐわつ》十一日《にち》　早朝《さうてう》から先生《せんせい》の揮毫《きがう》が始《はじ》まる、中々《なかなか》多忙《たばう》である。午前《ごぜん》十時《じ》準備《じゆんび》して演武場《ゑんぶぢやう》に行《い》つた、演武場《ゑんぶぢやう》の入口《いりぐち》には大書《たいしよ》して、武徳會員《ぶとくくわいゐん》に限《かぎ》り參觀《さんくわん》を許《ゆる》す、但《たゞ》し參觀者《さんくわんしや》は何人《なにびと》にても受附《うけつけ》に申込《まをしこ》むべしと云《い》ふ振《ふう》つた立札《たてふだ》が立《た》つて居《ゐ》る。不思議《ふしぎ》なものがあると思《おも》つて、花道《はなみち》を踏《ふ》んで舞臺《ぶたい》に入《はひ》つた、其時《そのとき》既《すで》に滿場《まんぢやう》立錐《りつすゐ》の餘地《よち》もない程《ほど》である。試合《しあひ》が始《はじ》まる、一勝《しよう》一敗《はい》ごとに喧囂《けんがう》演藝場《ゑんげいぢやう》も破《やぶ》れる有様《ありさま》である、試合《しあひ》も稽古《けいこ》も喧々《けんけん》囂々《がうがう》の内《うち》に終《をは》つて退場《たいぢやう》した。當夜《たうや》宿《やど》に來《き》た掛員《かゝりゐん》に就《つ》いて、立札《たてふだ》の意味《いみ》を聞《き》いた處《ところ》が、武徳會《ぶとくくわい》擴張《くわくちやう》の爲《た》め來縣《らいけん》せられたのを好期《かうき》とし、會員募集《くわいゐんぼしふ》の計畫《けいくわく》であつた處《ところ》が、二日《か》間《かん》にて二千以上《いじやう》の會員《くわいゐん》が出來《でき》た、子爵《しゝやく》のお蔭《かげ》でと喜《よろこ》んで話《はなし》をせられた。

六月《ぐわつ》十二日《にち》　午前《ごぜん》九時《じ》柳馬場《やなぎばゞ》なる競馬場《けいばぢやう》に參觀《さんくわん》に行《い》つた、馬場《ばゞ》は元《もと》久留米藩《くるめはん》の馬場《ばゞ》であつて、其宏大《そのくわうだい》なること周圍《しうゐ》が二里《り》もあると云《い》ふことであつた。數十番《すうはん》の競走《きやうそう》を觀《み》て、笹山神社内《さゝやまじんじやない》の料理店《れうりてん》にて中食《ちうじよく》をなし、中學校《ちうがくかう》に行《ゆ》き、生徒數百名《せいとすうめい》と二時《じ》間餘《かんよ》も稽古《けいこ》をした。充分疲《じうぶんつか》れて六時《じ》に歸宿《きしゆく》した。

六月《ぐわつ》十三日《にち》　午前《ごぜん》九時《じ》、久留米驛《くるめゑき》にて多數《たすう》の人《ひと》に送《おく》られて出發《しゆつぱつ》した。同《どう》十時半《じはん》、佐賀驛《さがゑき》に着《つ》いた、當市《たうし》で非常《ひじやう》の歡迎《くわんげい》の好意《かうい》に預《あづか》りて下車《げしや》し、驛《ゑき》より六町餘《ちやうよ》ある馬場《ばゞ》の松川屋《まつかはや》と云《い》ふ旅宿《りよしゆく》に止宿《しゝゆく》した。中食後《ちうじきご》、佐賀中學校《さがちうがくかう》で六十餘名《よめい》の學生《がくせい》と盛《さか》んに奮鬪《ふんとう》した。當地《たうち》には辻新平《つじしんぺい》、納富敎雄《なふとみのりを》と云《い》ふ大家《たいか》が居《を》る。先生方《せんせいがた》の指導《しだう》であるから生徒《せいと》も中々《なか〳〵》上手《じやうず》で、猛烈《まうれつ》なる稽古振《けいこぶ》りに、散々《さん〴〵》に疲《つか》れて午後《ごゞ》五時《じ》歸宿《きしゆく》したが、更《さら》に兩《りやう》先生《せんせい》の發起《ほつき》にて隨行員丈《ずゐかうゐんだけ》招待《せうだい》を受《う》け、互《たがひ》に胸襟《きやうきん》を開《ひら》いて快談《くわいだん》し、充分酩酊《じうぶんめいてい》して九時《じ》歸宿《きしゆく》した。

六月十四日《ぐわつか》 武徳會支部《ぶとくくわいしぶ》は中學校《ちうがくかう》の道場《だうぢやう》にて、武道大會《ぶだうたいくわい》を開催《かいさい》した。道場《だうぢやう》の内外《ないぐわい》には天幕《てんまく》を張《は》り、道場參觀席《だうぢやうさんくわんせき》には椅子《いす》を置《お》きて其席《そのせき》を設《まう》け、バラツク式《しき》の會場《くわいぢやう》が出來《でき》た、正面《しやうめん》は知事《ちじ》を始《はじ》め來賓者《らいひんしや》を以《もつ》て埋《うづ》められた。武術《ぶじゆつ》の試合《しあひ》は長刀《なぎなた》、鎌《かま》、棒《ぼう》、槍《やり》、實《じつ》に武藝《ぶげい》十八番《ばん》の秘術《ひじゆつ》を盡《つく》したには驚《おどろ》いた。私《わたし》も充溢《じういつ》せる元氣《げんき》で稽古試合《けいこしあひ》をして打《う》ち勝《か》つことが出來《でき》た。さて數番試合《すうばんしあひ》が濟《す》むと武部《たけべ》と納富《なふとみ》の令孃《れいぢやう》との試合《しあひ》が初《はじ》まり、實《じつ》に此試合《このしあひ》に滑稽《こつけい》が演《えん》じられた。十三歳《さい》になる納富翁《なふとみをう》の娘《むすめ》が、武部修氏《たけべしうし》と試合《しあひ》をするのである。娘《むすめ》は長刀《なぎなた》で二三合《あは》する内《うち》武部《たけべ》の足《あし》を拂《はら》つた、武部《たけべ》は御面《おめん》と許《ばか》りに打《う》ち下《おろ》す、同氏《どうし》は續《つゞ》いて腦天《なうてん》を二つ三つ打《う》つと、元氣《げんき》の娘《むすめ》も其場《そのば》で氣絶《きぜつ》してしまつた。サア參觀者《さんくわんしや》は喧々囂々馬鹿野郎《けん〱がう〱ばかやらう》と連發《れんぱつ》した、遂《つひ》には場内《ぢやうない》鼎《かなへ》の沸《わ》くが如《ごと》き騷動《さうどう》が起《おこ》つた。靜肅《せいしゆく》〱と云《い》ふ聲《こゑ》が掛《かけ》られるけれど中々《なか〱》納《をさ》まらぬ。知事《ちじ》が起《た》つて大喝《だいかつ》一聲《せいこ》之《これ》を制《せい》したので漸《やうや》く鎭靜《ちんせい》して事《こと》なきを得《え》た、武部氏《たけべし》は先生《せんせい》から叱咤《しつた》せられて、青《あを》くなつて悄々《しほ/\》と逃《に》げ歸《かへ》つてしまつた、誠《まこと》に氣《き》の毒《どく》であつた。娘《むすめ》も大難《だいなん》で、二三日《にち》床《とこ》に就《つ》いたが、後《あと》から聞《き》けば快復《くわいふく》したとのことであつた。

六月《ぐわつ》十五日《にち》　午前《ごぜん》九時《じ》より師範學校《しはんがくかう》で稽古《けいこ》をした。中々《なか/\》盛《さか》んであつた。十一時《じ》歸《き》宿《しゆく》して、午後《ごご》一時《じ》十五分《ふん》多數《たすう》の見送《みおくり》を受《う》けて佐賀《さが》を出發《しゆつぱつ》した。午後《ごご》四時《じ》博多《はかた》に到着《たうちやく》した、博多《はかた》も非常《ひじやう》な歡迎者《くわんげいしや》であつた。當地《たうち》で名望家《めいばうか》として名《な》の高《たか》い大野仁平《おほのにへい》氏別莊《べつさう》に寄寓《きぐう》した。

六月《ぐわつ》十六日《にち》　午前《ごぜん》十時《じ》から師範學校裏庭《しはんがくかううらには》にて、福岡支部《ふくをかしぶ》が弓術《きうじゆつ》柔術《じうじゆつ》の會《くわい》を開《ひら》いた。參觀《さんくわん》して午後《ごご》四時《じ》歸宿《きしゆく》した。

六月《ぐわつ》十七日《にち》　當日《たうじつ》は前日《ぜんじつ》の場所《ばしよ》で、劍術《けんじゆつ》の大會《たいくわい》を開《ひら》いた。數《すう》千人《にん》の福岡健兒《ふくをかけんじ》が集《あつま》つて、道場《だうぢやう》は元氣《げんき》と殺氣《さつき》に溢《あふ》れて試合《しあひ》をした。此《こ》の盛《さか》んな試合《しあひ》の内《うち》に二刀流試合《たうりうしあひ》が始《はじ》まつた、此試合《このしあひ》は悽愴《せいさう》を極《きは》めた。一方《はう》は小刀《せうたう》と大刀《だいたう》と二本《ほん》の木刀《ぼくたう》を持《も》ち、一方《はう》は一本《ほん》の木刀《ぼくたう》を持《も》ち、道具《だうぐ》を附《つ》けるかと思《おも》ふと、素面素甲手《すめんすこて》で、單衣《ひとへ》の着物《きもの》に袴《はかま》をうがち、白《しろ》の襷《たすき》十文字《もんじ》にあやどり、白《しろ》の後鉢卷《うしろはちまき》をなし、其木劍《そのぼくけん》で試合《しあひ》をするのである。其試合振《そのしあひぶり》は昔《むかし》の小說《せうせつ》の如《ごと》く呼吸《こきふ》を計《はか》りて打《う》ち込《こ》む、氣候《きこう》も暑《あつ》く流汗着物《りうかんきもの》や袴《はかま》を洗《あら》ふ。試合《しあひ》の內《うち》一刀《たう》を持《も》つ人《ひと》が突《つ》いた處《ところ》が突《つ》きかはされて、二本《ほん》を取《と》る人《ひと》の袖《そで》に掛《か》ゝつた處《ところ》が、木劍《ぼくけん》で袖《そで》をもぎとつてしまつた、或《あるひ》は打《う》たれて頭《あたま》から血《ち》を流《なが》す者《もの》もあり、又《また》はほゝを突《つ》かれてはれるもあり、實《じつ》に慘憺戰慄《さんたんせんりつ》すべき有樣《ありさま》でありました。大《おほ》昔《むかし》の劍術試合《けんじゆつしあひ》の有樣《ありさま》は斯《か》うであることを聞《き》いた、實《じつ》によい敎訓《けつくん》を受《う》けました。斯《か》く心膽《しんたん》を寒《さむ》からしめた大會《たいくわい》も終《をは》りを告《つ》げ、一同散會《どうさんくわい》したのであつた

六月十七日《にち》　午後《ごご》一時《じ》博多《はかた》を發《はつ》し、同四時門司《どうじもじ》に着《つ》いた、石田旅館《いしだりよくわん》に休憩《きうけい》して、午後《ごご》十一時出船《じしゆつせん》の太田丸《おほたまる》に乘《の》つたのである。愈々本日《いよいよほんじつ》にて、豪傑肌《がうけつはだ》で武藝《ぶげい》に秀《ひい》で、人《ひと》をして戰慄《せんりつ》せしむるまで劍道《けんだう》の盛《さか》んな九州《しう》の土地《とち》を後《あと》に出發《しゆつぱつ》して、中國《ちうごく》の德山《さくやま》に向《むか》ふのである。

六月《ぐわつ》十九日《にち》　太田丸《おほたまる》は七百五十噸《とん》速力《そくりよく》十七海里內海《かいりないかい》の便船《びんせん》である。海上穩《かいじやうおだやか》にて

午《ご》前《ぜん》五時《じ》徳山《とくやま》に上陸《じやうりく》した、海岸《かいがん》から停車場《ていしやぢやう》迄《まで》四町《ちやう》、赤帽《あかばう》を頼《たの》んで手荷物《てにもつ》を運搬《うんぱん》した驛前《えきぜん》の吉川屋《よしかはや》で朝食《てうしよく》を喫《きつ》し、汽車《きしや》を待《ま》つこと二時間《じかん》、午前《ごぜん》七時《じ》徳山《とくやま》を發《はつ》し廣島《ひろしま》に向《むか》つた、三時間《じかん》にして廣島《ひろしま》に着《つ》いた。停車場《ていしやぢやう》には知事《ちじ》さんや、控訴院長《かうそゐんちやう》の一の瀨《せ》さん其他《そのた》數《すう》百人《にん》で出迎《でむか》へた、歡迎《くわんげい》を受《う》けつゝ本町《ほんちやう》の吉川屋《よしかはや》に止宿《しゆく》した。

六月《ぐわつ》二十日《にち》　午前《ごぜん》十時《じ》吉川屋旅館《よしかはやりよくわん》を出《で》て本町通《ほんちやうどほ》りを右折《うせつ》して堀端《ほりばた》に出《い》で、師範學《しはんがく》校《かう》に着《つ》いた、生徒《せいと》數《すう》百人《にん》と稽古試合《けいこしあひ》を花々《はなばな》敷《しく》遣《や》つて午後《ごご》七時《じ》歸宿《きしゆく》した。

六月《ぐわつ》二十一日《にち》　當日《たうじつ》は連日《れんじつ》の疲《つか》れで休養《きうやう》した。午後《ごご》零時《れいじ》半頃《はんごろ》宿《やど》の裏《うら》にて、水練《すゐれん》をした。不幸《ふかう》にして右足《うそく》の膝《ひざ》に負傷《ふしやう》して、歩《あゆ》むことが出來《でき》なくなり、稽古《けいこ》が出來《でき》なくなつたのは殘念《ざんねん》であつた。

六月《ぐわつ》二十二日《にち》　午前《ごぜん》八時《じ》四十分《ぶん》廣島《ひろしま》を發《はつ》するのである。歩《ある》くことが出來《でき》ぬので、全《まつた》く意氣消沈《いきせうちん》して、只《た》だ先生《せんせい》に隨《つ》いて行《い》くのみであつた。廣島《ひろしま》を發《はつ》して、岡山《をかやま》に午《ご》後《ご》一時《じ》着《つ》いた、三好野《みよしの》に止宿《しゆく》した。

六月《ぐわつ》二十三日《にち》　岡山《をかやま》には阿《あ》部《べ》衞守《ゑもり》と云《いた》ふ大家《いか》が居《ゐ》るから、充分《じうぶん》の修行《しゆげふ》も出來《でき》ると思《おも》うて數日前《すじつぜん》より喜《よろこ》んで居《を》つたが、傷《きず》が一日《にち》ましに惡《わる》くなる許《はか》りなので、遂《つひ》に先生《せんせい》に暇《いとま》を願《ねが》ひ、午前中《ごぜんちう》は後樂園《こうらくゑん》を參觀《さんくわん》して、午後《ごご》一時《じ》二十分《ぶん》岡山《をかやま》發《はつ》で心細《こゝろぼそ》くも一人《ひとり》で歸國《きこく》すべく東京《とうきやう》に向《む》け出發《しゆつぱつ》した。午後《ごご》四時《じ》京都驛《きやうとゑき》に着《つ》いた。傷《きず》が餘《あま》り痛《いた》むから知友《ちいう》の處《ところ》に下車《げしや》し、佛光寺《ぶつくわうじ》の井上朝子《ゐのうへあさこ》サンの處《ところ》で手當《てあて》して貰《もら》つて、再《ふたゝ》び午後《ごご》十二時《じ》京都《きやうと》發《はつ》で東京《とうきやう》へと向《むか》つた。

六月《ぐわつ》二十四日《か》　約《やく》二ヶ月《げつ》の長旅行《ながりよかう》の修行《しゆぎやう》も終《をは》り午後《ごご》七時《じ》新橋《しんはし》に着《つ》いて、自宅《じたく》に引《ひ》き上《あ》げ、專心治療《せんしんちれう》に心《こゝろ》を盡《つく》して、先生《せんせい》の歸京《ききやう》を待《ま》つのであつた。

九月《ぐわつ》十七日《にち》　再《ふたゝ》び武者《むしや》修行《しゆぎやう》の途《と》に上《のぼ》るべく北東本線《ほくとうほんせん》で、豫定《よてい》の如《ごと》く午前《ごぜん》九時《じ》青森《あをもり》に着《つ》いた、本町通《ほんちやうどほ》り中島屋《なかじまや》にて車《くるま》を下《お》り、此所《こゝ》に荷物《にもつ》を下《おろ》し、出船《しゆつせん》を待《ま》つべく休息《きうそく》した。午前《ごぜん》十一時《じ》波止場《はとば》に案内《あんない》され、郵船會社《いうせんくわいしや》の常盤丸《ときはまる》九百五十噸《とん》の船《ふね》に乘《の》つた、定刻《ていこく》となるや、海面清澄《かいめんせいてう》、鏡《かゞみ》の如《ごと》き青森港《あをもりかう》を出帆《しゆつぱん》した。珍談《ちんだん》に花《はな》を咲《さ》かせ、或《あるひ》は遠《とほ》く北國《ほくこく》の峰巒《ほうらん》の晩景《ばんけい》を眺《なが》めつゝ着《つ》いたのが函館《はこだて》である。確《たしか》に時刻《じこく》は五時過《す》ぎと思《おも》うた。同港《どうかう》に三時間碇泊《じかんていはく》、函館港《はこだてかう》の夜景《やけい》を望《のぞ》めば、燈火燦爛《とうくわさんらん》として壯觀《さうくわん》であつた、三時間碇泊《じかんていはく》してゐるのは實《じつ》に退屈《たいくつ》である。午後《ごご》八時《じ》、出帆時間《しゆつぱんじかん》が來《き》た。漸《やうや》く船《ふね》は此處《こゝ》を出船《しゆつせん》した。港外《かうぐわい》を左《ひだり》へ迂回《うくわい》すれば、萬里《ばんり》一碧《ぺき》の大海原《おほうなばら》である、波浪《はらう》轟々《がう〳〵》として物《もの》凄《すご》く、船體《せんたい》は恰《あたか》も帆船《はんせん》の如《ごと》く動搖烈《どうえうはげ》しく航海《かうかい》を續《つゞ》けるのである。午前《ごぜん》三時《じ》室蘭《むろらん》に着《つ》いた。

九月《ぐわつ》十八日《にち》　波止場《はとば》より上陸《じやうりく》して豫定《よてい》の如《ごと》く丸《まる》一と云《い》ふ旅館《りよくわん》に着《つ》いた。船《ふね》の旅行《りよかう》は苦《くるし》い、疲《つか》れも剛い。宿《やど》の床《とこ》に就《つ》くや否《いな》や鼾聲雷《かんせいらい》の如《ごと》く、熟睡《じゆくすゐ》する間《ま》もなく夜《よ》は明《あ》けた、午前《ごぜん》六時《じ》起床《きしやう》して午前《ごぜん》七時《じ》半室蘭驛《はんむろらんゑき》を出發《しゆつぱつ》した。此地《このち》嶽溪《がくけい》多《おほ》く鬱々《うつ〳〵》として、熊《くま》でも潜《ひそ》んでゐさうである、道中恙《だうちうつゝが》なく午後《ごご》の三時廣濶《じくわうくわつ》なる札幌《さつぽろ》に着《つ》いた、出迎《でむかへ》の人々《ひと〴〵》百餘名《よめい》ホームに列《なら》んで居《ゐ》る、雜沓《ざつたふ》の内《うち》に手荷物《てにもつ》を運《はこ》んで二町《ちやう》ばかりの山形屋《やまがたや》旅館《りよくわん》にと驅《か》け付《つ》けた。

九月《ぐわつ》十九日《にち》　東京上野《とうきやううへの》から二晝夜《ちうや》の直行《ちよくかう》で疲《つか》れ切《き》つたが、本日《ほんじつ》一日《じつ》の休養《きうやう》を利用《りよう》し、札幌町《さつぽろちやう》の情況《じやうきやう》を視察《しさつ》すべく散歩《さんぽ》した。非常《ひじやう》に繁昌《はんじやう》の處《ところ》であつて、石炭《せきたん》、鑛山《くわうざん》金山《きんざん》と云《い》ふ鑛業《くわうげふ》が尤《もつと》も振《ふる》ひ、特産《とくさん》は數々《かずかず》ある、北海道《ほくかいだう》と謂《い》へば野蠻《やはん》の處《ところ》と想像《さうざう》するが、實際《じつさい》は反對《はんたい》である、街路《がいろ》は東京《とうきやう》の銀座《ぎんざ》通《ごほ》りより廣《ひろ》く、車道人道《しやだうじんだう》も區別《くべつ》せられ、洋館《やうくわん》の建物《たてもの》が多《おほ》い、實《じつ》に外觀《ぐわいくわん》より見《み》たる皮相的《ひさうてき》にも實質的《じつしつてき》にも、實《じつ》に驚《おどろ》かざるを得《え》なかつたのであつた。

九月《ぐわつ》二十日《にち》　北海道《ほくかいだう》の地《ち》に劍術《けんじゆつ》等《など》遣《や》る者《もの》がないと思《おも》うて居《ゐ》た處《ところ》が、その想像《さうぞう》以外《いぐわい》で内地《ないち》より劣《おと》らない。却《かへつ》て奮闘的《ふんとうてき》の氣概《きがい》があるから、寧《むし》ろ内地人《ないちじん》より氣《き》が盛《さか》んであつた、此日《このひ》午前《ごぜん》八時《じ》札幌師範校《さつぽろしはんかう》で生徒《せいと》五十餘名《よめい》と稽古《けいこ》をした、實《じつ》に岩《いは》の如《ごと》き力《ちから》を以《もつ》て奮闘的《ふんとうてき》に稽古《けいこ》を熱心《ねつしん》に遣《や》つた。正一時《しやうじ》から體育會《たいいくくわい》で有志《いうし》團《だん》が百餘名《よめい》も集《あつ》まつた。其《そ》の實業團《じつげふだん》の人《ひと》の肉薄的稽古《にくはくてきけいこ》には、殊更《ことさら》案外《あんぐわい》でありました。試合《しあひ》には汗《あせ》をしとゞに流《なが》し大《おほ》いに骨《ほね》を折《を》りました。午後《ごご》五時《じ》歸宿《きしゆく》した。

札幌《さつほろ》知名《ちめい》の剣客《けんかく》勝見角毛氏《かつみかくもうし》は小野派《をのに》一刀流《たうりう》である。

九月《ぐわつ》二十一日《にち》　一致《ち》の精神《せいしん》に凝結《ぎようけつ》したる健兒《けんじ》が、今日《こんにち》は大黒座《だいこくざ》に大會《たいくわい》を開《ひら》き數《すう》千人《にん》を集《あつ》めた。宏大《かうだい》なる劇場内《げきぢやうない》に人《ひと》の山《やま》を築《きづ》く盛況《せいきやう》である。守津《もりつ》幹事《かんじ》は、渡邊子爵《わたなべししやく》に御令旨《これいし》を捧《さゝ》げた、先生《せんせい》は謹《つゝし》んで之《こ》れを受《う》け靜《しづか》に令旨《れいし》を拜讀《はいどく》した。一同起《どうき》立《りつ》して聲無《こゑな》く實《じつ》に靜粛《せいしゆく》であつた。先生《せんせい》は雨《あめ》の如《ごと》き拍手《はくし》の裡《うち》に講臺《かうだい》に上《のぼ》り、武德《ぶとく》の講演數刻《かうゑんすうこく》に渡《わた》りて、辯舌恰《べんぜつあだか》も水《みづ》を流《なが》すが如《ごと》く、武德《ぶとく》の骨髓《こつずゐ》を說破《せつぱ》し、百雷《らい》一時《じ》に落《おち》るが如《ごと》き拍手《はくしゆ》歡呼《くわんこ》の裡《うち》に降壇《かうだん》す、後猛烈《のちまうれつ》なる稽古試合《けいこしあひ》をなし、午後《ごご》五時迄盛《じまでさか》んであつた、會《くわい》も終《をは》り歡呼聲裡《くわんこせいり》に宿《やど》に歸《かへ》つた。

九月《ぐわつ》二十二日《にち》　午前《ごぜん》十時《じ》から中學校演武大會《ちうがくかうゑんぶたいくわい》に出場《しゆつぢやう》した、磊落不屈《らいらくふくつ》の生徒《せいと》と稽古《けいこ》をした。後勝武館勝見角毛氏《のちしようぶくわんかつみかくもうし》の道場《だうぢやう》にと出懸《でか》けた、演武者《ゑんぶしや》三百有餘名西側《いうよめいにしがは》に陣《ぢん》を取《と》り控《ひか》へてゐる。私共《わたしども》は東《ひがし》に席《せき》を定《さだ》められ東西相對《とうざいあいたい》して稽古《けいこ》し、後試合《のちしあひ》となりました。相方腕鳴《さうはうゝでな》り肉躍《にくをど》り鬼《おに》をも挫《くじ》かん勢《いきほ》ひで、見事《みごと》の試合《しあひ》をしたのである。流《なが》る丶汗《あせ》を拭《ふ》いて、勝武館《しようぶくわん》を辭《じ》し、札幌驛《さつぽろゑき》に走《はし》り、午後《ごゞ》五時《じ》二十分發《ぷんはつ》にて小樽《をたる》に向《むか》つた、同《どう》七時《じ》半《はん》小樽驛《をたるゑき》に着《つ》いた。歡迎者山《くわんげいしやゝま》をなし、丁重《ていちやう》に歡迎《くわんげい》してくれた。難有《ありがた》く感謝《かんしや》し、驛《ゑき》より二十町車《ちやうくるま》にて海岸《かいがん》の越中屋《ゑつちうや》に着《つ》いた。

九月《ぐわつ》二十三日《にち》　所《ところ》の名《な》は小樽《をたる》であるが人《ひと》の度胸《どきよう》は大《おほ》きい。正午《しやうご》十二時《じ》から末廣座《すゑひろざ》で大會《たいくわい》を開催《かいさい》した。稽古《けいこ》も中々《なか〳〵》盛《さか》んで非常《ひじやう》に疲《つか》れた。敵《てき》の鼻息《はないき》に煙《けむり》に卷《ま》かれ退場《たいぢやう》し豫定《よてい》の出發時間《しゆつぱつじかん》が來《き》て、四時休憩所《じきうけいじよ》を引《ひ》き上《あ》げ、五時《じ》四十分小樽《ぷんをたる》を出發《しゆつぱつ》し、六時半《じはん》札幌《さつぽろ》の山形屋《やまがたや》に歸《かへ》つた。

小樽知名《をたるちめい》の劍客《けんかく》は心影流中村《しんかげりうなかむら》一二氏《し》。

九月《ぐわつ》二十四日《か》　午前《ごぜん》十一時《じ》二十四分送別者數《ふんそうべつしやすう》百名《めい》と別《わか》れを惜《をし》みて札幌《さつぽろ》を發《はつ》した、三時間《じかん》で瀧川《たきがは》に着《つ》いた。驛《ゑき》から二十町歩《ちやうある》いて佐渡屋《さどや》に安着《あんちやく》した。中食《ちうじき》を濟《す》まして瀧《たき》川座演武會《かはざゑんぶくわい》に出　場《しゆつぢやう》した。稽古者約《けいこしやゝく》百名中々《めいなか〳〵》盛《さか》んな稽古《けいこ》をして五時閉會《じへいくわい》となり佐渡《さど》屋《や》に歸《かへ》り一泊《ぱく》した。

瀧川《たきがは》知《ち》名《めい》の剣客《けんかく》は佐藤當可《さとうたうか》、大竹康造《おほだけかうざう》氏。

九月《ぐわつ》二十五日《にち》　草鞋《わらぢ》をはき袴《はかま》の股立《もゝだち》を取《と》り、道具《だうぐ》を背負《せお》うた一行《かう》六人《にん》は午前《ごぜん》六時《じ》から十津川《とつがは》に向《むか》つたのである。里程《りてい》は僅《わづか》に二里《り》であるが、峩々《がゞ》たる山岳《さんがく》の間道《かんだう》を歩《ある》き、或《あるひ》は石狩川《いしかりがは》の急流《きふりう》を渡《わた》り、旅行《りよかう》に骨《ほね》が折《を》れる、川《かは》を過《す》ぎ坂《さか》をこえ、平々坦々《へい〱たん〱》の處《ところ》に出《で》る、此《こゝ》より向《むか》ふに雲《くも》を突《つ》くばかりの老樹《らうじゆ》がある。あれが十津川村《とつがはむら》と云《い》ふのであると案内者《あんないしや》が云《い》ふ。程《ほど》なく村《むら》に入《い》る。村《むら》の中央《ちうあう》に道場《だうぢやう》がある。今日《けふ》は晴《は》れの場所《ばしよ》と幕《まく》を張《は》り臺《だい》を置《お》き色々《いろ〱》飾《かざ》つてある。一行《かう》は正面《しやうめん》に座《ざ》を占《し》めた。渡邊先生《わたなべせんせい》は疲《つか》れも意《い》とせず講演《かうゑん》を始《はじ》めた、話《はなし》の眞最中《まつさいちう》先生《せんせい》の姿《すがた》を見《み》ては涙潸然《なみださんぜん》として咽《むせ》ぶ一老人《らうじん》があつた。先生《せんせい》も不思議《ふしぎ》と思《おも》うて話《はな》し終《をは》ると特《とく》に老人《らうじん》を呼《よ》んで段々《だん〱》話《はな》しを聞《き》くと、老人《らうじん》曰《いは》く私《わたし》は生《い》き殘《のこ》りて今日尊公《こんにちそんこう》に面會《めんくわい》したることを喜《よろこ》ぶと同時《どうじ》に昔《むかし》の懷《なつか》しき情《じやう》を禁《きん》じ能《あた》はざるのである、何《なに》を隠《かく》さう、私《わたし》は維新《ゐしん》の時先君《ときせんくん》の命《めい》を以《もつ》て皇軍《くわうぐん》と越後《ゑちご》で戰《たゝか》うた、其時先生《そのときせんせい》が隊長《たいちやう》となつて居《ゐ》た軍《ぐん》の爲《た》め散々《さん〱》に破《やぶ》られ、五百人《にん》の内自分《うちじぶん》と外一人《ほかひとり》生《い》き殘《のこ》りて藩國《はんこく》に退却《たいきやく》した何々某《なんのなにがし》である。其時《そのとき》は寒夜《かんや》に露營《ろえい》し辛慘萬苦《しんさんばんく》を盡《つく》したが、其《その》後《と》皇軍《くわうぐん》に敵《てき》せるより身《み》は此處《こゝ》に流《なが》され、一生《しやう》を此僻地《このへきち》に終《をは》る筈《はず》と昔《むかし》を追想《つゐさう》し、又先《またせん》生《せい》も懷舊《くわいきう》の情禁《くわいう》じ難《がた》く、昔《むかし》の敵味方《てきみかた》互《たがひ》に手《て》を取《と》り涙《なみだ》を流《なが》したのである。其老人《そのらうじん》の節《せつ》操忠實《さうちうじつ》には一人《ひとり》として涙《なみだ》を流《なが》さぬ者《もの》がなかつた。嗚呼《あゝ》人《ひと》の因縁《いんねん》こそ分《わか》らぬものである、その内稽古《うちけいこ》が始《はじ》まり、私共《わたしども》は早速《さつそく》に身支度《みじたく》をして試合《しあひ》に移《うつ》つたので、勇《いさま》しい竹《しな》刀《ひ》の音《おと》に一同氣《ごうき》を取《と》り直《なほ》し、物凄《ものすご》い様《やう》な稽古《けいこ》をした。稽古《けいこ》をした人《ひと》は若《わか》い人《ひと》が少《すく》ない、老人《らうにん》が多《おほ》く、而《しか》して技量《ぎりやう》が優《すぐ》れて居《ゐ》る、流石《さすが》士族《しぞく》の落《おち》ぶれ丈《だけ》あつた、稽古《けいこ》を終《をは》り先生《せんせい》は多額《たがく》の金《かね》を老人《らうじん》に贈呈《ぞうてい》して、其道場《そのだうぢやう》を出發《しゆつぱつ》した、歸途《きと》先生《せんせい》の話《はなし》では、新十《しんと》津川《つがは》は昔《むかし》の浪人者《らうにんもの》許《ばか》りで其村《そのむら》を組織《そしき》して居《ゐ》るので、素《もと》を正《たゞ》せば士族《しぞく》である。故《ゆゑ》に劍《けん》術《じゆつ》は皆強《みなつよ》い筈《はず》であると云《い》はれた。山路《やまみち》を歩《ある》きつゝ色々《いろ〳〵》の雜談《ざつだん》で思《おも》はず知《し》らず瀧川《たきがは》へ歸《かへ》つた、午後《ごゞ》三時《じ》瀧川發《たきがはゝつ》で送別者《そうべつしや》に別《わか》れを告《つ》げ、六時《じ》四十分旭川《ぷんあさひがは》に着《つ》いた。丸福屋《まるふくや》旅館《りよくわん》に止宿《しゝゆく》した。

新十津川《しんとつがは》知名《ちめい》の劍客《けんかく》は中島龜吉《なかじまかめきち》、山本清明《やまもとせいめい》、坪井由太郎《つぼゐよしたらう》氏《し》。

九月《ぐわつ》廿六日《にち》　旭川《あさひがは》は聯隊《れんたい》の所在地《しよざいち》で、中々町《なかなかまち》が發達《はつたつ》して居《を》つた。各町《かくちやう》を散歩《さんぽ》して終日休養《しうじつきうやう》した。

九月《ぐわつ》廿七日《にち》　午前《ごぜん》十一時《じ》上川《かみがは》に車《くるま》で行《い》つた。演武場《ゑんぶぢやう》は御用林事務所《ごようりんじむしよ》の庭園《ていゑん》で、園《ゑん》内《ない》には天幕《てんさ》を張《は》り、日章旗《につしやうき》を交叉《かうさ》して非常《ひじやう》な景氣《けいき》である。演武者《ゑんぶしや》は百名以上《めいいじやう》、參観《さんくわん》者《しや》は數《すう》千名《めい》に達《たつ》し、坐《ざ》するに處《ところ》なく、廣濶《くわうくわつ》なる原野《げんや》に直立《ちよくりつ》して參観《さんくわん》するのでありました。試合《しあひ》も稽古《けいこ》も互《たがひ》に汗《あせ》を流《なが》して我劣《われおと》らじと爭《あらそ》うた、實《じつ》に盛會《せいくわい》であつた。此日《このひ》は中央橋《ちうあうはし》と美瑛橋《びゑいはし》の開通式《かいつうしき》があつて、各町各戸《かくちやうかくこ》に國旗《こくき》を飜《ひるがへ》し人出《ひとで》も實《じつ》に多數《たすう》であつたから、會場《くわいぢやう》も想像以上《さうぞういじやう》の混雜《こんざつ》と賑《にぎや》かさであつた、演武《ゑんぶ》終《をは》り、其混雜《そのこんざつ》の町内《ちやうない》を車《くるま》で走《はし》つて宿《やど》に歸《か》へつた、時《とき》に午後《ごご》五時過《じす》ぎであつた。

旭川知名《あさひがはちめい》の劍客《けんかく》は大河内《おほかはち》三千太郎《みちたらう》氏《し》。

九月《ぐわつ》廿八日《にち》　多數《たすう》の人《ひと》に見送《みおく》られて、午前《ごぜん》九時《じ》旭川《あさひがは》を出發《しゆつぱつ》した。途中《とちう》岩見澤《いはみざは》で室《むろ》蘭行《らんゆき》に乘換《のりか》へ、午後《ごご》七時《じ》室蘭《むろらん》に着《つ》いた。此夜《このよ》丸《まる》一旅館《りよくわん》に止宿《しゆく》した。

九月《ぐわつ》廿九日《にち》　尋常小學校々内《じんじやうせうがくかう〳〵ない》にて室蘭有志《むろらんいうし》の大會《たいくわい》が催《もよほ》された。午前八時《ごぜんじ》會場《くわいぢやう》に行《い》つた。元氣《げんき》なる稽古《けいこ》をして後《のち》一行《かう》の爲《た》めに小宴《せうえん》を開《ひら》いて呉《く》れた。大《おほい》に酒《さけ》を酌《く》み目《め》出度宿《でたくやど》に引《ひ》き上《あ》げた。午後《ごご》九時《じ》函館行《はこだてゆき》の春日丸《かすがまる》に乘《の》り込《こ》んだ。有志多數《いうしたすう》が見送《みおく》つて呉《く》れた。大《おほい》に感謝《かんしや》し御機嫌《きげん》ようと眞情《しんじやう》を互《たがひ》に交換《かうくわん》して、室蘭《むろらん》を出帆《しゆつぱん》した。

　室蘭《むろらん》の知名《ちめい》の劍客《けんかく》は高原重輝《たかはらしげてる》、伊豫田源四郎《いよだげんしらう》氏。

九月《ぐわつ》三十日《にち》　午前《ごぜん》三時《じ》函館《はこだて》に着《つ》いた。船《ふね》より板橋《いたはし》を渡《わた》つて上陸《じやうりく》した。波止場《はとば》より左折《させつ》した二三軒目《げんめ》の角上旅館《かくじやうりよくわん》に案内《あんない》された。酒《さけ》の飲《の》めぬ私《わたし》は室蘭《むろらん》で二三杯《はい》やつたのがまだ醒《さ》めず、足《あし》も蹣跚《よろめ》き漸《やうや》く室《しつ》に這入《はい》り、一睡《すゐ》して午前《ごぜん》六時《じ》に起床《きしやう》し五稜廓《ごれうかく》へと守津《かみつ》サンと同伴《どうはん》で出懸《でか》けた、五稜廓《ごれうかく》は榎本子爵《えのもとししやく》の古《ふる》い歴史《れきし》があることを聞《き》いた、城《しろ》の内外《ないぐわい》を參觀《さんくわん》すること約《やく》二時間《じかん》、踵《きびす》を返《かへ》して本通《ほんどほ》りを見物《けんぶつ》し、函館《はこだて》の繁榮《はんえい》の煙《けむり》に卷《ま》かれて歸宿《きしゆく》した。

十月《ぐわつ》一日《じつ》　武德會支部《ぶとくくわいしぶ》は、午前《ごぜん》八時《じ》から函館座《はこだてざ》に大會《たいくわい》が開《ひら》かれたのである。大會《たいくわい》場《じやう》は滿員《まんゐん》の姿《すがた》で非常《ひじやう》な人出《ひとで》である。先生《せんせい》の講演《かうゑん》も熱烈《ねつれつ》であつた。滿場《まんぢやう》の人《ひと》も醉《よゐ》るが如《ごと》く、或《ある》ひは怒《いか》るが如《ごと》く、言々句々《げんくく》痛烈《つうれつ》なる話《はなし》は佳境《かきやう》に入《い》る。約《やく》二時間《じかん》で終《をは》り、試《し》合《あひ》に移《うつ》つた、中々《なかなか》猛烈《まうれつ》である。劍術《けんじゆつ》の試合《しあひ》の外《ほか》に屯田兵《さんでんへい》の銃劍術《じうけんじゆつ》も加《くは》はつた。日本《にほん》の精鋭《せいゑい》の兵《へい》であるから、實《じつ》に精神《せいしん》の强烈《きやうれつ》と云《い》ふことは眼《め》も覺《さ》める許《ばか》りである。我《わが》一行《かう》も銃劍術《じうけんじゆつ》と試合《しあひ》をした、最初《さいしよ》は法則《はふそく》に依《よ》りて突《つ》いて居《ゐ》たが、一行中《かうちう》に銃劍《じうけん》の出來《でき》るものもあつて遂《つひ》に勝敗《しようはい》がつかぬ。終《をは》りには銃劍《じうけん》の臺尻《だいじり》で打《う》つと云《い》ふ非常《ひじやう》に猛烈《まうれつ》な試合《しあひ》となつた、私《わたし》も其元氣《そのげんき》に對《たい》して奮戰格鬪《ふんせんかくとう》した、實《じつ》に花々敷勝負《はなばなしきしようぶ》であつた、双方《さうはう》勇戰《ゆうせん》したが、幸《さいは》ひ負傷《ふしやう》もなく無事《ぶじ》に終《をは》りを告《つ》げて五時《じ》歸宿《きしゆく》した。

函館《はこだて》知名《ちめい》の劍客《けんかく》は直心影流《ぢきしんかげりう》一瀨忠《いちのせただ》一氏《し》、其他《そのた》無外流《むぐわいりう》森口仙太郎《もりぐちせんたらう》氏。

十月《ぐわつ》二日《か》　午前《ごぜん》八時《じ》から中學校《ちうがくかう》に生徒《せいと》と稽古《けいこ》をした。意氣込《いきごみ》盛《さか》んなる稽古《けいこ》數刻《すうこく》、歸途《きと》尙武館《しやうぶくわん》一の瀨《せ》忠《ちう》一氏《し》の道場《だうぢやう》に行《い》つた、門人《もんじん》百餘名《よめい》腕《うで》を揃《そろ》へて待《ま》つてゐる。館內《くわんない》極《きは》めて雜沓《ざつたふ》して居《ゐ》る、一行《かう》が行《ゆ》くと、早速身仕度《さつそくみじたく》をして道場《だうぢやう》に出《で》る、門人《もんじん》の打《う》ち込《こ》みも實《じつ》に痛《いた》い、身體《からだ》の油《あぶら》を絞《しぼ》る程身《ほどみ》に耐《こら》へた、實《じつ》に亂暴《らんはう》には降參《かうさん》したが、百餘人《よじん》の稽古《けいこ》も意氣込《いきご》んで使《つか》うて敵《てき》を煙《けむ》に卷《ま》いて、午後《ごど》五時《じ》歸宿《きしゆく》した。夕刻白木綿《ゆふこくしろもめん》を買《か》ひ求《もと》める可《べ》く使《つか》ひにいつた。吳服店《ごふくてん》に行《ゆ》き、命《めい》の如《ごと》く六尺《しやく》を買《か》ひ求《もと》めて來《き》た。主人《しゆじん》に早速《さつそく》差《さ》し出《だ》した處《ところ》が、之《こ》れは短《みじか》いと云《い》うて大目玉《おほめだま》を頂戴《ちやうだい》した。恐縮《きようしゆく》して再《ふたゝ》び吳服店《ごふくてん》に行《ゆ》き其寸尺《そのすんしやく》の足《た》らざるを責問《せめと》うた。店員曰《てんゐんいは》く、東京《とうきやう》は鯨《くぢら》で、當地《たつち》は曲尺《かねじやく》でございますとの事《こと》、理由《りいう》も解《わか》り其《そ》の次第《しだい》を再《ふたゝ》び復命《ふくめい》した。主人《しゆじん》を始《はじ》め一同大笑《どうたいせう》をした、北國《ほくこく》は衣服地《いふくち》が總《すべ》て曲尺《かねじやく》である、實《じつ》に注意《ちうい》すべきことであると思《おも》うた。

十月《ぐわつ》三日《か》 午前《ごぜん》七時《じ》全市《ぜんし》の人氣《にんき》を一身《しん》に集《あつ》めた我々《われ〳〵》一行《かう》は、歡喜《くわんき》の見送《みおく》りをせられつゝ波止場《はとば》に行《い》つた。汽船《きせん》は薩薩丸《さつままる》、見送人《みおくりにん》の厚意《こうい》を謝《しや》して函館《はこだて》を別《わか》れた、船中《せんちう》氣焔萬丈《きねんはんぢやう》、稽古上《けいこじやう》の話《はなし》に夢中《むちう》であつた、守津《もりつ》さんより青森《あをもり》に着《つ》くから早《はや》く支度《したく》せよと云《い》はれ、狼狽《らうはい》して立《た》ち出《い》でた處《ところ》が、既《すで》に青森《あをもり》の波止場《はとば》である。先生《せんせい》の下船《げせん》を注意《ちうい》して上陸《じやうりく》した。波止場《はとば》には多數《たすう》の歡迎人《くわんげいにん》があつて、午後《ごゞ》二時《じ》上陸《じやうりく》鍵屋旅館《かぎやりよくわん》にご案内《あんない》せられた。

十月《ぐわつ》四日《か》　東北《とうほく》の都《みやこ》青森市《あをもりし》である、市《し》は至《いた》る處《ところ》繁榮《はんゑい》である、市中《しちう》を散歩《さんぽ》すれば種《しゆ》々《ぐ》珍《めづ》らしく感《かん》じた、殊《こと》に朴訥《ぼくとつ》の言葉《ことば》には異樣《いやう》の思《おも》ひをした、本日《ほんじつ》は武德會支部《ぶとくくわいしぶ》が師《し》範學校《はんがくかう》の道場《だうぢやう》にて、午後零時《ごゞれいじ》から一行《かう》の爲《た》め大會《たいくわい》を開催《かいさい》して吳《く》れた。出席者《しゆつせきしや》は民間《みんかん》の有志《いうし》百餘《よ》名《めい》學生《がくせい》三百餘《よ》名《めい》であつた、實《じつ》に活氣《くわつき》のある處《ところ》に來《き》た。稽古《けいこ》も非常《ひじやう》に頑固《ぐわんこ》で強《つよ》い、民間有志《みんかんいうし》の內《うち》に伊《い》藤常《とうつね》八と云《い》ふ快腕《くわいわん》の勇士《ゆうし》があつた、氏《し》は東北地方《とうほくちはう》の名物《めいぶつ》男《をとこ》で、私共《わたしども》は腕力《わんりよく》にかゝつては子供《こども》の樣《やう》である、斯云《かうい》ふ優《すぐ》れた力《ちから》にかゝると業《わざ》などは效《き》かぬ、一行中《かうちう》の若手《わかて》連《れん》も一泡吹《ひとあわふ》された。夫《そ》れと見《み》た私《わたし》の主人《しゆじん》小美田利義《こみたとしよし》と云《い》ふ恩師《おんし》が最後《さいご》に稽古《けいこ》をした。恩師《おんし》は角力《すまふ》は平素《へいそ》から好《す》きで、東京《とうきやう》の本場所《ほんばしよ》で幕下《まくした》を凌《しの》いだ力量《りきりやう》がある。伊藤氏《いとうし》も之《こ》れに當《あた》つては到底物《たうていもの》にならぬ、會《くわい》も終《をは》り招待會《せうたいくわい》に臨《のぞ》みて其厚意《そのこうい》を謝《しや》し、會場《くわいぢやう》を辭《じ》して午後《ごゞ》七時《じ》宿《やど》に歸《かへ》つた。

青森縣《あをもりけん》知名《ちめい》の劍士《けんし》は、寺田《てらだ》重峰《ぢうほう》、松山武平《まつやまたけへい》、杉澤良太郎《すぎざはりやうたらう》氏。

十月《ぐわつ》五日《か》午後《ごご》一時《じ》五十九分《ふん》、見送人《みおくりにん》に謝意《しやい》を述《の》べて、青森《あをもり》を出發《しゆつぱつ》した、一行《かう》は青森縣弘前《あをもりけんひろさき》に午後《ごご》三時《じ》着《つ》きました。當地《たうち》でも盛《さか》んな歡迎《くわんげい》を受《う》け出迎《でむか》ひ人《にん》も非常《ひじやう》に多《た》數《すう》で、車《くるま》の準備其他用意《じゆんびそのたようい》周到其親切《しうたうそのしんせつ》はうれしくありました。車《くるま》に投《とう》じて本町《ほんちやう》は齋吉《さいきち》屋旅館《やりよくわん》に着《つ》いた、市《し》の各町《かくちやう》は渡邊子爵《わたなべしゝやく》一行《かう》を迎《むか》ふ可《べ》く、各戸毎《かくこごと》に國旗《こくき》を飜《ひるがへ》し大《おほい》に敬意《けいい》を表《へう》して呉《く》れた。市《し》の熱情《ねつじやう》は實《じつ》に骨髓《こつずゐ》に徹《てつ》したのであります。旅館《りよくわん》には大書《たいしよ》して、子爵渡邊昇閣下御旅館《しゝやくわたなべのぼるかくかごりよくわん》と立札《たてふだ》をした。之《こ》れは東北地方《とうほくちはう》では初《はじ》めで珍《めづら》しく感《かん》じました。

十月《ぐわつ》六日《か》前日《ぜんじつ》に變《かは》らず、全市《ぜんし》に國旗《こくき》を掲《かゝ》げて渡邊子爵《わたなべしゝやく》の來弘《らいかう》を祝《しゆく》す。全市日章《ぜんしにつしやう》旗《き》燦爛《さんらん》として非常《ひじやう》な景氣《けいき》である。旅館《りよくわん》から車《くるま》を連《つら》ねて武德會大會場《ぶとくくわいたいくわいぢやう》たる弘前中學《ひろさきちうがく》校《かう》に行《い》つた、舊弘前藩士《きうひろさきはんし》の先生《せんせい》を初《はじ》め無慮數千人威儀嚴然《むりよすうせんにんゐぎげんぜん》と控《ひか》へて居《ゐ》る。昔盛《むかしさか》んであつた弘前藩《ひろさきはん》の武術《ぶじゆつ》が今眼前《いまがんぜん》に彷彿《はうふつ》して居《ゐ》る様《やう》に感《かん》ずるのである、午前中先生《ごぜんちうせんせい》は總《そう》裁殿下《さいでんか》の御《ご》令旨《れいし》を傳《つた》へ熱烈《ねつれつ》なる武徳會《ぶとくくわい》の講演《かうゑん》武士道《ぶしだう》に關《くわん》する懇話《こんわ》を遣つた、午後《ごご》からは試合《しあひ》となり、天地《てんち》も破裂《はれつ》せん許《ばか》りの元氣《げんき》で、相方入《さうはうい》り亂《みだれ》て戰《たゝ》ひをした。身體綿《しんたいわた》の如《ごと》く疲《つか》れた。當日《たうじつ》の試合《しあひ》の内《うち》一種異樣《しゆいやう》に感《かん》じたことは、當弘前舊藩時代《たうひろさきゝうはんじだい》から他流《たりう》試合《じあひ》になると、睪丸《かうぐわん》を突《つ》き修行者《しゆぎやうしや》を苦《くる》しめたのである。當日《たうじつ》も私共《わたしども》と稽古《けいこ》をする内《うち》に盛《さかん》に遣《つ》るのでありました、之《こ》れには閉口《へいこう》した、私共《わたしども》の若《わか》い連中《れんぢう》は先生《せんせい》に内證《ないしよう》で盛《さか》んに突《つ》き返《かへ》しました、稽古《けいこ》も殺氣滿々《さつきまんまん》として生《な》きた心持《こゝろもち》がしなかつた。五時《じ》終《を》は り歸《き》途長久樓《とちやうきうろう》に招待《せうだい》せられ、盛《さか》んなる歡迎《くわんげい》を受《う》けた。晝《ひる》は敵《てき》となり味方《みかた》となり相互《さうご》別《わか》れて彼《か》れに負《まけ》じと爭《あらそ》うた人々《ひとびと》が、夜《よ》は和氣靄々《わきあいあい》として誠意《せいい》を交換《かうくわん》し、或《あるひ》は酒《さけ》を酌《く》み或《あるひ》は胸襟《きようきん》を開《ひら》き、打解《うちと》けて歡《くわん》を盡《つく》した、斯《か》くして盃《さかづき》を傾《かたむ》けつゝある内《うち》、一人《ひとり》の劍士《けんし》私《わたし》の座前《ざぜん》に來《きた》り君《きみ》は源氏《げんじ》か平家《へいけ》かと問《と》はれた、之《こ》れには少《すこ》しく閉口《へいこう》した、酩酊《めいてい》した勢《いきほひ》で僕《ぼく》は源氏《げんじ》で先祖代々《せんぞだいだい》忠節《ちうせつ》を盡《つく》したと出鱈《でたら》めの氣焰《きえん》をはいた。すると其劍士《そのけんし》は私《わたし》と同《おな》じ流《ながれ》を酌《く》んだ人《ひと》である。去《さ》れば昔《むかし》は一族《ぞく》にして兄弟《きやうだい》である、と何思《なにおも》うたか涙《なみだ》潜然《さんぜん》としてかたつた。實《じつ》に其物固《そのものがた》きに驚《おどろ》いた。喧々囂々《けんけんがうがう》、杯盤狼籍《はいばんらうぜき》を極《きは》め、大《おほい》に快《くわい》を盡《つく》し、他日《たじつ》を約《やく》し歸宿《きしゆく》したのが九時《じ》でありました。

弘前市《ひろさきし》知名《ちめい》の劍士《けんし》は、明治館坂本德之進《めいぢくわんさかもとくのしん》、陽明館三浦穗《やうめいくわんみうらほ》、北辰館佐藤源太《ほくしんくわんさとうげんた》、城《じやう》陽館《やうくわん》成田稻穗氏《なりたいなほし》。

十月七日《ぐわつか》 義《ぎ》あり情《じやう》あり元氣《げんき》ある諸士《しよし》を懷《なつか》しく思《おも》うて、是非《ぜひ》一兩日滯在《りやうじつたいざい》をしたかつたが、先《さ》きの約束《やくそく》もあるので思《おも》ひも叶《かな》はず、午前《ごぜん》八時《じ》十四分發《ぷんはつ》の汽車《きしや》で、大館《おほだて》に向《むか》ふのである、見送《みおく》る人《ひと》は多數《たすう》で、別《わか》れるも斷腸《だんちやう》の思《おも》ひ、難有《ありがたう》も口《くち》の中《うち》に別《わか》れを告《つ》げて出發《しゆつぱつ》した。秋田線《あきたせん》の終點《しうてん》である白澤驛《しらさはえき》に九時《じ》五十分着《ぷんつ》いた、此驛《このえき》から二臺《だい》の馬《ば》車《しや》に分乘《ぶんじよう》して、二里《り》十五町身體《ちやうからだ》を揉《も》まれて午後《ごご》二時《じ》大館《おほだて》に着《つ》いた。直《たゞ》ちに大館中學校内《おほだてちうがくかうない》の大演武會々場《だいえんぶくわいくぢやう》に急《いそ》いだ、演武者《えんぶしや》七百餘名《よめい》、稽古《けいこ》も試合《しあひ》も中々盛《なかなかさか》んである。私共《わたしども》は一生懸命汗《しやうけんめいあせ》を流《なが》して稽古《けいこ》をした。何《いつ》れを歩《ある》いても樂天的《らくてんてき》の稽古《けいこ》はないが、青森市《あをもりし》以來《いらい》の盛況《せいきやう》である。當大館《たうおほだて》は舊藩地《きうはんち》で、町道場《まちだうぢやう》なども依然《いぜん》として盛《さか》んである、從《したが》つて武術家《ぶじゆつか》も多《おほ》い。秋田縣《あきたけん》の武道界《ぶだうかい》の主腦《しゆなう》を占《し》めて居《ゐ》る。斯《か》く武道《ぶだう》の盛《さか》んな處《ところ》であるから一行《かう》の漫遊談《まんいうだん》も能《よ》く傳《つた》はつて居《ゐ》る。或《あ》る人《ひと》の話《はな》しに小美田利義《こみたとしよし》と云《い》ふ人《ひと》は妖快《ねうくわい》的腕《てきわん》力《りよく》があると云《い》ふことが、此大館《このおほだて》一般《ぱん》の評《ひやう》であるが、どの人《ひと》でありますかと云《い》はれた、之《こ》れには私《わたし》も一寸面喰《ちよつとめんくら》つた、腕力無双《わんりよくむさう》の達人《たつじん》とは此人《このひと》でありますと云《い》ふことも出來《でき》ない。只《た》だ一笑《せう》を浮《うか》べて答《こた》へなかつた、互《たがひ》の稽古《けいこ》にも快感《くわいかん》を禁《きん》じ得《ね》なかつた。七時頃迄稽古《じごろまでけいこ》、終《をは》りて歸宿《きしゆく》した。

大館《おほだて》の知名《ちめい》の劍士《けんし》は鈴木清之《すゞききよゆき》、沼田又三郎《ぬまたまたらうし》氏。

十月八日《ぐわつか》　此日《このひ》早朝《さうてう》から大暴風雨《おほあらし》の天候《てんこう》で刻《こく》一刻險惡《こくけんあく》となる。馬車《はしや》に乘《の》つて行《ゆ》くのであるから危險《きけん》と先生《せんせい》に出發《しゆつぱつ》の見合《みあは》せを云《い》うた處《ところ》が、先生《せんせい》は笑《わら》うて夫《そ》れが修行《しゆぎやう》である、一體昔《たいむかし》なれば汽車《きしや》や車《くるま》はないぞ、兩肩《りやうかた》に道具《だうぐ》を背負《せおひ》何百里《なんり》でも歩《ある》くのである、貴樣《きさま》たちの修行《しゆぎやう》は實《じつ》に車《くるま》の上《うへ》の修行《しゆぎやう》で氣樂《きらく》なものだ、といふ先生《せんせい》の話《はなし》に赤面《せきめん》し、二の句《く》も出《で》ず、遂《つひ》に大雨《たいう》の降《ふ》る中《なか》を、午前《ごぜん》八時馬車《じはしや》に乘《の》つて、大館《おほだて》を出發《しゆつぱつ》し、能代《のしろ》にいたる十五里《り》廿四丁《ちやう》の行程《かうてい》七時間《じかん》、身體《からだ》は雨《あめ》に濡《ぬ》れる、肌《はだ》はひえる、實《じつ》に閉口《へいこう》をしたが、先生《せんせい》は一向平氣《かうへいき》な顔付《かほつき》で乘《の》つて御座《ござ》る。私《わたし》も歩《ある》くことを考《かんが》へて實《じつ》に結構《けつこう》であると思《おも》うて、難路《なんろ》の旅行《りよかう》も我慢《がまん》した。彼方此方《あなたこなた》に搖《ゆ》れ、腰《こし》も臀《しり》も痛《いた》いのを辛抱《しんばう》して、遂《つひ》に午後《ごご》三時《じ》能代町丸《のしろまちまる》二旅館《りよくわん》へ着《つ》いた。

十月九日《ぐわつか》　午前《ごぜん》八時《じ》から能代町濟城小學校内《のしろまちさいじやうせうがくかうない》の演武會《ゑんぶくわい》に出懸《でか》けた、會《くわい》する人數《ひとすう》百人《にん》、痛烈《つうれつ》なる稽古《けいこ》をした。私《わたし》の稽古《けいこ》振《ぶ》りは甲手《こて》面胴《めんどう》の業《わざ》が多《おほ》く、横面《わうめん》は其内《そのうち》の得意《とくい》であつたが、彼《か》の弘前《ひろさき》で突《つ》かれてから大分《だいぶん》突きの威力《ゐりよく》を覺《おぼ》えて、未熟《みじゆく》の奴《やつ》を見《み》ると突《つ》きまくる、面白《おもしろ》い様《やう》に突《つ》ける、實際覺《じつさいおぼ》えた効果《かうくわ》を感《かん》じた。盛《さかん》に突《つ》きの稽古《けいこ》をして、午前《ごぜん》十時《じ》同校《どうかう》を辭《じ》して歸宿《きしゆく》し町内《ちやうない》の情況《じやうきやう》を見物《けんぶつ》した。能代《のしろ》は塗物《ぬりもの》の産地《さんち》である。年額《ねんがく》の出品高數《しゆつぴんだかすう》十萬圓《まんゑん》あると云《い》ふ話《はな》しを聞《き》いた。其《そ》の盛《さか》んな商況《しやうきやう》を見物《けんぶつ》して、夕《ゆふ》刻歸宿《こくきしゆく》し、翌日《よくじつ》の稽古《けいこ》の方法《はうはふ》を考《かんが》へながら寢《しん》に就《つ》いた。

能代町《のしろまち》知名《めい》の劍士《けんし》は岩田良藏《いはたりやうざう》、三浦作治《みうらさくぢ》、遠藤政敏《ゑんどうまさとし》氏。

十月《ぐわつ》十日《か》　大雨《たいう》沛然《はいぜん》として降《ふ》り續《つゞ》き、篠《しの》つく如《ごと》き有樣《ありさま》である。豫定《よてい》の如《ごと》く午前《ごぜん》七時《じ》馬車《ばしや》に乘《の》り能代《のしろ》を出發《しゆつぱつ》した。行路《かうろ》は十六里《り》八丁《ちやう》、平々坦々《へいへいたんたん》たる原野《げんや》を過《す》ぎ、或《あるひ》は峩々《がゞ》たる山溪《さんけい》の難路《なんろ》を風《かぜ》に吹《ふ》かれ雨《うめ》にうたれて、鞭《むち》打《う》つ馭者《ぎよしや》の吹《ふ》くラッパの音《ね》も悲《かな》しく聞《きこ》え、秋田《あきた》街道《かいだう》を急《いそ》いだが、極《きは》めて危險《きけん》な行路《かうろ》も幸《さいはひ》に無事《ぶじ》で、午後《ごゞ》六時《じ》、秋《あき》田市《たし》大町《おほまち》三丁目《ちやうめ》の鶴賀《つるが》屋旅館《やりよくわん》に着《つ》いた、一行《かう》疲《つか》れて顏色《がんしよく》なく、皆溜息《みなためいき》を洩《も》らして下車《げしや》した。

十月《ぐわつ》十一日《にち》　午前《ごぜん》八時《じ》から秋田《あきた》中學校內《ちうがくかうない》に大演武會《だいゑんぶくわい》が行《おこな》はれた、參集《さんしふ》せられた人《ひと》は當地《たうち》は勿論《もちろん》、庄內邊《しやうないへん》からも澤山集《たくさんあつ》まられた。オ面《めん》オ甲手《こて》の聲《こゑ》も烈《はげ》しく、打《う》つ太刀《たち》拂《はら》ふ太刀《たち》は電光《でんくわう》の閃《ひらめ》くが如《ごと》く凄《すさま》しく、中々《なか〳〵》の大決戰《だいけつせん》である。庄內《しやうない》から來《き》たものは、血《ち》を出《だ》しても打《う》たれても負《ま》けたと云《い》はぬ、實《じつ》に強情《がうじやう》なものだ。私共《わたしども》は劍鋒《けんぽう》を銳《するど》く揃《そろ》へて突《つき》こんだが、堪《こら》へることは強《つよ》い、遂《つひ》には投《な》げる倒《たふ》す、亂暴狼藉《らんばうらうぜき》を極《きは》めて奮鬪《ふんとう》した。袴迄汗《はかままであせ》みどろとなつて稽古《けいこ》をしたのである、投《な》げる味《あぢ》も此處《こゝ》で覺《おぼ》えた。骨《ほね》の折《を》れた稽古《けいこ》も午後《ごご》四時《じ》終《をは》つて、一同《どう》の歡聲《くわんせい》を後《あと》にして歸宿《きしゆく》した。

秋田市《あきたし》知名《ちめい》の劍士《けんし》は澁江先生《しぶえせんせい》、山田德藏氏《さくざうし》。

十月《ぐわつ》十二日《にち》午後《ごご》二時《じ》より師範學校講堂《しはんがくかうだう》に於《おい》て大會《たいくわい》が開《ひら》かれ、前述《ぜんじゆつ》の士《し》も集《あつ》まつて再《ふたゝ》び決鬪的試合《けつとうてきしあひ》をした。私共《わたしども》も恐《おそろ》しいことを打《う》ち忘《わす》れ痛烈《つうれつ》に感《かん》じて稽古《けいこ》をするのである、試合《しあひ》は或《あるひ》は勝《か》ち或《あるひ》は負《ま》け一勝《しよう》一敗《はい》にて、午後《ごご》五時閉會歸宿《じへいくわいきしゆく》した。

十月《ぐわつ》十三日《にち》午前《ごぜん》九時《じ》警部長《けいぶちやう》の御案內《ごあんない》を受《う》けて、三里《り》離《はな》れて居《ゐ》る土崎港《つちさきかう》に車《くるま》を連《つら》ねて其會場《そのくわいぢやう》に臨《のぞ》んだ。盛大《せいだい》なる歡迎《くわんげい》を受《う》けて、午前《ごぜん》十一時《じ》土崎小學校內《つちさきせうがくかうない》の大會場《たいくわいぢやう》に着《つ》いた。會場前《くわいぢやうまへ》には大綠門を立《た》て歡迎《くわんげい》の意《い》を表《へう》し、內外《ないぐわい》には紅白《こうはく》の幕《まく》を張《は》り裝飾《さうしよく》を繞《めぐ》らして一行《かう》を迎《むか》へた。誠《まこと》に難有《ありがた》く感《かん》じた。午前中《ごぜんちう》は先生《せんせい》の講演《かうえん》で一句《く》一語《ご》、聽衆《ちやうしう》を感奮《かんぷん》せしめ、忠烈《ちうれつ》の氣《き》滿場《まんぢやう》を動《うご》かし、武德《ぶとく》の趣旨《しゆし》能《よ》く徹底《てつてい》して、拍手《はくしゆ》百雷《らい》の如《ごと》く滿場破《まんぢやうわ》るる許《ばか》りの內《うち》に降壇《かうだん》した。午後《ごゞ》から試合《しあひ》に移《うつ》つた。勝《か》ちを誇《ほこ》らず負《ま》けを悲《かなし》まざることは、平素先生《へいそせんせい》の敎訓《けうくん》である、而《しか》し負《ま》ければ誰《た》れも喜《よろこ》ばぬ、血氣《けつき》にはやる私共《わたしども》は其意味《そのいみ》深《ふか》き教訓《けうくん》を忘《わす》れ、大事《だいじ》を失《うしな》うて行《い》かぬ、敵《てき》が烈《はげ》しく來《く》ると無鐵砲《むてつぱう》に打《う》ち込《こ》む、却而《かへつて》それが爲《た》め負《ま》ける。土崎《つちさき》は以前《いぜん》は小藩《せうはん》であるが使手《つかひて》が多《おほ》い。力戰奮鬪《りきせんふんとう》した此日《このひ》の試合《しあひ》には負《ま》けた、實《じつ》に殘念《ざんねん》でたまらぬ、敵《てき》に喧嘩《けんくわ》でも吹掛《ふきか》けたい樣《やう》な氣《き》がしたが、心《こゝろ》を改《あらた》め氣《き》を靜《しづ》めて先生《せんせい》の教訓《けうくん》を守《まも》るのであつた。午後《ごご》五時《じ》に終《をは》り、後《のち》鯛《たひ》の池《いけ》に於《お》ける晩餐會《ばんさんくわい》に臨《のぞ》み、萬歳《ばんざい》の聲《こゑ》沸《わ》くが如《ごと》き裡《うち》に見送人《みおくりにん》の厚意《こうい》を謝《しや》して、九時《じ》秋田市《あきたし》の旅館《りよくわん》に歸着《きちやく》した。

土崎知《つちさきち》名《めい》の劍士《けんし》は幸丸政幸《さちまるまさゆき》、日下《くさか》新流網木丈助《しんりうあみきぢやうすけ》、同住吉政《ごうすみよしまさ》五郎氏《らうし》。

十月《ぐわつ》十四日《か》　此《こ》の日《ひ》一日《にち》秋田市《あきたし》へ滯在《たいざい》、旅舍《りよしや》にて色々《いろ／＼》と雜談《ざつだん》に耽《ふ》けりて日《ひ》を暮《くら》した。負《ま》けて己《おの》れの足《た》らざる事《こと》を知《し》り勝《か》つて敵《てき》を打《う》つことを知《し》る、何《いづ》れも修行《しゆぎやう》である。先生《せんせい》の教訓《けうくん》も大切《たいせつ》に守《まも》らねばならぬことは日々《ひゞ》の修行《しゆぎやう》の實地《じつち》に現《あら》られる。私共《わたしども》一同《ごう》は互《たがひ》に教訓《けうくん》の難有事《ありがたきこと》を語《かた》るのでありました。斯《か》くして夕刻《ゆふこく》より先生始《せんせいはじめ》一同會食《ごうくわいしよく》をやつた、牛肉鍋會《ぎうにくなべくわい》である。早速《さつそく》女中《ぢよちう》に命《めい》じた處《ところ》が女中《ぢよちう》は暫《しばら》くすると鹽《しほ》を持《も》つて來《き》た。

之《こ》れは何《な》んだと驚《おどろ》いて見《み》ると、牛肉《ぎうにく》を「うーしい」と長《なが》く引《ひ》いて云《い》はぬと言葉《ことは》が通《つう》ぜぬと云《い》ふことであつた。處《こころ》に依《よ》り言葉《ことは》から修行《しゆぎやう》せぬと修行《しゆぎやう》が出來《でき》ぬと、抱腹絶倒《はうふくぜつたう》面《おも》白《しろ》い一日《にち》を暮《くら》した。

十月《ぐわつ》十五日《にち》　午前《ごぜん》八時《じ》秋田《あきた》中學校《ちうがくかう》の演武會《ゑんぶくわい》に行《い》つた。劍客《けんかく》無慮《むりよ》千名《めい》、實《じつ》に盛大《せいだい》な會《くわい》である。一日《にち》を休養《きうやう》した身體《からだ》であるから、稽古《けいこ》も充分《じうぶん》出來《でき》た。先生《せんせい》は長《なが》い旅行《りよかう》に疲《つか》れを意《い》ともせず、體軀《たいく》を壇上《だんじやう》に運《はこ》んで、義勇奉公《ぎゆうほうこう》の大節《たいせつ》より、青年《せいねん》の華奢惰弱《くわしやだじやく》の氣風《きふう》を戒《いまし》め、武德會《ぶとくくわい》を起《おこ》したる所以《ゆゑん》を說《さ》き、其熱烈《そのねつれつ》の精神《せいしん》は滿場《まんぢやう》を聳動《しようどう》し、拍手《はくしゆ》天《てん》地《ち》を震動《しんどう》せしめて降壇《かうだん》す。再《ふたゝ》び引《ひ》き續《つゞ》き演武《ゑんぶ》に入《い》り、私《わたし》は前日《ぜんじつ》の復讐的《ふくしうてき》に稽古《けいこ》致《いた》しました。終日《しうじつ》盛大《せいだい》で大《おほい》に奮鬪《ふんとう》し、歸途《きと》秋田《あきた》俱樂部《くらぶ》の招待《せうたい》の宴席《ゑんせき》に先生《せんせい》の供《とも》をして、私共同志《わたしどもどうし》の友情《いうじやう》を溫《あたゝ》め、歡《くわん》を盡《つく》して午後《ごご》八時《じ》宿《やど》に歸《かへ》つた。

十月《ぐわつ》十七日《にち》　質朴《しつぼく》にして義《ぎ》の深《ふか》い秋田《あきた》の劍客《けんかく》の多數《たすう》の見送《みおく》りを受《う》け、午前《ごぜん》八時《じ》旅《りよ》館《くわん》から馬車《ばしや》に乘《の》つて、別《わか》れを惜《をし》みて出發《しゆつぱつ》した。橫手町《よこてまち》へは二里《り》、一時間半《じかんはん》にして着《つ》いた。町《まち》には紅白《こうはく》の幕《まく》を張《は》り、一行《かう》の到着《たうちやく》するときは數發《すうはつ》の煙花《はなび》を打上《うちあ》げ、歡迎《くわんげい》の意《い》を表《へう》してくれた。各町《かくちやう》で萬歳《ばんざい》の聲《こゑ》を浴《あ》びせられながら日章旗《につしやうき》を翻《ひるがへ》した町《まち》を案内《あんない》せられ、横手《よこて》町小學校《まちせうがくかう》の會場《くわいぢやう》へと着《つ》いた。劍客《けんかく》七八十名《めい》、稽古《けいこ》をすべく待《ま》つて居《ゐ》る。一行《かう》も早速支度《さつそくしたく》を整《とゝの》へ、愉快《ゆくわい》なる稽古《けいこ》をした。相互《さうご》元氣《げんき》にやつて十一時《じ》終《をは》り、更《さら》に馬車《ばしや》に乘《の》り方向《はうかう》を轉《てん》じて湯澤《ゆさは》に向《むか》つた。湯澤《ゆさは》も小學校《せうがくかう》が會場《くわいぢやう》でありまして、着《つ》いたのが確《たしか》に十二時《じ》半《はん》であります。空腹《くうふく》であるから中食《ちうじき》を爲《な》し、後《のち》百餘名《よめい》と稽古《けいこ》をした、先生《せんせい》の稽古《けいこ》振《ぶ》りは、神樣《かみさま》の樣《やう》に思《おも》うて居《ゐ》る。私《わたし》も先生《せんせい》の眞似《まね》をしようと洒落込《しやれこ》んで稽古《けいこ》をした處《ところ》が、強《つよ》く叩《たゝ》かれて大《おほい》にばけの皮《かは》を現《あらは》した。生意氣《なまいき》は失敗《しつぱい》の基《もと》、大《おほい》に勤《つゝ》めねばならぬと深《ふか》く悟《さと》つた。極《きは》めて滑稽《こつけい》を演《えん》じ、午後《ごご》四時閉會後《じへいくわいご》、湯澤公園《ゆさはこうゑん》を見物《けんぶつ》して本町《ほんちやう》一の寺《てら》に歡待《くわんたい》せられ、九時《じ》半横手《はんよこて》の旅宿《りよしゆく》に歸《かへ》つた。

十月《くわつ》十八日《にち》　前日寄行《ぜんじつきかう》を演《ねん》じたことを、朝《あさ》から冷《ひや》かされて赤面《せきめん》の至《いた》りであつた。今《け》日《ふ》は秋田縣《あきたけん》を離《はな》れるのである、盛《さか》んな送別《そうべつ》を受《う》けて午前《ごぜん》十一時《じ》半車《はんくるま》に乘《じよう》じて、黑澤《くろさは》尻《じり》に向《むか》つた。道《みち》は山間僻地《さんかんへきち》で極《きは》めて難道《なんだう》である。途中臀《とちうしり》は痛《いた》くなる背中《せなか》は痛《いた》い、車《しや》夫《ふ》も骨《ほね》が折《を》れるのであらうが、乘《の》りても中々樂《なか〳〵らく》でない。苦《くる》しい思《おも》ひして急《いそ》いで來《き》たのが岩手《いはて》縣杉名《けんすぎな》畑村《はたなら》と云《い》ふ處《ところ》でありました。此街道《このかいだう》は險惡《けんあく》な所《ところ》で、夜分《やぶん》は到底車《たうていくるま》もひけぬ處《ところ》である。此杉名《このすぎな》畑村《はたむら》に着《つ》いたのが既《すで》に六時頃《じごろ》で、日《ひ》は西《にし》に沒《ぼつ》したので、此《この》村《むら》の百姓家《ひやくしやうや》に一泊《はく》することゝなつた。一行六人《かうにん》が一つの爐《ろ》を圍《かこ》んで夜營《やねい》の有樣《ありさま》、先生《せんせい》も之《こ》れが昔《むかし》の實地《じつち》の修行《しゆぎやう》であると云《い》はれた。昔《むかし》の武者修行《むしやしゆぎやう》の辛《つら》い事《こと》を窺知《きち》することが出來《でき》た。

十月《ぐわつ》十九日《にち》午《ご》前《ぜん》五時宿《じやど》の主人《しゆじん》の世話《せわ》で、辛《から》うじて車《くるま》に乘《の》り杉名《すぎな》畑《はた》を出發《しゆつぱつ》した。難路《なんろ》の山又山《やまゝたやま》の地《ち》には風景《ふうけい》の絶好《ぜつかう》なる處《ところ》が多《おほ》い。車上《しやじやう》にありて風光《ふうくわう》を眺《なが》めつゝ、恙《つゝが》なく午後《ごご》一時《じ》黑澤尻《くろさはじり》に着《つ》いた。交通不便《かうつうふべん》の地《ち》を永《なが》らく歩《ある》いたせいか、汽車《きしや》を見《み》ると誠《まこと》にうれしい感《かん》じがする。一時間待合《じかんまちあは》せ、午後《ごご》二時半發《じはんはつ》にて黑澤尻《くろさはじり》を出發《しゆつぱつ》した。汽車《きしや》は三等《さう》でも馬車《ばしや》や車《くるま》の事《こと》を考《かんが》へると實《じつ》に樂《らく》で、文明《ぶんめい》の機關《きくわん》の難有《ありがた》いことを深《ふか》く感《かん》ずるのである。汽車《きしや》は雜談中盛岡驛《ざつだんちうもりをかえき》に着《つ》いた。賑《にぎ》やかな歡迎《くわんげい》を受《う》け下車《げしや》した一行《かう》は、十八町車《ちやうくるま》に乘《の》つて、六日町高與旅館《かまちたかよりよくわん》に止宿《しゆく》した。

十月廿日《ぐわつか》　市《し》は南部名産鐵瓶《なんぶめいさんてつびん》の産地《さんち》だ。午前八時《ごぜんじ》から其《そ》の製造所《せいざうしよ》や飾《かざ》りて居《ゐ》る店《みせ》を見物《けんぶつ》して、中學校《ちうがくかう》の會場《くわいぢやう》へ行《い》つた。勇氣《ゆうき》に充《み》ちた生徒《せいと》と稽古《けいこ》するのは實《じつ》に面白《おもしろ》い。極《きは》めて活氣《くわつき》のある稽古《けいこ》をした。午後《ごご》から渡邊先生《わたなべせんせい》は一場《ぢやう》の講話《かうわ》をしに。平素謹《へいそきん》嚴《げん》な生徒《せいと》であるから、講話中《かうわちう》は靜肅《せいしゆく》に謹聽《きんちやう》した、大《おほい》に感心《かんしん》した、午後四時閉會《ごごじへいくわい》、歸《き》宿《しゆく》した。

十月二十一日《ぐわつにち》　質朴溫和《しつぼくをんわ》なる盛岡《もりをか》の縣人《けんじん》も大《おほい》に歡待《くわんたい》して、特《とく》に午前六時《ごぜんじ》から興武《こうぶ》館《くわん》と云《い》ふ私設道場《しせつだうぢやう》に態々案内《わざわざあんない》をして稽古《けいこ》をして吳《く》れた。八時歸宿《じきしゆく》をした。再《ふたゝ》び大演《だいえん》武會《ぶくわい》の會場《くわいぢやう》の師範學校《しはんがくかう》に案内《あんない》を受《う》け、非常《ひじやう》に稽古《けいこ》に得《う》る處《ところ》があつた。大《おほい》に奮鬪《ふんとう》して愉快《ゆくわい》に袖《そで》を別《わか》ち、午後一時歸宿《ごごじきしゆく》した。

十月二十二日《ぐわつにち》　盛《さか》んなる見送《みおく》りを受《う》け、互《たがひ》に武道《ぶだう》の前途《ぜんと》の盛《さかん》なることを祝福《しゆくふく》して午前《ごぜん》八時《じ》盛岡驛《もりをかえき》を出發《しゆつぱつ》し一の關《せき》に向《むか》つた。十一時《じ》一の關《せき》に着《つ》いた。武徳會《ぶとくくわい》に熱心《ねつしん》な人《ひと》が多《おほ》く、或《ある》は友誼《いうぎ》の厚《あつ》い人《ひと》の多《おほ》いには實《じつ》に難有《ありがた》く感《かん》ずる。歡迎者《くわんげいしや》多數《たすう》集《あつま》つて喜色《きしよく》滿面歡聲沸《まんめんくわんせいわ》く內《うち》に下車《げしや》した。停車場《ていしやぢやう》より直《たゞち》に中學校《ちうがくかう》の大會場《だいくわいぢやう》に案內《あんない》せられた、上《か》遠野《どの》秀忠《ひでたゞ》と云《い》ふ先生《せんせい》を始《はじ》め多數《たすう》の人《ひと》が集《あつま》つて居《ゐ》て元氣《げんき》に稽古《けいこ》をした。午後《ごゞ》五時《じ》閉會《へいくわい》し伊《い》ノ屋旅館《やりよくわん》に止宿《しゝゆく》した。

十月《ぐわつ》二十三日《にち》　人《ひと》に慣《な》れ試合《しあひ》に慣《な》れると次第《しだい》に心《こゝろ》も身體《からだ》も落《お》ち着《つ》いて呉《く》る樣《やう》に考《かんが》へる。彼《か》の禪《ぜん》に云《い》ふ虛心坦懷《きよしんたんくわい》と云《い》ふ樣《やう》な心《こゝろ》が出來《でき》て居《ゐ》る樣《やう》に感《かん》ずる。一の關《せき》の稽古《けいこ》には此心《このこゝろ》で使《つか》はれた樣《やう》である、練習中樂《れんしふちうたの》しく思《おも》うた。一の關《せき》を午前《ごぜん》八時《じ》多《おほ》くの人《ひと》と別《わかれ》を惜《をし》みて出發《しゆつぱつ》した。十一時半松島驛《じはんまつしまえき》に着《つ》いた。停車場《ていしやぢやう》より一里《り》砂原《すなはら》を歩《ある》いた。海《かい》岸《がん》に出《い》で某旅舍《ぼうりよしや》に入《はひ》つた。旅舍《りよしや》の二階《かい》から松島《まつしま》の全島《ぜんたう》の美觀《びくわん》を下瞰《かかん》することが出來《でき》る。實《じつ》に樂天地《らくてんち》で、連日《れんじつ》の苦痛《くつう》も忘《わす》れた、午後《ごゞ》一時《じ》から和船《わせん》に乘《の》つて、鹽釜《しほがま》に向《む》かつた。是《こ》の日《ひ》は天霽《てんは》れ東風和《こちやはらか》く、實《じつ》に心持《こゝろもち》がよい。船《ふね》は西北《せいほく》に向《むか》ひ諸島《しよたう》の風景《ふうけい》を眺《なが》め、或《あるひ》は其形《そのかたち》の異《こと》なるを樂《たの》しみ、船《ふね》の進行《しんかう》するにつれ、益々《ますます》佳境《かきやう》に入《はひ》つて行《ゆ》く。南《みなみ》に偃蹇踞肆高士《えんけんきよしかうし》の膝《ひざ》を抱《いだ》いて坐《ざ》するが如《ごと》きカブト島《じま》、東《ひがし》に奇男子《きだんし》の長揖《ちやういふ》して拜《はい》せざるが如《ごと》きイシマナヒ島《たう》或《あるひ》は右《みぎ》に或《あるひ》は左《ひだり》に桃山御殿島《もゝやまごてんじま》、親子島《おやこじま》、夫婦島《ふうふじま》と諸島《しよたう》の說明《せつめい》を聞《き》いて、其佳景《そのかけい》を仰《あふ》ぎ見《み》るのである。彼方此方《あちこち》の島大小《しまだいせう》を問《と》はず何《いづ》れも古松樹《こしようじゆ》が屹《きつ》立《りつ》し、實《じつ》に天下《てんか》の絕勝《ぜつしよう》である。之《これ》を眺《なが》めてゐると、心自《こゝろおのづか》ら洒脫《しやだつ》となりて鄙吝《ひりん》の氣《き》は消失《せうしつ》する。舟《ふね》は何時《いつ》しか四里《り》を漕《こ》ぎ鹽釜町《しほがまちやう》に着《つ》いた、上陸《じやうりく》して鹽釜町《しほがまちやう》を逍遙《せうえう》して、松林茂《しようりんしげ》る社內《しやない》に入《はひ》つた。本廟迄《ほんべうまで》は天《てん》を貫《つらぬ》く樣《やう》な高《たか》い石段《いしだん》を昇《のぼ》りて行《ゆ》くのである、石《いし》段《だん》も珍《めづ》らしく昇《のぼ》りて本廟《ほんべう》を拜《はい》し、踵《きびす》を返《かへ》し石段《いしだん》を降《お》り社內《しやない》の入口《いりぐち》の鹽釜《しほがま》に詣《いた》る、餘《よ》程古釜《ほどふるがま》であつた、之《こ》れを拜《はい》し社內《しやない》を出《い》で町《まち》を右折《うせつ》して停車場《ていしやぢやう》に着《つ》いた、午後《ごご》四時《じ》の汽車《きしや》にて鹽釜驛《しほがまえき》を出發《しゆつぱつ》し、一時間《じかん》で仙臺《せんだい》に着《つ》いた。停車場《ていしやぢやう》には歡迎者《くわんげいしや》が多《おほ》い。下車《げしや》して、車《くるま》で行《ゆ》くこと十八町《ちやう》針久旅館《はりきうりよくわん》に安着《あんちやく》した。

十月《ぐわつ》二十四日《か》　仙臺《せんだい》は人口《じんこう》二十何萬《なんまん》と云《い》ふ大都會《だいとくわい》である、實《じつ》に東北地方《とうほくちはう》の中堅《ちうけん》であつて一大勢力《だいせいりよく》を掌握《しやうあく》をして居《ゐ》る。午後《ごご》は十二時《じ》仙臺中學校《せんだいちうがくかう》に行《い》つて、生徒《せいと》二百餘《よ》名《めい》と盛《さか》んな稽古《けいこ》をした。歸途《きと》高等學校《かうとうがくかう》にと道具《だうぐ》を背負《せお》つて行《い》つた。既《すで》に講堂《かうだう》には生《せい》徒《と》數《すう》百竹刀《しなひ》の林《はやし》を立《た》て丶一行《かう》を待《ま》つ。支度《したく》をして暫《しばら》く龍攘虎搏《りうじやうこはく》の戰《たゝかひ》をやつた。中々《なか〳〵》根強《ねづよ》い生徒《せいと》であつた。萬歳歡呼《ばんざいくわんこ》の中《うち》に別《わか》れを告《つ》げて針久《はりきう》に歸《かへ》つた。

十月《ぐわつ》廿五日《にち》　此日《このひ》武德會臨時大會《ぶとくくわいりんじたいくわい》は縣廳裏《けんちやううら》の會場《くわいぢやう》で開《ひら》かれた。四方《はう》に舊藩《きうはん》の幕《まく》を張《は》り、式場《しきぢやう》の中央《ちうあう》には竿頭高《かんとうたか》く日章旗《につしやうき》を飜《ひるがへ》し、四隅《ぐう》の天井《てんじやう》には無數《むすう》の小旗《せうき》を掲《かゝ》げ野試合場《のじあひぢやう》の光景《くわうけい》である。此《こゝ》に參集《さんしふ》するものの數千人《すうにん》の多《おほき》に達《たつ》し、早朝《さうてう》より劍戟《けんたい》の音《おと》絶《た》えず、勇壯《ゆうさう》の感《かん》は刻《こく》一刻《こく》に增《ま》し來《き》り、銳氣《ねいき》頓《とみ》に百倍《ばい》し、敵《てき》を壓《あつ》するが如《ごと》く、或《あるひ》は苦《くる》しむるが如《ごと》くであつた。香川善次郎《かがはぜんじらう》と云《い》ふ大家《たいか》が居《を》る。私共若手連《わたしどもわかてれん》は先生《せんせい》を大《おほい》に弱《よわ》らせようとする野心勃々《やしんぼつ〳〵》であつた、がさて稽古《けいこ》の段《だん》になると、矢《や》も刄《は》も立《た》てられぬ、ぶち掛《かゝ》つても恰《あだか》も山《やま》の如《ごと》く、竹刀《しなひ》を拂《はら》はれると、身體《からだ》が何《いつ》れにか飛《と》んで行《ゆ》く心《こゝろ》持《もち》がする、實《じつ》に手《て》も足《あし》も出《で》ない、如何《いか》に銳氣《ねいき》が百倍《ばい》しても、身體目《しんたいめ》がけてぶつかる業《わざ》があつても、何《なん》の効《かう》もない、實《じつ》に先生《せんせい》の腕前《うでまへ》技量《ぎりやう》には驚嘆《きやうたん》した。得意《とくい》滿々《まん〱》の私《わたし》も之《こ》れには心《しん》から參《まゐ》つた實《じつ》に閉口《へいこう》したのである。盛《さか》んな稽古《けいこ》も午後《ごご》五時《じ》終《をは》り旅館《りよくわん》に歸《かへ》つたのである。

十月《ぐわつ》廿六日《にち》　旅館《りよくわん》に先生《せんせい》を訪問《はうもん》する客引《きやくひ》きも切《き》らず、早朝《さうてう》から繁忙《はんはう》である殊《こと》に不《あひ》相變《かはらず》の揮毫《きがう》の印捺《いんお》しには目《め》も廻《まは》る樣《やう》に忙《せは》しい。午前《ごぜん》十一時《じ》四十五分《ふん》の汽車《きしや》に間《ま》に合《あ》はぬと大變《たいへん》と急遽《にはか》に判《はん》を捺《お》すのである、すると捺《お》し方《かた》が粗漏《そらう》である、丁寧《ていねい》に捺《お》して呉《く》れと不平《ふへい》が出《で》る。敢《あへ》て私《わたし》は先生《せんせい》の書《しよ》を輕《かろ》んずるのでない、判《はん》を粗漏《そらう》に捺《お》すのでない。今《いま》や汽車《きしや》の發《はつ》するのが眼前《がんぜん》に迫《せ》まつて居《ゐ》る、到底諸君《たうていしよくん》の注文《ちうもん》には應《おう》じられぬ。喧嘩腰《けんくわごし》で印《いん》を捺《お》して停車場《ていしやぢやう》にと驅付《かけつ》けて、漸《やうや》く時間《じかん》に間《ま》に合《あ》うた。見送《みおく》る人《ひと》に碌々《ろく〱》挨拶《あいさつ》も出來《でき》ぬうち、發車《はつしや》して了《しま》つた、斯云《かうい》ふ忙《せは》しい旅《たび》は御免《ごめん》とこぼしたのである午《ご》後《ご》九時《じ》宇津《うつ》の宮《みや》に着《つ》いた、下車《げしや》して驛《ゑき》の前桝屋旅館《まへますやりよくわん》に一夜《や》を明《あか》した。

十月《ぐわつ》廿七日《にち》　午前《ごぜん》五時《じ》宇都宮《うつのみや》を出發《しゆつぱつ》して午後《ごご》六時半《じはん》長野《ながの》に着《つ》いた。茲《こゝ》に下車《げしや》して驛前《えきまへ》の花屋旅館《はなやりよくわん》に一泊《ぱく》した。

十月《ぐわつ》廿八日《にち》　午前《ごぜん》六時《じ》半《はん》長野《ながの》を出發《しゆつぱつ》した、泊《とま》りを重《かさ》ね午後《ごご》二時《じ》沼垂《ぬつたり》に着《つ》いた。同停《ごうてい》車場《しやぢやう》から新潟市《にひがたし》へは一里《り》、車《くるま》に乘《さう》じて信濃川《しなのがは》に沿《そ》ひ、萬代橋《ばんだいはし》と云《い》ふ長《なが》い橋《はし》を過《す》ぎて、營所通《ゑいしよどほり》を左折《させつ》し、縣廳前《けんちやうまへ》の吉勘《よしかん》と云《い》ふ旅館《りよくわん》に着《つ》いた。

十月《ぐわつ》廿九日《にち》　越後《ゑちご》中堅《ちうけん》の新潟《にひがた》である。市内《しない》を散歩《さんぽ》した、實《じつ》に繁華《はんくわ》の地《ち》である。一日見物《にちけんぶつ》に費《つひや》し愉快《ゆくわい》に遊《あそ》んで休養《きうやう》した。

十月《ぐわつ》三十日《にち》　午後《ごご》一時《じ》から師範學校《しはんがくかう》に演武會《えんぶくわい》が開催《かいさい》されて、數百名《すうめい》の生徒諸君《せいとしよくん》と尤《もつと》も元氣《げんき》ある稽古《けいこ》をした、當地《たうち》には鎌原氏《かまはらし》、上村信夫氏《うへむらのぶをし》と云《い》ふ先生《せんせい》がある。非常《ひじやう》に盛會《せいくわい》の内《うち》午後《とゞ》四時《じ》三十分歸宿《ぷんきしゆく》した。

十月《ぐわつ》三十一日《にち》　午後《ごご》十二時《じ》吉勘《よしかん》を車《くるま》で出掛《でか》け、古町《ふるまち》の改良座《かいりやうざ》の武道大會《ぶだうたいくわい》々場《くぢやう》に行《い》つた、舞臺《ぶたい》の右側《うそく》に一行《かう》の席場《せきぢやう》が設《まう》けてある。之《こ》れに一行着席《かうちやくせき》し、先生《せんせい》の講演《かうゑん》が始《はじま》つた。熱誠《ねつせい》の情《じやう》は溢《あふ》れて、滿場《まんぢやう》の鋭氣《えいき》頓《とみ》に百倍《ばい》した。講演《かうゑん》を終《をは》り、實《じつ》に痛快《つうくわい》なる稽《けい》古《こ》をなし、龍虎《りうこ》の相爭《あひあらそ》ふ目《め》ざましい試合《しあひ》を遣《や》つた、番數《ばんかず》も非常《ひじやう》にあつて、一勝負每《しようぶごと》に痛烈《つうれつ》に感《かん》じたのである。萬歲《ばんざい》の歡聲裡《くわんせいり》に會終《くわいをは》り、歸宿《きしゆく》したのが午後《ごご》五時《じ》であつた。此日《このひ》小美田《こみた》主人公《しゆじんこう》は東京《とうきやう》に急遽《きふきよ》の用件《ようけん》出來《でき》て、午後《ごご》六時《じ》半《はん》の列車《れつしや》で、東京《とうきやう》に向《むか》つた、私《わたし》は沼垂驛《ぬつたりえき》迄見《までみ》送《おく》り九時《じ》宿《やど》に歸《かへ》つて寢《しん》に就《つ》いた。

十一月《ぐわつ》一日《じつ》　午前《ごぜん》七時車《じくるま》に乘じ吉勘《よしかん》を出發《しゆつぱつ》した。沼垂《ぬつたり》に着《つ》いたのが七時《じ》四十分頃《ぷんごろ》午前《ごぜん》八時《じ》の汽車《きしや》にて沼垂《ぬつたり》を發《はつ》し、長岡驛《ながをかえき》に十時《じ》半《はん》着《つ》いた。驛《えき》には多勢《たぜい》の歡迎者《くわんげいしや》があつた。互《たがひ》に挨拶《あいさつ》を交換《かうくわん》して驛前《えきまへ》の桝屋旅館《ますやりよくわん》に安着《あんちやく》した。

十一月《ぐわつ》二日《か》　午前《ごぜん》九時《じ》から坂上小學校《さかうへせうがくかう》に演武會《えんぶくわい》が開《ひら》かれた。出席者《しゆつせきしや》は根岸信五郎《ねぎししんごらう》先生《せんせい》、小野田伊織先生《をのだいおりせんせい》を始《はじ》めとして二百餘人《よにん》であつた。壯烈《さうれつ》なる元氣《げんき》で挑《な》げ合《あ》ひの稽《けい》古《こ》をした。會《くわい》の終了後《しうれうご》升見屋《ますみや》の招宴《せうえん》に案內《あんない》を受《う》け、胸襟《きようきん》を披《ひら》きて歡《かん》を盡《つく》し歸宿《きしゆく》したのは八時《じ》であつた。

十一月《ぐわつ》三日《か》　午前《ごぜん》十一時《じ》半《はん》から小原氏道場《をはらしだうぢやう》に出懸《でか》け血氣《けつき》盛《さか》んな稽古《けいこ》をした。小野《をの》田《だ》伊《い》織《おり》と云《い》ふ老先生《らうせんせい》を目懸《めが》けて我々《われわれ》若手連《わかてれん》は突喊《とつかん》し、大《おほい》に破《やぶ》る心算《しんさん》であつたけれども、愈々《いよいよ》と云《い》ふときになると、先生《せんせい》の身體《しんたい》は巖《いは》の如《ごと》く、其技量《そのぎりやう》は傑出《けつしゆつ》して、私共《わたしども》の瘦浪人《やせらうにん》の腕力《わんりよく》で破《やぶ》る處《どころ》でない、我々《われわれ》はひどい目《め》に遇《あ》はされて、ハウ〱の體《てい》で退場《たいぢやう》した。

本日《ほんじつ》は天長節《てんちやうせつ》で、全市《ぜんし》日章旗《にちしやうき》を飜《ひるがへ》し大《おほい》に皇室《くわうしつ》の無窮《むきう》を祝福《しゆくふく》したのである、此祝《このしゆく》日《じつ》の紀念《きねん》とし桝屋《ますや》の女將《ぢよしやう》が牛肉《ぎうにく》を私共《わたしども》若《わか》い者《もの》にくれた、肉《にく》を喰《く》ひ酒《さけ》を酌《く》み、國家《こくか》の慶福《けいふく》を祈《いの》るのであつた、歡語笑聲《くわんごせうせい》湧くが如《ごと》く聖壽《せいぢゆ》の無窮《むきう》を祈《いの》つた。

十一月四日《ぐわつか》　午前《ごぜん》八時《じ》長岡驛《ながをかゑき》を發《はつ》す。當所《たうしよ》より一行《かう》六人《にん》の外《ほか》に、根岸信《ねぎしん》五郎先生《らうせんせい》は穗《ほ》刈《かり》十四郎君《らうくん》を伴《ともな》ひ、長野縣《ながのけん》の柴田《しばた》克己氏《こくきし》が加《くは》はつた。午後《ごご》三時《じ》高田《たかだ》に着《つ》いた、非常《ひじやう》の歡迎者《くわんげいしや》であつた。驛《ゑき》より四町《ちやう》にして鶴見館《つるみくわん》に安着《あんちやく》した。

十一月五日《ぐわつか》　午前《ごぜん》九時《じ》から高田《たかた》中學校《ちうがくかう》に劍道大會《けんだうたいくわい》が開《ひら》かれた。民間《みんかん》の劍士《けんし》學生《がくせい》と元氣《げんき》よく稽古《けいこ》をして、歸途《きと》腹《はら》が減《へ》つてならないので、燒芋屋《やきいもや》に飛《と》び込《こ》んで芋《いも》をたら腹《ふく》やつた。實《じつ》にのん氣《き》なものである。

十一月六日《ぐわつか》　長野《ながの》の柴田先生《しばたせんせい》の案内《あんない》で、午前《ごぜん》八時《じ》高田《たかだ》の舊藩士《きうはんし》を始《はじ》め多數《たすう》の人《ひと》の見送《みおく》りの内出發《うちしゆつぱつ》した。午後《ごご》二時《じ》長野《ながの》へ着《つ》いた驛《えき》には歡迎者《くわんげいしや》山《やま》の如《ごと》く、滿腔《まんこう》の熱情《ねつじやう》溢《あふ》れて歡迎《くわんげい》して吳《く》れた。一行《かう》は數輪《すうりん》の車《くるま》を連《つら》ねて旅館《りよくわん》に安着《あんちやく》した。

十一月七日《ぐわつか》　午前《ごぜん》九時《じ》より師範學校《しはんがくかう》に大會《たいくわい》を催《もよほ》した。越後地方《ゑちごちはう》よりは尙武的氣風《しやうぶてきふう》が盛《さか》んである。會衆《くわいしゆう》は無慮《むりよ》千名《めい》、猛烈《まうれつ》の稽古《けいこ》をした。根岸先生《ねぎしせんせい》や穗刈君《ほかりくん》が加《くは》はつたから、一層《そう》我《わが》一行《かう》の手《て》ゝ揃《そろ》つて實力《じつりよく》も充溢《じついつ》して居《ゐ》る、實《じつ》に愉快《ゆくわい》なる一日《にち》を師範《しはん》の大會場《だいくわいぢやう》で暮《くら》した。

十一月八日《ぐわつか》　午前《ごぜん》八時車《じくるま》に乘《の》つて、城山館《じやうざんくわん》の大會場《だいくわいぢやう》へ案内《あんない》された。同館《どうくわん》は市《し》の高地《かうち》にある、前《まへ》に善光寺《ぜんくわうじ》を眺《なが》め、庭園《ていゑん》よりは遠望川中島古戰場《ゑんばうかはなかじまこせんぢやう》の絕勝《ぜつしよう》を望《のぞ》む、實《じつ》に市《し》の勝地《しようち》である、此館内《このくわんない》の庭園内《ていゑんない》に於《おい》て演武大會《ゑんぶたいくわい》が開《ひら》かれた。演武者《ゑんぶしや》五百名《めい》を算《さん》した、本館《ほんくわん》も溢《あふ》るゝ人《ひと》と漲《みなぎ》る氣《き》で、壯烈痛快《さうれつつうくわい》に感《かん》じた。稽古試合《けいこしあひ》も意氣剛健《いきがうけん》にして肉《にく》彈的《だんてき》であつた。一勝《しよう》一敗《はい》、痛烈《つうれつ》な會《くわい》も午後《ごご》四時《じ》終了《しうれう》し、同館廣場《どうくわんひろば》にて質朴《しつぼく》なる歡迎《くわんげい》宴《ゑん》に招《まね》かれた、會《くわい》するものと茶碗酒《ちやわんざけ》を酌《く》み、入《い》り亂《みだ》れて、胸襟《きようきん》を披《ひら》いて話《はなし》をする處《ところ》は實《じつ》に愛情《あいじやう》が籠《こも》り、互《たがひ》に意氣相投《いきあひとう》じ益々《ます〳〵》武道《ぶだう》を盛《さかん》ならしめんことを約《やく》し、蹌々踉々《さう〳〵らう〳〵》として宿《やど》に歸《かへ》つた、時《とき》六時《じ》であつた。

〃十一月《ぐわつ》九日《か》　午前《ごぜん》六時《じ》二十分《ぷん》長野驛《ながのえき》に見送《みおく》る人《ひと》萬歲《ばんざい》々々〳〵と熱狂《ねつきやう》して一行《かう》を送《おく》つて呉《く》れた、盛《さか》んな内《うち》に出發《しゆつぱつ》した。高崎《たかさき》にて私線《しせん》に乘換《のりか》へ午後《ごご》の三時《じ》四十分《ぷん》上野《うへの》に着《つ》いた、プラトホームには、渡邊家《わたなべけ》の家扶書生《かふしよせい》が五六人《にん》先生《せんせい》を出迎《でむか》へた。下車《げしや》して先生《せんせい》は馬車《ばしや》で麻布《あざぶ》の自宅《じたく》に向《む》け、守津《もりつ》氏《し》は神田《かんだ》の宿《やど》に向《む》けて車《くるま》で走《はし》つた、私《わたし》は阿部《あべ》二郎《らう》君《くん》と鐵道馬車《てつだうばしや》に乘《の》つて、新橋行《しんばしゆき》にて大門《だいもん》で下車《げしや》し、芝山内《しばさんない》の小美田《こみた》涼風館《れうふうくわん》にて歸宿《きしゆく》した、第《だい》二回《くわい》武者修行《むしやしゆぎやう》も目出度《めでたく》終《をは》りを告《つ》げたのである。

私《わたし》は其後《そのご》先生《せんせい》に隨行《ずゐかう》して、三重《みへ》、福井《ふくゐ》、富山《とやま》、石川《いしかは》、山梨《やまなし》、山形《やまがた》、茨城《いばらき》、埼玉《さいたま》、群馬《ぐんま》、福《ふく》島《しま》、靜岡《しづをか》、大分《おほいた》、千葉《ちば》、高知《かうち》、兵庫《ひやうご》、滋賀《しが》、大阪《おほさか》、神奈川《かながは》、山口《やまぐち》、の各府縣《かくふけん》に武者修行《むしやしゆぎやう》に出掛《でかけ》けた、此修行記《このしゆぎやうき》は熱情的愛國的各地《ねつじやうてきあいこくてきかくち》の武道《ぶだう》の有樣《ありさま》と私《わたし》の修行《しうぎやう》したことの消息《せうそく》を記《しる》した丈《だけ》であるが、而《しか》しお蔭《かげ》で私《わたし》は決斷《けつだん》、勇氣《ゆうき》、忍耐《にんたい》、心膽《しんたん》、技量《ぎりやう》等《とう》修養《しゆやう》し得《え》て固《かた》くなつたことは斷言《だんげん》して憚《はば》からぬのである。社會《しやくわい》の人《ひと》の一種纎弱《しゆせんじやく》なる氣分《きぶん》を感《かん》ずる無錢《むせん》旅行《りよかう》や奇行的《きかうてき》の修行《しゆぎやう》や、社交《しやかう》に慣《な》れお饒舌半分《しやべりはんぶん》に人《ひと》の機嫌《きげん》を取《さ》る輩《はい》には、到底眞《たうていしん》の劍術《けんじゆつ》を窺知することが出來《でき》ない。

武者修行《むしやしうぎやう》も戰慄《せんりつ》すべき實地《じつち》の修行《しゆぎやう》によりて、敵《てき》に向《むか》ひて虛心平氣《きよしんへいき》、恐《おそ》るることなく彼《か》れに對《たい》することが出來《でき》るやうになるのである、見《み》よ修行記《しゆぎやうき》の稽古《けいこ》には、頑强《ぐわんきやう》なる敵《てき》あり岩《いは》の如《ごと》き相手《あいて》あり、實《じつ》に一瞬時《しゆんじ》は死地《しち》に陷《おちい》つたのである。而《しか》して虛心平《きよしんへい》氣《き》にして寂靜《せきせい》の境《きやう》にあり敵《てき》に對《たい》して生死《せいし》を思《おも》はず、白刄下《はくじんか》に驀進《はくしん》して、良《よ》く劍道本《けんだんほん》然《ぜん》の實體《じつたい》を顯《あらは》すのである、所謂武者修行《いはゆるむしやしゆぎやう》は其眞境《そのしんきやう》を自得《じとく》するのである、然《しか》るに修行《しゆぎやう》の名《な》を藉《か》りて、出《で》鱈目《たらめ》放題《はつだい》のことを謂《い》ひふらし、草鞋錢《わらぢせん》を得《う》るを樂《たの》しみに歩《ある》く等《なさ》は、人格《じんかく》の鍛錬《たんれん》と云《い》ふことを致《いた》さぬから、其竹刀《そのしなひ》振《ふ》りは上手《じやうず》になつても肝要《かんねう》の心膽《しんたん》が出《で》來ない、却《かへつ》て心《こゝろ》は墮落《だらく》し、乾燥無味《かんさうむみ》に終《をは》るものだ、余《よ》は實踐躬行《じつせんきうかう》した實地《じつち》より、修《しゆ》行《げふ》の眞法《しんぱふ》を敷衍《ふえん》し、或《あるひ》は其眞法《そのしんぱふ》を穿鑿《せんさく》して他人《たにん》にも坐《ざ》して旨意《しい》を了解《れうかい》せしめ、平素《へいそ》簡單《かんたん》なる一二本《ほん》の修行中《しゆぎやうちう》にも其心膽《そのしんたん》を自得《じとく》せしめんとするのである。故《ゆゑ》に此著書《このちよしよ》を熟讀玩味《じゆくどくぐわんみ》すれば其思想《そのしさう》を解《かい》し、覺《おほ》えず妙境《めうきやう》に至《いた》るのであります。劍術《けんじゆつ》の眞境《しんきやう》を知《し》り且膽力《かつたんりよく》の養成《やうせい》を欲《ほつ》する諸君《しよくん》は、文字以外《もんじいぐわい》に、著者《ちよしや》の意《い》の存《ぞん》する所《ところ》を知《し》られたいのであります。

劍道の極意

終

大正七年八月廿九日印刷
大正七年九月一日發行

劍道の極意

正價金壹圓五拾錢

著作者　堀田祐弘

東京市牛込區神樂町二丁目一番地
發行者　伊東芳次郎

東京市麹町區有樂町二丁目一番地
印刷者　吉原良三

東京市麹町區有樂町二丁目一番地
印刷所　報文社印刷所

發行所　東京市牛込區神樂町一ノ一
電話番町五三七、三〇一七
振替東京一七一
東亞堂書房

〈復　刻〉

剣道極意（オンデマンド版）

二〇〇五年五月十日発行

著　者　堀田捨次郎

発行者　橋本雄一

発行所　㈱体育とスポーツ出版社
東京都千代田区神田錦町二―九
電話　（〇三）三二九一―〇九一一
FAX　（〇三）三二九三―七七五〇

印刷所　㈱デジタルパブリッシングサービス
東京都新宿区西五軒町一一―一三
電話　（〇三）五二二五―六〇六一

ISBN4-88458-221-7　Printed in Japan　AC860